JN059534

Team Building

チーム
ビルディング

**働きがいのある
最高のチーム作り**

狩俣正雄・李 超 著

Karimata Masao + Li Chao

中央経済社

は し が き

　本書は，働きがいのある最高のチーム（team）作りの特徴を解明したものである。

　人間は，これまで何らかの目標や課題を達成するために集団を形成してきた。それは一人ではできないことでも，二人以上の人々の協働する集団であればできるからである。その集団は，私たち人類の存続と文明，文化の発展で大きな役割を果たしてきたといえる。それは，厳しい環境下で人間が生きて行くためには，群れ（集団）を作る必要があったからである。人間は捕食者等の外敵から身を守るために，あるいは生存に必要な食糧を確保するために，互いに協力（協働）する必要があった。そして協働の必要性から，人類は言語コミュニケーションを生みだし，これによって人類は文明や文化を飛躍的に発展させてきたのである。このように集団が人間活動において重要な役割を果たしてきていることから，集団に関する研究は，社会学，心理学，経営学など多くの分野で幅広く行われてきている。

　集団に関する研究は，K. レヴィン（Lewin）を中心とするグループ・ダイナミックス（group dynamics）の研究ないし小集団の研究によって始まったと言われている。その研究によって集団における人間の行動や集団構造，集団規範，凝集性，集団風土などの特徴が明らかにされてきている。このような集団に関する研究が行われる中で，近年，経営組織論や経営管理論の分野でチームの重要性が認識され，チームに関する研究も幅広く行われてきている。それは，チームは組織の有効な機能にとって中心的要素と考えられ，知識創造やイノベーションの創造あるいは組織の成功が大部分チームの有効性に依存すると考えられるからである。そこで，集団とは何か，チームとは何か，集団とチームは異なるのか，異なるとすると集団とチームを区別する要因は何か，あるいはチームの有効性ないし高業績チームを規定する要因は何か，ということに関して多くの議論が行われているのである。

　集団というのは，本文で論議するように，一般にある目的を達成するために

コミュニケーションを行う二人以上の人々の集まりのことである。しかし，集団はその目的達成において，必ずしも有効に機能するとは限らない。集団は，成員の社会的手抜きなどによって非効率的に行動したりするからである。そこで，集団は成員間のコミュニケーション上の問題などのプロセス・ロス（process loss）をなくして，プロセス・ゲイン（process gain）を得られるように効率的に行動しなければならない。チームというのは，集団がその目的を効率的に達成し有効に機能している状態を意味している。それは，成員間の相乗効果的な働きによって集団として能率的効率的に行動し，目的を最大限に達成することである。すなわち，チームは集団規範や凝集性，集団風土などが目的達成に向けて有効に機能し，個々の成員が相乗効果的に能力やスキルを発揮して，有効に機能している集団ということである。

このようにチームに関して幅広く研究が行われ，より良いチームワークやチーム作りに関する手法も明らかにされてきている。しかしながら，従来のチーム研究の大きな問題は，有効なチーム作りにおいて最も重要な信頼構築の問題を分析していないことである。最近，チーム研究で重要な概念として心理的安全性が注目され，心理的安全性のある職場は生産性が高いとされ，心理的に安全な職場作りが進められている。しかしながら，それらの研究は，心理的安全性の基礎にある信頼の問題については十分に分析していないのである。

信頼は，自分で解決できない問題を抱えた人（信頼者）が，その問題解決において他者に依存するという脆弱な状況で，他者（被信頼者）がその脆弱性や弱点を攻撃するどころか，逆にその問題解決を図るという期待である。被信頼者が信頼者の問題を解決すると期待されるのは，被信頼者が言行一致，配慮，平等，自己開示，一体化，などを行うからである。これによって，被信頼者は信頼を得るのである。これは信頼者と被信頼者との間の対人的信頼である。チームにおいては，対人的信頼に加えて，システム的信頼，コンテクスト的信頼の問題がある。有効なチーム作りにはこれら三つの信頼を構築することが必要である。しかしながら，従来の研究は，チーム作りで最も重要な信頼構築の問題を明らかにしていないのである。

第二の問題は，働きがいのある最高の組織作りと有効なチーム作りの関係の問題が十分に分析されていないことである。近年，職場での長時間労働，過度

のストレス，鬱，過労死などの問題が生じ，これに伴い働く人々の労働意欲の低下，組織への忠誠心やコミットメント（commitment）の低下，離職者の増大，組織競争力の低下などの問題が起こり，これらの問題をどのように解決するかがマネジメントの重要な課題になっている。そこで，これらの問題を解決するような働く人々にとって最高の職場，充実した組織，意識の高い会社など，働きやすい職場，あるいは働きがいのある仕事に関する研究が行われてきている。しかし，これらの研究ではどのようなチームを形成すれば，働きがいのある最高の組織作りができるか，あるいは最高のチーム作りと最高の組織作りの関係については十分に分析していないのである。

　チームがそれ自体として単独で活動するのではなく，組織の下位システムとして活動しているならば，組織はチームのコンテクストとなるので，チームは，組織構造，報酬体系，規則体系，組織文化などの組織要因によって大きく影響される。そこで，有効なチームを形成するためには，集団要因や組織要因を有効に機能させる必要がある。有効なチームというのは，チームがその目的を効率的能率的に達成し，成員が充実感をもって仕事をしていることであり，それは基本的に成員が意味実現している状態である。そのような有効なチームは，成員間に信頼関係と支援関係があり，成員間にオープンで自由なダイアログ・コミュニケーションが行われ，成員が高いコミットメントを有し，多様なスキルを持った成員が相乗効果的に協働し，成員が相互に学習し合うことで形成される。このような有効な働きがいのある充実したチームを形成することで，働きがいのある最高の組織は形成される。そして，そのような働きがいのある最高の組織やチーム作りでは，リーダーが大きな役割を果たすのである。

　第三の問題は，チームビルディング（team building）で重要なリーダーないし経営者の意識の発達の問題を分析していないことである。人間が成長発達するということは，自己中心的な思考や行動から他者，社会，世界，宇宙へと視点を拡大し，より広い，より高い，あるいは深い視点で思考し行動することである。それは，世界を認識する上での重要な枠組みを与える世界観が，私的，個別的，地域限定的な考え方から普遍的，統合的な価値観や世界観へと深化拡大していくことである。組織はそのトップの意識レベル以上に発展することはないと言われる。社会で起こる事象はその人の発達レベルによってしか見られ

ないし，理解されず，事象は特定の発達レベルにしか存在しないからである。そこで，チームないし組織は，そのリーダーの意識の発達レベルによって，その運営の仕方やチーム作りは異なることになる。すなわち，リーダーがどのようなリーダーシップをとるか，あるいはどのように働きがいのあるチームを作るかは，その発達レベルに依存するのである。もしリーダーが，その発達レベルに対応したチーム運営やリーダーシップしかとれないならば，リーダーないし経営者の意識の発達の問題を分析することは，チームの有効性を解明するためには必要なのである。

　そこで，本書は，チームにおける信頼構築，働きがいのある最高の組織作りと有効なチーム作りとの関係，リーダーないし経営者の意識の発達と組織の発展段階との関係を明らかにし，働きがいのある最高のチームを構築するリーダーシップの役割を解明することを目的としている。

　本書の公刊にあたっては，近畿大学経営学部の諸先生方からご指導ご支援をいただいていることに感謝申し上げたい。

　また，出版事情厳しき折から出版をお引けいただいた中央経済社代表取締役社長の山本継氏と，編集・校正などでご尽力いただいた編集長納見伸之氏に深甚な感謝を申し上げる次第である。

2023年2月

狩俣正雄・李超

目　次
チームビルディング

第1章

集団と組織

Ⅰ　序

　近年，チームに関する研究が頻繁に行われている。これは組織のそれぞれの部署で集団として仕事を行い，集団がチームとして有効に機能するかどうかが集団の業績，ひいては組織の業績を規定すると考えられているからである。チームも複数の人々から構成された一つの集団であるが，しかし，一般にはチームと集団は異なるものと捉えられ，議論されている（Wheelan, 2016）。

　それでは集団とは何であり，チームとは何であろうか。集団がどのように機能すればチームとなるのであろうか。あるいは有効なチームを構築するための条件は何であろうか。集団を有効に機能させる条件や有効なチームビルディング（team building）の問題を解明するためには，先ず集団とは何であり，その特徴が何か，あるいは組織とは何か，その特徴が何か，さらに集団と組織の関係を分析する必要がある。それはチームが二人以上の人々から成る集団であるならば，チームも集団の特徴を有するからである。また組織をC. I. バーナード（Barnard, 1938）のいう協働体系の意味で捉えるのか，あるいは公式組織（組織目的達成活動ないし人間行動のシステム）の意味で捉えるかによって，集団ないしチームの位置づけが異なるからである。しかし，ここでは協働体系を組織一般として捉えることにしており，集団は組織を構成する下位システムとして捉えている。すなわち協働体系としての組織は集団成員の行動や集団の特徴を規定するコンテクストということである。

　本章では，有効なチームの構築に必要な条件を明らかにするために，先ず集団とは何か，その特徴が何かを検討し，さらに集団成員や組織成員の思考や行

動に影響を与える組織の特徴について検討する。

Ⅱ　集団の定義

　人類が始まって以来，人間は目標や課題を達成するために集団を形成してきた。そして，集団は人類の存続と人類文化の発展の両方で主要な役割を演じてきた（Wheelan, 2016, p.1）。R. ダンバー（Dunbar, 1996）によると，捕食は進化上の重要な問題であり，生き残って進化するためには二つの方法がある。一つは捕食者より体が大きくなることであり，他は大きな群れで生活することである。大きな群れは抑止力としての効果があるので，霊長類の生存の根底には，捕食者への相互防衛として群れになって生活するという社会性がある。人類は，食料を確保するために，あるいは外敵から身を守るために群れ（集団）を作り，助け支え合うことで生存してきたということである。人類は群れ（集団）として相互に協力することで存続してきたのである。このように集団は社会ないし組織あるいは人間活動において重要な役割を果たしていることから，集団に関する研究は社会学，経営学，心理学などの分野で幅広く行われてきている。

　それでは集団（group）とは何であろうか。集団に関する研究は，グループ・ダイナミックス（group dynamics）の研究としてクルト・レビン（Kurt Lewin）によって始まった。それ以来小集団に関する研究は頻繁に行われて，集団の定義やその特徴についても多くの考え方が示されてきている。M. E. ショウ（Shaw）は，集団の定義として，①集団メンバーの知覚と認知，②動機づけと欲求満足，③集団目標，④集団組織，⑤集団メンバーの相互依存性，⑥相互作用，があるとしている（Shaw, 1976, pp. 6-12, 邦訳, 6-13ページ）。①の集団メンバーの知覚の点からの集団の定義は，集団メンバーは他のメンバーとの関連性を意識するはずだという仮定に基づいている。②の集団の定義は，集団がある欲求を満足させてくれると信じるので，その集団に加入するということである。③の定義は，②の定義と密接に関連しており，目標達成が報酬となる。④の定義は，集団の構造的な要素，地位や役割や規範，権力関係など組織的特性に強調点を置くものである。⑤の定義は，集団のメンバーが相互

に関連性を持ちながらかなりの程度相互依存的になっている人々を集団とするものである。⑥の定義は，集団メンバー間に相互作用があることを集団として捉えるものである。

　ショウは，これらの定義は研究者が集団の違った諸側面を見ており，分析水準の違いがあることで生じているとしている。そして，彼は，相互依存性あるいは相互作用性が集団の概念の基本的要素を捉えたものであるとして，「集団は各メンバーが相互に影響を与え，影響されるというように，互いに相互作用をおこなっている 2 人以上の人々」として定義している（Shaw, 1976, p. 6, 邦訳, 12ページ）。

　A. サンダー（Zander）は，集団とは，互いに影響し合い依存し合う人々，つまり協力したり互いの期待に応えながら行動する人々の集まりである，としている（Zander, 1994, 邦訳, 1ページ）。S. P. ロビンス（Robbins）は，集団を，特定の目的を達成するために集まった，互いに影響し合い依存し合う複数の人々と定義している（Robbins, 2005, 邦訳, 171ページ）。B. A. フィッシャー（Fisher）は，集団はコミュニケーション行動が予測できるパターンの形で相互構造化され反復されるようになる個々人の集合と定義されるとしている（Fisher, 1980, p. 36）。

　このように集団をどのように捉え，定義するかについて多様な考え方があるが，それらの定義に共通する要因は，①共通の目的，②その目的達成にかかわる二人以上の人々，③彼らや彼女らの相互作用ないしコミュニケーションがあることである。このことから，集団とはある共通の目的を達成するためにコミュニケーションを行う二人以上の人々の集まり，と定義される。集団が二人以上の人々の集合体であり，組織がその集団の複合体であるとすると，集団は個人と組織の接点にあり，組織活動の中心的地位を占めることになる。

Ⅲ　集団の特徴

　それでは集団はどのような特徴を持っているのであろうか。人間は個人として行動するときと，集団として行動するときとは明らかに異なる行動をするものである。これは人々が集団として相互作用することにより，個人として行動

するときとは異なる何らかの要因が集団には存在し，それらが彼らや彼女らに影響を及ぼすと考えられるからである。集団における人々を規定する要因については，小集団研究やグループ・ダイナミックスの研究によって明らかにされてきている（Cartwright and Zander, 1968）。それらは，例えば，集団構造，集団規模，集団目標，課業，役割，集団規範，凝集性，集団風土などである。以下では，チームビルディングにとって重要と思われる集団構造，役割，集団規範，凝集性，集団風土について検討する。しかし，これらの特徴についてはすでに論議したので（狩俣, 1989, 1992），要約して述べることにする。

1　集団構造（コミュニケーション・ネットワーク）

集団が形成される一般的パターンとしては，計画的，自然発生的，外部の指定の三つがある（Baird, 1977, pp.169-174）。どのような集団であっても，集団に参加する人々が相互作用することで，彼らや彼女らの間に分化が生じる。例えば，何らかの目的を達成しようと計画的に形成された集団では，その目的を効率的，能率的に達成するように集団成員間に分化が形成される。また自然発生的な集団においても，成員が相互作用を行うと，ある成員は他の成員より積極的，活動的で，より多くコミュニケーションを行い，集団の決定で多くの影響を及ぼしたりする。これは，人々は他者とのコミュニケーションを行うことにより自己の特性や置かれている状況等によって，それぞれ他者とは異なる分化を生み出すからである。この分化について，ショウは，ある一人の集団成員と結びついて分化した部分の全体的特性が集団におけるその人の位置（position）であるとし，各集団成員は集団内においてある位置を占め，さらにそれらの位置の間の型が集団構造を形成すると述べている（Shaw, 1976, p. 263, 邦訳, 278ページ）。すなわち，集団構造というのは集団の分化された部分間の関係の型ということである。

D. カートライト（Cartwright）とA.サンダー（Zander）は，集団の中に安定した分化を生み出し，構造化される理由として，①効果的な集団遂行に対する要求，②相異なる個人の能力と動機づけ，③その集団の環境の物理的，社会的特質，を挙げている（Cartwright and Zander, 1968, pp. 487-489, 邦訳, 772-774ページ）。このように，集団が形成されると，集団の成員は自分の行動

と他者の行動とを関係づける位置を占めるようになる。

　集団構造は，基本的にはコミュニケーション構造，すなわちコミュニケーション・ネットワークと関係している。ネットワークというのはコミュニケーションの相互作用のパターンのことである（Gibson and Hodgetts, 1986, p.228）。コミュニケーションは，第4章で述べるように集団の必要不可欠な基本的要素であり，集団が機能するのはコミュニケーションによってである。そしてコミュニケーション・ネットワークの違いによって，集団の機能が変化する。このことを明らかにしたのは，A. バーヴェラス（Bavelas, 1950）やH. J. レヴィット（Leavitt, 1951）らが行った小集団ネットワークの実験である。それは，輪形（wheel），Y字型，鎖型（chain），循環型（circle），全通路型（all channel）のコミュニケーション・ネットワークの型と成員のモラール，リーダーの出現，課業の正確性，組織化などとの関係を中心に実験をしたものである。実験の課業は，五人の被験者がそれぞれ一組六個の記号（○△※□＋◇）のうち五個の記号を持って，文書によるメッセージの伝達を行い，各被験者に共通する記号をできるだけ短い時間に見つけるというものであった。

　実験の結果は，コミュニケーション・ネットワークの型（集団構造）は集団の機能を規定し，集団成員の関係のパターンを規定していた。それは，リーダー出現の度合いないしリーダーの位置とも密接に関係し，集団成員の行動や態度あるいは満足度に影響を及ぼしていたのである。

2　役割

　前述したように，集団成員は集団の中で自分自身の行動と他者の行動を関係づける位置を占めるようになる。それぞれの位置にいる人は，集団目標の達成に大きく貢献する人とそうでない人，集団成員の欲求の満足に寄与する人と，そうでない人の間に差が生じる。そのため，それぞれの位置は，その威信，重要性，および集団に対する価値などの点から，集団成員によって評価される。この評価が地位（status）と呼ばれる。地位はその位置についての集団成員の評価である（Shaw, 1976, p. 263, 邦訳, 278ページ）。

　役割（role）というのは，このような位置と関係している。この位置について集団成員はその人が誰であるかに関係なく，一連の期待を持っている。例え

ば，会社の社長の位置にある人については，その位置での社長についての期待があり，教師には教師についての期待があり，学生には学生について，それぞれの位置についての期待がある。これは，それぞれの位置を占める人は，集団の目的達成に関してある機能を担うことを期待されるからである。そこで，ショウは「役割とは，集団内の位置と結びついて期待される一連の行動である」（Shaw, 1976, p.263, 邦訳, 278ページ）と定義している。役割は，個人の占めている位置に対する他の集団成員の期待ということである。すなわち，経営者には経営者としての役割，部長には部長としての役割があり，それは誰がその地位に就いているかに関係なく，その位置についての期待である。

　この位置が公式の関係になれば，その位置は高度に規定されることになる。位置が集団目標ないし組織目標を達成する際の個々人の関係を示せば，公式にはその位置の機能を遂行する方法についての標準的記述が必要になる。これが役割規定といわれるものである。そこで，役割は所与の位置を占める人に適用される規範と捉えられるのである（Hollander, 1981, p.412）。

　W. G. スコット（Scott）とT. R. ミッチェル（Michell）は，この役割概念に，①決定論的，②特殊的，③相互作用的役割の三つがあるとしている（Scott and Michell, 1972, pp.205-206）。①の役割は，行動に決定的に影響を与えるものと見なされる。この役割では，役割の内容が知られるならば，役割を演じる人の行動は予測できることになる。②では，個人が役割をどのように知覚するか，あるいは個人がこの知覚に照らして彼の行動をどのように評価するか，ということである。③では，個人と集団行動のベクトルの合同から生じる結果と関連するものである。ここでは，個人と集団の両方の価値規範についての相互修正が中心になる。このことは，人は必ずしもその期待された行動をするとは限らないことである。これは役割遂行者の知覚上の問題，あるいは能力の問題などによって異なって行動するからである。そこで，役割には，期待された行動のほかに，知覚された役割（perceived role）と，演じられた役割（enacted role）があることになる。知覚された役割とは，その役割を占めている人が実際に行為すべきと信じている一連の行動であり，演じられた役割とは，その位置を占めている人が実際に遂行した一連の行動である（Shaw, 1976, p.276, 邦訳, 290ページ）。

　このように役割といっても，役割行動は様々な要因の結果として現れることになる。ここに役割葛藤が生じる可能性がある。そこで，集団が有効に機能するためには，これらの三つの側面が一致する必要がある。そのためリーダーは，集団成員が自己の役割を明確に理解し，役割葛藤が起こらないようにして，彼らや彼女らの役割を遂行させる必要がある。

　ところで，役割システムが形成されるためには，集団成員間にコミュニケーションがなければならない。人は他者とコミュニケーションを行うことで，自己の特性や置かれている状況などによって他者とは違う分化を形成し，それぞれの役割を占めるようになる。そして集団が機能するためには，その役割の要請する行動を遂行しなければならない。

　役割はコミュニケーションを円滑にするものである。社会システムにおいてある人の役割が何か理解しておれば，その人との関係のパターンないしコミュニケーション行動について予測ができるからである。しかし，役割はコミュニケーションの質も量も決定するので，円滑なコミュニケーションを制約することにもなる（Wofford, et al., 1977, p.257）。このようにコミュニケーションを通じて形成される役割は，コミュニケーションを円滑にする一方で，制約もする。そこで，集団が有効に機能するためには制約している問題を取り除き，解決することである。そのためには人々が相手の役割を取得するように感情移入してコミュニケーションを行うことが重要である（Berlo, 1960, 邦訳, 134-164ページ）。

3　規範

　人々が集団成員として行動すると，個人として行動するときとは異なる行動パターンが現れてくる。これは集団がその成員に対して集団の期待する信念ないし行動をとるように心理的圧力をかけるからである。これがホーソン実験で集団規範として示されたものである（Homans, 1950）。

　フィッシャーは，集団規範はそれぞれの成員がどのように行動すべきかの標準を与え，そしてそれはほとんどいつでも集団成員によって共有された価値を反映するとしている（Fisher, 1980, p.188）。またE. P. ホランダー（Hollander）は，規範は所与の社会集団ないし社会全体の成員から期待された行為の標準で

あるとしている（Hollander, 1981, p.23）。J. R. シャマーホーン達（Schermerhorn, et al.）は，規範（norm）を集団成員に適用される行動の「規則」ないし「標準」と定義している（Schermerhorn, Jr., et al., 1985, p.290）。すなわち，規範というのは，集団成員の行動を規定する成員間に共有された規準あるいは規則ということである。

　それではなぜ集団はその成員の行動を規定するのであろうか。それは次の理由による（Feldman, 1984, pp.47-53）。第一は，集団も個人と同様に成功の機会を最大化し，失敗を最小化する行動をしようするので，集団はその存続を促進する規範を実施する。第二は，集団はその成員の行動の予測を高めようとしている。規範は他者の行動を予測する基準を与える。第三は，集団は成員を当惑させるような対人的問題を回避するのに役立つ規範を実施する。第四は，規範が集団の中心的価値を表し，集団の一体化に対して固有のものを明確にするので，規範が実施される。

　このような規範は，集団の期待する信念，態度，行動をとるように心理的圧力をかけることから生じるものである。集団には成員に共有された行動パターンとしての類似性ないし斉一性への圧力があるということである。

　それでは個々人は，本来，意見や考え，態度や欲求が異なるにもかかわらず，なぜ集団では類似の態度や行動をとるようになるのであろうか。カートライトとサンダーによると，それは次のような理由による（Cartwright and Zander, 1968, 邦訳, 200ページ）。①同じ一つの集団に所属しているということによって，個人が見たり考えたり学んだり行ったりする事柄の大部分は限定を受けること，②個人は，周囲の事象に対する自己の理解が正しいものであるという保証を得たいために，集団内の他の成員たちと似た行動をするということ，③斉一な行動をとることが集団にとって有利であるという根拠に立って，集団の他の成員たちが個人に圧力をかけるために，個人は類似的に行動する，ということである。

　集団の成員間に斉一性が働く理由として，L. フェスティンガー（Festinger）は，社会的リアリティ（social reality）と集団移行（group locomotion）をあげている（Festinger, 1950, pp.183-184, 邦訳, 342-344ページ）。ある事柄に関する信念や意見の主観的妥当性は，それについて客観的，物理的証拠がない場

合，他の人も同じような信念や意見を持っているという事実によって基礎づけられるようになる。これが社会的リアリティといわれるものである。集団の圧力は，成員の見解の一致によって社会的リアリティを作り上げ，成員相互に自分たちの意見に対する支持を得ようとすることから生じる。また集団成員間の斉一性の圧力は，そのような斉一性が集団のある目標へ向かっての移行が望ましいものであったり，必要なものであったりする（集団移行）ことからも生じる。このようにして集団成員への圧力がかけられるということである。

　集団の圧力ないし規範に対して，集団成員は自己の信念や態度は変えず，外面的に圧力に従う場合と，信念や態度まで変えて従う場合がある。前者は表面的服従で，賞罰によって従うものである。後者は私的受容で，これには内面化と一体化がある。内面化はその規範に価値を見出し，自分が持っていた信念や態度よりも，その規範を価値あるものと見なすことによる受容である。一体化は，特定集団の成員にあこがれ，魅力を覚え，尊敬し，その人のようになりたいと思って，その人に同調することである（Kiesler and Kiesler, 1969）。

　このように集団規範は，一般には，その成員が重要とみなし，集団成員を一体化するような価値規範として形成される。したがって，集団成員はその規範を知ることによって互いの行動を予測でき，どのように行動すべきかを理解できるようになる。しかし，集団規範には正と負の側面がある（Levi, 2011, pp.49-50）。規範は集団の相互作用を統制するので，それはより公正なコミュニケーションを可能にし，成員間の尊敬を維持し，集団のより弱い成員に権力を分け与える。しかし，規範は服従を強いることで，組織の視点からは問題も生み出す。そこで，集団が有効に機能するためには，リーダーは集団目的の達成を促進するような規範を形成することが必要である。

4　凝集性

　集団凝集性（group cohesiveness）は，一般には次の三つの意味で用いられている（Shaw, 1976, p.213, 邦訳, 230ページ）。①集団から離れることへの抵抗を含む集団の魅力，②集団の諸活動に参加しようとする成員の動機づけ，③集団成員の努力の調整，である。フェスティンガーは，集団凝集性を集団にとどまるように成員に作用するすべての合成された力と定義している

（Festinger, 1950, 邦訳, 345ページ）。カートライト（Cartwright）はこの定義に従って，それが①集団の魅力と，②それに代わる成員性の魅力から生じるとしている（Cartwright, 1968, p.92）。すなわち，集団凝集性は，成員にとっての集団の魅力ということである。

　カートライトによると，集団に対する人の魅力は次の要因によって決定される。①魅力についての動機的基盤（愛情，承認，安全，貨幣等），②集団の刺激的特質（目標，プログラム，成員の特徴等），③成員性が彼にとって有利な結果ないし有害な結果になるだろうという期待，④比較水準，すなわち彼が価値あると思っている結果の質，である（Cartwright, 1968, pp.95-105）。またD. C. フェルドマン（Feldman）とH. J. アーノルド（Arnold）は，凝集性は，集団成員間に①相互作用が多く行われ，②目標が共有化され，③彼らの態度や価値が類似的であれば，高くなるとしている（Feldman and Arnold, 1983, pp.435-440）。そして，凝集性のある集団の成員は集団目標，意思決定，規範をより多く受け入れ，また対立葛藤の解決，問題解決に関わっている（Levi, 2011, pp.62-63）。

　ショウは，凝集性の高い集団は，低い集団よりも次のような特徴を持っているとしている（Shaw, 1976, pp.257-258, 邦訳，272-274ページ）。①成員が互いにコミュニケーションを行う機会が多い，②相互作用の型や内容はより好意的に方向づけられる，③集団成員に対してより大きな影響を及ぼす，④集団の目標を効果的に達成する，⑤高い満足を示す。

　リーダーシップとチームの凝集性の関係を研究したH. ウェント達（Wendt, et al., 2009）によると，リーダーシップの行動は凝集性に大きな影響を与え，その効果は普遍的である。そこで，リーダーは従業員を支援する方法を学習し，彼らの要求ならびにチームの要求を満たすべきであるとしている。J. F. シュリースハイム（Schriesheim）は，集団凝集性を集団発展の一つの側面として捉え，集団発展段階によってリーダー行動の効果が変わることを示している（Schriesheim, 1980, pp.183-194）。それによると，リーダーの組織づくりの行動は低い凝集性の集団（課業が明確でない集団発展の初期の段階）で有効であり，リーダーの配慮の行動は高い凝集性の集団（役割明確化や課業志向と関連する集団発展の最終段階）で有効であった。これは，構造や目的が明確でない

初期の集団ではリーダーの組織づくり行動が成員に魅力を与えるからであり，また構造が確立された集団では，リーダーの支持的な配慮の行動が成員にとって集団を魅力的にするからである。リーダーは集団の要請ないし成員の要請に合致した行動をすることで，魅力的な集団を形成できるということである。

　このように集団凝集性が，その成員が集団に対して持つ魅力であるならば，それは成員が集団やそのリーダーをどのように感じ知覚するかも，凝集性を規定する要因になる。この集団やリーダーをどのように知覚するかの問題は集団風土に関係している。

5　風土

　人は自分の周りの環境をどのように知覚するか，あるいはその人の周りの雰囲気をどのように感じるかによって，どのように行動するかを決めるものである。レヴィン（Lewin, 1951）は，人間の行動（B）は，人（P）と環境（E）との関数（f），B＝f（P, E）で表わされるとし，人のパーソナリティと環境すなわち心理的場の関数であるとして，心理的風土が研究される必要性を指摘した。

　それでは風土（climate）とは何であろうか。G.デスラー（Dessler）は，風土について，構造，方針，規則のような純粋に組織的要因から，温かさ，支持のような主観的に知覚された性質まで幅広い概念であるとしている（Dessler, 1976, p.185）。G. H. リトビン（Litwin）とR. A. ストリンガー（Stringer, Jr.）は，組織風土を仕事環境で生活し活動する人が直接的に，あるいは間接的に知覚し，彼らのモチベーション及び行動に影響を及ぼすと考えられる一連の測定可能な特性を意味するとしている（Litwin and Stringer, Jr., 1968, 邦訳, 1ページ）。R. D. プリチャード（Prichard）とB. W. カラシック（Karasick）は，組織風土を，ある組織を他の組織から区別する組織の内部環境の比較的に継続する特性であり，それは，①組織成員，特にトップマネジメントの行動や方針から生じ，②組織成員によって知覚され，③状況を解釈するための基礎として役立ち，④活動を方向づけるためのプレッシャー源として作用する，としている（Prichard and Karasick, 1973, p.126）。R. W. ウッドマン（Woodman）とD. C. キング（King）は，風土は現実に基づいており，それゆえ，知

覚者ないし参加者が組織ないし集団の風土に一致してまとまるという意味で共有化されるとし、知覚の共通性（commonality）が職務満足のような他の組織変数と風土を区別することができるとしている（Woodman and King, 1978, p.818）。

　以上の議論からすると、風土は、個人が働いている集団ないし組織の特徴について有する知覚である。そして集団風土というのは、集団成員が集団の特徴について有する知覚について成員間でコンセンサスあるいは共通性があるときに生じるということになる。

　知覚（perception）は、一般に受け入れられている刺激を観察し、選択し、組織化し、解釈する過程である（狩俣, 1989）。人々が知覚を通して得るものは、刺激そのものをあるがままに認識するというよりも、個人内部の要求、期待、あるいは態度といった要因のために、選択的に知覚し、それぞれ別個に認識し、解釈することである。人間の行動は、環境と個人の内部状態との相互作用との結果であり、個人の知覚はその人の経験、要求や態度等によって異なる。したがって環境の刺激が異なれば人は異なって知覚し、また同じ刺激であっても人々は異なって知覚することもある。

　それでは風土はどのように生成発展するのであろうか。B. シュナイダー（Schneider）は、風土の知覚がどのように発展するかを、ゲシュタルト心理学と機能主義心理学の点から説明している（Schneider, 1975, pp.447-470）。ゲシュタルト心理学によると、人々は知覚や推測を手掛かりにして彼らの仕事世界での秩序を理解し、彼らの理解する秩序に適合する方法で行動する。人々は自分のいる環境について知覚すると、それを意味あるものとして捉えようとするということである。

　機能主義心理学は、人々がなぜ環境の中で秩序を求めるかに回答を与えるものである。機能主義心理学によると、人々は仕事環境に彼らの行動を効果的に適応できるようにするために、彼らの環境の中で秩序を理解し、それをつくりだそうと試みる。これは人々が彼らの心理的環境とある種の定常均衡（homeostatic balance）を達成するために適応することを意味している。人々は環境と彼らの行動との間に適合する関連枠組みとして全体的知覚が機能するので、風土を知覚するということである。

　それでは人々は同じ職場環境であるにもかかわらず，異なって知覚するなら
ば，なぜ集団風土が集団として一つのまとまった共通のものとして知覚される
のであろうか。それは人々がコミュニケーションを行うからである。人々はコ
ミュニケーションによって自己の考え方，あるいは知覚，思考，感情，態度な
どを伝達し，それによって他者の思考，知覚，感情，態度などを理解する。そ
こで，自己のそれが他の人のそれと著しく異なっている場合，他の人との関係
や集団との関係を維持しようとする限り，なんらかの形で自己の思考や意見な
どを修正したり，あるいは他の人から修正するように求められて，一つの方向
にまとまっていくと考えられる。人々はコミュニケーションによって影響を及
ぼし合い，成員間に類似の考え方や思考，感情や知覚などを形成するようにな
る。集団風土は，コミュニケーションを行うことで成員の知覚が集団として一
つにまとまり，それが成員間に共有されることで形成されるのである（狩俣，
1989, 157ページ）。

　以上，集団の特徴について述べてきたが，これらの集団要因は集団成員が集
団目的を達成するように影響を及ぼし，成員を秩序正しく行動するように仕向
ける。しかし，これらの集団要因は，必ずしも集団を有効に機能させ，集団目
標の達成を促進するように機能するとは限らない。集団がチームとして機能し，
集団目標を効率的に達成するためには集団要因が有効に機能する必要があり，
そのためにはリーダーは集団目標達成を促進するように集団要因を構築する必
要がある。集団がチームとして機能する仕組みの構築は，チームビルディング
にとって重要な問題であるので，第 2 章で論議する。

　しかし，集団要因が有効に機能するかどうかは，リーダーにのみ依存するの
ではなく，組織要因にも依存する。集団は上位システムである組織の影響を受
けるからである。それでは，集団の成員や集団行動に影響を与える組織要因と
は何であろうか。次にこの点について検討する。

Ⅳ　組織

　人間は一人で生きていくことができない以上，他の人々と協力し，力を合わ
せて協働するものである。協働というのは，一般には，個々人や集団が共有さ

れた目的を達成するために一緒に働く過程のことである（Baron and Green-berg, 1986, p.336）。それは人々が相互に補強する行動や支持する行動から成っている。それでは人々はなぜ協働するのであろうか。その一つの理由は，一人でやるよりも二人以上の協働でやる方がより大きな満足ないし成果が得られるからである。一人で目的達成の行動をして実現する成果よりも，協働で実現する成果が大きくなるからである。

　しかし，これは人々が協働をする根本的な理由ではない。人間が協働をする根本的な理由はバーナードが明らかにしている。それは個人ではやれないことでも協働でならやれるからである（Barnard, 1938, pp.23-32, 邦訳, 24-33ページ）。人間には能力に限界があるので，個人にとっての制約を克服する手段として協働するということである。人間は目的志向的動物である。人間は自己の目的を達成するために行動するが，しかし人間には能力の限界がある。そのため目的の達成において制約が生じる。それは，(1)個人の生物的才能または能力と(2)環境の物的要因，の結合の結果として起こる。個人の目的達成において制約がある場合，個人はその目的の達成を諦め，目的を変更するか，さもなければその制約を克服する手段を創出することが必要になる。後者の場合，その一つは，例えば，個人の能力の限界を克服するために機械などを作り，それを使って目的を達成する方法である。二つ目は，個人の能力の限界を克服するために，二人以上の人々が力を合せることで目的を達成する方法である。すなわち人間は基本的に一人ではできないことでも，二人以上の人々が協力すればできることから協働体系を形成するのである。

　ここで協働体系（cooperative system）とは，少なくとも一つの明確な目的のために二人以上の人々が協働することによって，特殊の体系的関係にある物的，生物的，個人的，社会的構成要素の複合体である（Barnard, 1938, p.65, 邦訳，67ページ）。この協働体系は多種多様である。それは，例えば，企業，学校，政府，軍隊，教会，家庭，あるいはNPOなどである。このような協働体系が一般には組織と呼ばれるものである。本章では組織というとき，この協働体系を意味している。

　ところで，このように多様な協働体系の中から，物的環境，社会的環境，個人，その他の変数を捨象すると，すべての協働体系に共通する要因がある。こ

れをバーナードは公式組織（formal organization）と捉え，「二人以上の人々の意識的に調整された活動や諸力の体系」（Barnard, 1938, p.73, 邦訳, 76ページ）と定義している。

　バーナードによると，公式組織は，(1)コミュニケーション，(2)貢献意欲，(3)共通目的，があれば成立し，これらの三要素は組織成立の必要十分条件である（Barnard, 1938, pp.82-91, 邦訳, 85-95ページ）。ここで，共通目的は組織目的のことであり，組織成員が協力して達成する目的である。それは個人目的ないし個人的動機とは区別される。組織は参加者が組織目的を達成する活動によって成立する。協働意欲は，その組織目的を達成しようとする意欲であり，組織に参加しようとする意欲である。この意欲は，組織に参加することで得られる誘因と組織への貢献を比較考量して，誘因≧貢献の場合，生じる。コミュニケーションは，共通目的と協働意欲を結合して，その両者の潜在的なものを動態化し，組織活動たらしめる。コミュニケーションは目的をその達成に必要な具体的行為にいいなおすために必要である。このような三つの要素の存在によって組織は成立し，それが人々の共通目的達成活動として現れる。すなわち公式組織は人間行動のシステムであり，人々の共通目的達成活動によって構成される一つのシステムということである。

　組織体系としての組織は，その目的達成のための協働行為（参加者の貢献活動）を確保し，彼らの動機を満足させる誘因の原資を生産するために，様々な機構を形成している。それらは，組織構造，規則体系，業績評価体系，報酬体系，組織文化である。この点についてもすでに論述したので（狩俣, 1989, 1992），要約して述べよう。

1　組織構造

　組織構造（organizational Structure）は，協働体系の基本であり，その骨格をなすものである。それは，一般に組織目的を効率的，能率的に達成するための問題として議論されている。それが，公式の関係のパターンや職務パターン，分化（分業）と統合（協業）の関係，権限システム，管理システムなどの問題として議論されている。

　バーナードは，組織職位の規定を組織構造と呼び，それが組織図，職務明細

書，分掌規程などに集約されるとしている（Barnard, 1938, p.219, 邦訳, 229ページ）。これを彼はコミュニケーションとの関係で明らかにしている。コミュニケーションは，人々の協働活動を遂行するために必要である。構造化されていない状態で人々がある目標を達成しようとする場合，誰が，いつ，どこで，何を行うかといったことを決定するためには，かなりの論争が行われ時間がかかる。もし人々がある決定について一致しなければ，各人はそれぞれ自分の考えが最善であることを知らせ，他人を説得するのに時間がかかるからである。しかし，彼らの間でリーダーを決めて，そのリーダーを中心に調整し彼らの役割を決定し構造化すれば，すなわちコミュニケーション経路を形成すれば，論争は避けられ，混乱はなくなる。このようにコミュニケーションの流れが，一定の経路を通るようにそれを流す人と流す方向を制限し，人々の間のコミュニケーションを制約することによって，組織は混乱を避け，秩序を維持できるようになる（Katz and Kahn, 1978, pp.428-431）。

　以上の人々の間のコミュニケーションの制約はコミュニケーションの情報の流れの問題であるが，しかしコミュニケーションには関係性の側面もある。すなわち，コミュニケーションは情報内容の側面だけではなく，関係性の側面もあり，人々がどのようにコミュニケーションを行うかは彼らや彼女らの関係によって規定される（狩俣, 1992）。もし人々の関係が明確でなく，関係が形成されなければ，どのようにコミュニケーションを行うか，どのような情報内容を交換するかについて困惑するかもしれない。しかし関係が形成され安定化すれば，情報の内容や行動の在り方も規定され，コミュニケーションの仕方は安定化するようになる。関係の明確化は人々のコミュニケーションを容易にし，メッセージを媒介とする意味形成を促進する。構造は人々の関係のパターンを規定するのである。組織においてはこの関係性の規定は重要な問題であり，これが地位や権限関係や役割関係を規定し，人々の行動を規定するコンテクストとなるのである。

　このように組織構造は，基本的にはコミュニケーション・システムであり，組織成員間の情報伝達経路あるいは成員間の関係のパターンである。それは，基本的に組織目的を効率的に達成するための人々の関係のパターンのことである。これによって組織は内外の情報を収集し，処理し，蓄積し，伝達している

（狩俣，1992，146ページ）。

2　規則体系

　規則体系は，組織成員が組織の目的達成のために，目的が何か，その達成の
ためにどのように行動すべきか，あるいは何を行い，何をすべきでないかを規
定し，行動の標準ないし規準を与えるものである。組織が目的達成のために形
成されるならば，その効率的な達成のためには組織成員は任意に行動するので
はなく，何らかの規準に基づいて調整された活動を遂行する必要がある。

　S. B. シマノフ（Shimanoff）によると，規則とは，コンテクストの中でどの
ような行動が義務づけられ，好まれ，禁止されるかを示す遵守可能な規定であ
る。それは次のような特徴を持っている（Shimanoff，1980，pp.37-88）。規則
は，①守ることができる，②規定である，③コンテクスト的である，④人間行
動に関係している。①は，規則は守られるだけではなく，破られるかもしれな
い，ということを意味している。これは，科学的法則とは違って，規則には
人々がそれに従うかどうかを選択する余地があるからである。②は，規定は何
事かが起こるべきこと，そしてこの行動からの逸脱は評価に従うことを意味し
ている。③は，規則はすべて同様な状況では適用されるが，異なる条件では適
用できないかもしれないということである。④は，規則の適当な領域は行動で
あり，規則そのものは何を考えるべきか，あるいは何を考えるべきでないかと
いう精神的心理的なことは規定しないということである。規則は適当な行動を
明確にするのである。

　この規則は次のような役割を果たしている（Jackson and Adams, 1979,
pp.269-273）。①組織には，その活動を目的達成に向ける多くの要因があるが，
規則は人間の変化を調整し統制する手段である。②規則は勝手気ままに行動す
るような組織成員から他の成員を守り，行動の結果を予測できるようにする。
③規則がない場合に起こる人間の主観性を減じることで，組織の能率を最大に
する手段として役立つ。④規則は従業員の課業を限定し，権限関係を形成し明
確にする。⑤規則は意思決定を非人格化し，安定化するのに役立つ。

　規則の目的は組織目的の達成で組織成員に行動の指針を与えることである。
これによって組織成員の行動を限定し，規定し，安定的方法で組織化する。こ

れは組織成員の行動を予測させ，安定化させ秩序正しさを与える。それはある対象について人々の共通の理解や解釈を生み出し，彼らの共通の意味の形成に役立つ。このような組織の規則は職場の職務規定，地位や権限の規定として生み出され，組織成員の行動を規定し組織を秩序正しく行動するようにしている。

　しかし，規則はいったん形成されて実施されると，成員にそれに従って行動することを求め，遵守することを求める。このことは，一方で組織を機能させるが，他方で組織を硬直化させ，逆機能の原因ともなる。この点で規則は，状況の変化に応じて弾力的に運用され，改変されなければならない。規則は一般的な枠組みを提供するものであり，全ての状況に適用できる処方箋はないからである。そのためには，組織における人々は規則に支配されたり，規則に従うよりも，規則を使用する主体者として行動することが重要である。

3　業績評価体系

　組織がその目的を達成する成員の努力（貢献）によって機能するならば，その努力が目的達成活動であるかどうか，あるいはその目的を達成しているかどうかを測定し評価することは重要である。業績評価体系は，組織成員が組織の目的，方針，手続き，規則などに従って行動しているかどうか，あるいは彼らや彼女らがどの程度の業績を上げたかどうかを測定し評価するシステムである。これによって組織は，組織活動や成員のコントロールに必要な情報を得ることができる。

　A. D. シラジー（Szilugyi, Jr.）とM. J. ウォレス（Wallace, Jr.）によると，業績評価は次の目的に役立つものである（Szilugyi, Jr. and Wallace, Jr., 1987, pp. 423-426）。①昇進，解雇，および異動の決定，②従業員の業績についての彼らへのフィードバック，③個々人や集団が組織目的達成にどの程度貢献したかという相対的貢献の評価，④報酬の決定，⑤従業員の選抜や配置決定の有効性の評価基準，⑥訓練と啓発要求の診断，⑦訓練と啓発要求の評価基準，⑧作業スケジュール計画，予算，人的資源計画に関する情報，がそれである。業績評価がこのような目的に役立つとすると，組織活動ないし業績を，どのような基準でどのように測定するかということが重要である。組織が目的，方針，手続き，規則などを設定し，それに従って行動することを要請して，組織成員へ

の賞罰の支給が業績評価システムに基づいて与えられると，彼らや彼女らはそれに従って行動するからである。したがって，業績評価システムは，何を測定するか，それがどのように評価されるか，その基準を明確にしなければならない。

　組織はこのような業績評価システムによって，組織活動あるいは組織成員の目的達成行動や業績に関する情報を得ることができ，それらをコントロールできる。また組織成員にとっては自己の組織への貢献がどのようなものかを知ることができる。このような業績評価が組織の報酬体系の基礎として使用されると，それは成員の態度あるいは動機づけに大きく影響を与えるのである。

4　報酬体系

　人が組織の提供する誘因を求めて組織に参加するならば，組織はその人の組織に対する貢献に見合う十分な誘因ないし報酬を提供することが必要である。働く人々にとって報酬体系は大きな関心事であり，また組織にとっても報酬体系はモチベーションを規定するので重要である。

　バーナードによると，組織の本質的要素は，人々が快くそれぞれの努力を協働体系へ貢献しようとする意欲であり，協働の力はこの貢献意欲に依存している。そして組織のエネルギーを形づくる個人的努力の貢献は，組織が与える誘因によって人々が提供するものである（Barnard, 1938, p.139, 邦訳，145ページ）。この誘因が報酬体系として表される。組織は人々から貢献を確保するためには，その貢献に応じた報酬（誘因）を与えなければならない。

　報酬体系が有効に機能するためには，次のような基本的条件を満たす必要がある（Feldman and Arnold, 1983, pp.165-166）。第一に，組織の報酬体系は，個々の成員に食物，保護，安全および防衛という基本的欲求を満たすのに十分な報酬を与えるものでなければならない。第二に，組織成員に利用できる報酬は，他の組織と比べてひけをとってはならない。第三に，組織内の報酬の配分は，公平で平等に行われていると知覚されなければならない。第四に，報酬体系は，人々の欲求，要求水準が異なるので，成員を別個の個々人として扱わなければならない。組織はこのような報酬体系を確立することによって，有能な人々を組織に参加させ，組織目標を積極的に達成するように動機づけることが

できる。

　報酬の提供とは逆に，罰も人々の行動や動機づけに影響を与える。罰が有効であるためには，罰が①望ましくない行動に対して与えられる，②望ましくない行動が起こった直後に与えられる，③あまり弱くも厳しくもなく，ほどほどに不快である，④部下が誰であっても，同じ行動に対しては絶えず与えられる（Kerr and Sloucum, Jr., 1981, p. 123）。

　このように報酬体系は，組織成員の活動が組織によってどのように解釈され，意味づけられ，あるいは価値づけられているか，という情報を伝達する。報酬を与えられるということは，その成員の行動が組織によって価値があるということであり，罰はその行動が負の意味を持っていることを示すものである。これは称賛，承認，拍手，あるいは冷笑，拒絶といった形で表される。すなわち，報酬体系は，業績評価によって得られた情報に基づいて，組織の目的，手続き，規則に合致した行動（ないし業績）に対して報酬を支給することによってこれを強化し，それと異なる行動に対しては罰を与えることによってこれを排除するのである。このように報酬体系は，組織成員の動機づけや行動に影響を与えるので，経営者は，成員の行動や業績を正確に把握し，公正，公平に賞罰を与える報酬体系を構築する必要がある。

5　組織文化

　組織文化（organizational culture）とは何かという問題は，多面的に論議され多種多様な定義が表されている。L. スマーチ（Smircich）は，この概念が多様であることについて，研究者が組織と文化について持つ基本的仮説の違いにあるとして，それを①異文化ないし比較経営，②企業文化，③組織的認識，④組織的シンボリズム，⑤無意識過程と組織，に分類している（Smircich, 1983, pp.339-358）。

　①の異文化（cross-cultural）ないし比較経営（comparative management）では，文化は，人間の生物学的心理学的欲求に役立つ手段であり，組織は課業達成の社会的用具として捉えられる。②の企業文化（corporate culture）では，文化は適応的規制メカニズムとして機能し，人間を社会構造に結合させる。組織は環境との交換過程によって存在する適応的有機体である。③の組織的認識

（organizational cognition）では，文化は共有された認知体系あるいは知識や信念の体系と捉えられる。文化は規則や無意識の論理によって生み出される。組織は知識体系と捉えられ，それは組織成員が共有する主観的意味のネットと見られる。④の組織的シンボリズム（organizational symbolism）では，文化は共有されたシンボルや意味の体系である。そして組織はシンボリック会話のパターンで，シンボリック様式を通じて維持される。⑤の無意識過程（unconscious processes）と組織（organization）では，文化は精神の普遍的無意識的内部構造の投影である。組織形態や実践は無意識過程の現れである。

　E. H. シャイン（Schein, 1985）は，組織文化を，ある特定のグループが外部への適応や内部統合の問題に対処する際に学習した，組織自身によって，創られ，発見され，または，発展させられた基本的仮定のパターンと定義している。そして組織文化を①人工物，②価値，③基本的仮定の3つのレベルに分類している。①の人工物のレベルは，創り出された物理的・社会的環境であり，明白な行動を観察することができる組織文化の表層レベルである。②の価値レベルは，直接に観察し，認識することはできないが，社会的合意によってテスト可能なものである。③の基本的仮定は，あたりまえと受け取られ，目に見えない，意識以前のもので，人間性の本質，人間的活動の本質，人間関係の本質などに対する仮定である。シャインは，この基本的仮定こそが組織文化の本質であると述べている。

　以上のように組織文化は多様に捉えられているが，しかし，スマーチとシャインには基本的に共通する点もある。それは目で見える表層的な具体的な事物としてのものと，社会の人々や組織成員間に共有される価値や意味，人々の価値観や考え方ないし行動様式を規定している無意識の基本的前提である。このような組織文化について，ここでは基本的に組織成員間に共有された意味や価値システムと捉える（狩俣, 1992, 218ページ）。

　この組織文化は次のような機能を果たしている。①文化は組織事象についての成員間に共有された解釈を与える。②強い文化は，従業員の仕事と生活に対してエキサイト感を与える感情的効果を持っている。③文化は集団内部と外部の境界を作り出し，それを維持する。④文化は組織のコントロール・メカニズムとして役立つ。⑤強い人間主義的文化は生産性や利潤の増加にそれとなく結

びついている（Siehl and Martin, 1984）。

　組織は目標や思考，価値や意味，態度や選好などの異なる多様な人々から構成されている。組織がそのように多様な人々から構成されているならば，組織には多様な意味や価値システムが存在することになる。二者間に共有される意味，集団に共有される意味，組織全体として共有される意味など様々な複合的意味システムが存在することになる。しかし，そのような多様な意味が存在するとしても，人々がコミュニケーションを行って，それらが相互関連的，体系的に形成されているならば，組織成員間に統一的な意味システムが形成され，明確な組織文化として現れる。このような成員間に共有される意味の共通性が組織文化の明示性や組織的コンテクストの強さを表すようになる。そしてそれが組織文化として組織の独自性を表し，他の組織と区別される特徴を示す。これによって組織事象についての成員間の理解の一致や共通性を生み出し，成員の統一的な行動を生み出すのである。

V　結び

　以上，チームビルディングに必要な集団と組織の特徴について検討してきた。集団は個人と組織の接点にあり，集団にいる成員は個人でいるときとは異なって行動するようになる。また個人は組織成員であるときは個人的な行動とは異なって行動する。それは，個人は集団や組織に参加すると，その個人に集団成員として，あるいは組織成員として行動することを求める集団要因や組織要因があるからである。

　本章では，集団要因として集団構造，役割，規範，凝集性，風土を挙げ，その特徴について論議してきた。この中で集団構造は，小集団ネットワークの実験が明らかにしたように，集団の機能を規定し，集団成員の関係のパターンを規定し，集団成員の行動や態度あるいは満足度に影響を及ぼすことを示してきた。また組織成員に影響を与える組織要因として，組織構造，規則体系，業績評価体系，報酬体系，組織文化を挙げ，組織構造は，基本的にはコミュニケーション・システムであり，組織成員間の情報伝達経路あるいは成員間の関係のパターンであること，組織文化は，組織成員間に共有された意味や価値システ

ムであることを論議してきた。以上の集団要因は集団成員の行動を規定する集
団コンテクストとして，組織要因は組織成員の行動を規定する組織コンテクス
トとして組織の秩序を維持する機能を果たしている。そして組織の下位システ
ムとしての集団は，組織の影響を受ける。すなわち組織構造や組織の規則体系，
組織文化などは集団成員や組織成員の思考や行動パターンを規定するコンテク
ストなのである。

　第 2 章で議論するチームは集団の一形態である。したがって，チームも集団
である限り，集団の特徴を有しており，またそれは組織の影響を受けるもので
ある。問題は，集団がどのような特徴を有すればチームとなるかということに
ある。どのように集団が機能すればチームが形成されたかということであり，
集団が有効になるための条件は何かということである。次章では，チームとは
何か，何が集団を有効に機能させチームを形成するかについて検討する。

第2章

チーム

I 序

　近年，経営組織論の分野においてチームの重要性が認識され，チームに関する研究が多く行われてきている。それは，チームは，一人の個人ができる以上に，より大きな適応性，生産性，および創造性を与える潜在性を持ち，また組織の問題に対してより複雑で，革新的で，包括的な解決法を与え（Salas, et al., 2005, p.556），さらにチームは業績や職務満足を改善し，組織の有効性を改善する重要な方法である（Levi, 2011, p.30）からである。

　A. C. エドモンドソン（Edmondson, 2012）によると，現代の労働生活を特徴づけるものに対人不安があるが，その対人不安のためにまずい意思決定が頻繁に行われて失敗し，実行すべきことが実行されない。また，それは，今日のような知識集約の組織に必要な協働を阻害するものである。しかし，心理的安全があればこれらの問題は緩和されるとして，組織は心理的安全性のあるチーム作りに取り組まなければならないとしている。

　しかし，それらの研究は，有効なチームはどのように形成されるか，その条件は何かについては十分に分析していない。そこで，本章では，集団とチームの違いやチームの発展過程を検討し，有効なチームとは何か，そのチーム作りの条件について明らかにする。

II チームの概念

　チーム（team）は，組織の機能化にとって中心的要素と考えられてきてい

る（Rico, et al., 2011, p.57）。これは，組織の成功や知識の全体的な創造が大部分チームの有効性に依存する，と考えられるからである。そこで，チームとは何か，集団とチームは異なるのか，異なるとするとそれらを区別する要因は何か，あるいはチームの有効性を規定する要因は何か，ということに関して多くの議論が行われている。

S. W. J. コズウォフスキ（Kozlowski）とB. S. ベル（Bell）は，集団とチームについて次のように述べている（Kozlowski and Bell, 2003, p.6）。作業チームと集団は，①二人以上の個々人から成っている，②彼らは組織的に関係する課題を達成するために存在している，③一つ以上の共通の目的を共有している，④社会的に相互作用している，⑤）課題の相互依存性（作業の流れ，目標，結果）を示している，⑥境界を維持し管理している，⑦境界を設定し，チームを制約し，より広い組織体の他の単位との交換に影響を与える組織的コンテクストに組み込まれている。

このように，チームも複数の人々から構成された集団の一つであるが，多くの研究は，集団が独自の特徴を有するときにチームになると考えている。S. A.ウィーラン（Wheelan）は，作業集団は，目標について共有された見方を創造するため，また能率的，効果的な組織構造を開発して，それらの目標を達成するために努力している成員から成るとしている。そして，共有された目標が確立され，その目標を達成する方法が機能しているときに作業集団はチームになる，としている（Wheelan, 2016, pp.2-3）。B. ヒリヤッパ（Hiriyappa）は，チームは共通の目標に向けて働く人々の集団であり，チームを形成する目的は，個人が単独で仕事をする以上により大きな目的を達成することにある，としている（Hiriyappa, 2016, pp.7-8）。T. M. ファポハンダ（Fapohunda）は，チームは共通の目的に向けて働く集団であると定義し，チームビルディングは，人々の集団がチームの目的を達成できるようにする過程であり，その重要な目的の一つは，組織に行き渡っている行動や態度を変えることである，としている（Fapohunda, 2013, p.2）。

J. R. カッツェンバック（Katzenbach）とD. K. スミス（Smith）は，チームの定義や機能について広範に論議し，チームを次のように定義している。「チームは，それぞれが連帯責任を持って共通の目的，達成目標，およびアプ

ローチにコミットし，補完し合うスキルを持った少数の人々の集まりである」
（Katzenbach and Smith, 1993, p.45）。この定義は次のことを意味している。
チームは，①十分に少ない数である，②成員はチームの職務遂行に必要な専門
的・職能的スキル，問題解決・意思決定スキル，対人的スキルという補完し合
うスキルを持っている，③すべての成員が達成したいと望んでいる幅広い意義
のある目的を持っている，④すべてが同意する特定の達成目標を持っている，
⑤作業アプローチは明確に理解され一般に合意されている，⑥集団の結果に対
して個人的責任と共同責任を持っている（Katzenbach and Smith, 1993,
pp.45-60）。

　エドモンドソンによると，チームに関するこれまでの研究は名詞のチームで
あった。しかし，今日のように複雑で不安定なビジネス環境で組織が成功する
ためには，チームではなく，動詞のチーミング（teaming）が必要である。現
代のダイナミックな環境で成功するためには，組織は内外の混乱に応じて自己
組織化する複雑適応系としてマネジメントされる必要がある。そのためには，
組織にはチームではなく，チーミングが求められる（Edmondson, 2012, 邦訳,
38ページ）。それは，チーミングを行うことによって，①パフォーマンスが上
がり，②職場環境が向上する，メリットが生まれるからである（Edmondson,
2012, 邦訳, 76-81ページ）。①は，チーミングの核となる行動は，新たな知識,
新たなプロセス，新たな製品の創造を促すことによって，組織のパフォーマン
スを高めることである。②は，チーミングが当たり前になっている職場では,
従業員は互いに学び，仕事のことも仕事が最初から最後までどのように行われ
るかもっと広く理解できるようになり，進歩の機会をよく見て，それに基づい
て行動できることである。エドモンドソンは，チーミングを新たなアイデアを
生み，答えを探し，問題を解決するために人々を団結させる働き方と捉えてい
る。これは，本書の議論からすると，チームは集団のことであり，チーミング
はチームのことである。彼女は心理的安全性のあるチーム作りをチーミングと
捉えている。

　以上の定義からすると，チームは集団がその目的を達成し有効に機能してい
る状態を意味している。これは集団が単なる人々の集まりとは区別されるとし
ても，集団はその目的達成において必ずしも有効に機能するとは限らないから

である。集団は，社会的手抜きなどによって非効率的に行動したりする。そこで，集団が成員間の連携やコミュニケーション上の問題などのプロセス・ロス（process loss）をなくして，プロセス・ゲイン（process gain）を得られるように効率的に行動するような集団をチームとして捉える。それは，成員間の相乗効果的な働きによって，集団として能率的効率的に行動している状態のことである。すなわち，チームは，第1章の集団の特徴が組織目的達成に向けて有効に機能し，個々の成員が相乗効果的に能力やスキルを発揮して有効に機能している集団ということである。

　しかし，チームといっても多様なタイプがある。例えば，G. ユークル（Yukl）は，チームのタイプについての共通の特徴を表2−1のように示している。チームのタイプは次のように説明される（Yukl, 2010, pp.357-361）。職能的作業チームは，その成員が通常は異なる責任を持っているが，彼らは同じ基本的な職能を遂行することを皆で助けるチームである。チームは典型的に長期間運営され続け，その成員は比較的安定している。職能横断的チームは，特殊の単位間の相互依存的な活動の調整を改善するために組織で使用されている。チームはプロジェクトに関わる職能的単位のそれぞれの代表を含み，また顧客

表2−1　四つのチームのタイプの共通の特徴

特徴の定義	職能的作業チーム	職能横断的チーム	自主管理作業チーム	経営者チーム
使命や目的を決定する自律性	低い	中程度に低い	中程度に低い	高い
作業手続きを決定する自律性	中程度に低い	高い	高い	高い
内部リーダーの権限	高い	中程度に高い	低い	高い
チームの存続期間	高い	中程度に低い	高い	高い
成員の安定性	高い	中程度に低い	高い	高い
成員の職能的背景の多様性	低い	高い	低い	高い

出所）Yukl, G.（2010）*Leadership in Organizations*, 7th Edition, Pearson Education, Inc, p.356.

や供給業者などの外部の代表も含んだりする。自主管理作業チームは，通常は管理者に与えられる権限や責任の多くがチームの成員に委譲される。ほとんどの自主管理作業チームは，固有の製品やサービスを生み出すことに責任を負っている。経営者チームは，説明するまでもなく，取締役会などの組織の最高経営者層のチーム（集団）である。表にはないが，コンピューターやコミュニケーション技術の急速な進展によってバーチャル（virtual）チームが現れてきている。このチームでは，成員が地理的に離れており，めったに対面的に会うことはない。このチームは，特定の課題を遂行するために一時的に配置されたり，あるいは専門技術的問題の解決，組織から離れた部署間の活動の調整などのような進行中の責任を遂行するためにより長期的に配置されたりする。このようにチームのタイプによってその特徴は基本的に異なっている。

Ⅲ　チームの発展過程

　それでは，チームはどのように発展するのであろうか。集団ないしチームの発展過程に関しても様々な観点から議論されている。その発展段階の代表的なモデルは，B. W. タックマン（Tuckman, 1965）のそれである。それは次のような発展過程から成っている。集団の発展段階は，①形成化，②混乱化，③規範化，④遂行化の段階である。

　①形成化（forming）は，対人行動と課業行動の両方の境界を確かめ，リーダーや他の集団成員がすでにある基準への依存関係を確立する。②混乱化（storming）は，対人問題や課業について葛藤し，対立し，分裂し，また集団の影響と課業の要請に抵抗する。③規範化（norming）は，抵抗が克服され，集団内の感情や凝集性が発展し，新しい標準が発展し，新しい役割が追加される。また新しい個人的意見が表される。④の遂行化（performing）の段階では，対人構造は課業活動の用具となり，役割弾力的で機能的になり，集団エネルギーが投入される。そして構造問題は解決され，構造は課業の遂行を支持する。

　このモデルでは，後年，第五の発展段階として，⑤終了（adjourning）が追加されている。これは解散や終結に関心を払う段階である（Tuckman and Jensen, 1977）。

　このタックマンのモデルは、人々が何らかの課題（仕事）を遂行するために集まり、彼らの間で対立や葛藤を経て、集団として一つにまとまり、集団の目標や課業を達成していく集団発展の段階を示している。

　ウィーラン（2005, 2016）は、集団の発展過程のモデルを包括的に検討して、統合モデルを提示し、段階1を経て段階4に到達するとき集団はチームになるとしている。それらの段階は次のような特徴を持っている。

　集団発展の最初の段階は、依存（dependency）と包摂（inclusion）の段階で、それは指名されたリーダーへの依存、安全性への関心、包摂の問題によって特徴づけられる。この段階は、集団のリーダーあるいは強力な成員によって提案された計画に成員が服従することである。成員は意思決定を行うリーダーを待っている。成員は当面の課題についてよりも他者に受け入れられていることにより関心がある。この段階での生産性は低い。

　段階2は、反依存（counterdependency）と闘い（fighting）で、集団はリーダーへの依存から自由を求め、そして成員は集団目標と手続きについて闘う。課題の対立はこの過程の避けられない部分である。この段階での集団の課題は、統合化された目標、価値、および業務手続きを開発することであり、この課題は通常は対立を生み出す。対人的対立はその場で作業集団を停止させる。私的なことで不一致が起こるとき、信頼は失われ、成員は集団で安全を感じない。

　段階3は、信頼（trust）と構造（structure）である。集団が段階2の避けられない対立を切り抜けて仕事をすることを管理するならば、成員の信頼、集団へのコミットメント、および協働への意欲が高まる。コミュニケーションはよりオープンで、課業志向的となる。成員が課業により多く集中し、地位や権力や影響力の問題にあまり集中しなくなるにつれて、専門的縄張り意識は減少する。この段階は、役割、組織、手続きについてのより熟慮した交渉によって特徴づけられる。それはまた、成員が互いに積極的な作業関係を強固にするために働く時期でもある。集団の生産性は増加し始める。

　段階4は仕事（work）で、極端に高いチームの生産性と有効性の時期である。集団がチームとなるのはこの段階である。チームは、その前の段階の問題をほとんど解決して、目標達成や課題の達成にそのエネルギーの多くを集中できる。仕事はすべての発展段階で起こるけれども、仕事の質や量は段階4で著しく増

加する。ウィーランは，集団発展のより高い段階で機能する作業チームは，集団発展のより低い段階で機能する集団よりも，高品質の生産物を生み出し，より多くの利益を生み出す，としている。

　ウィーランは，タックマンと同様に，ほとんどの一時的な集団には最終段階があるとし，段階5の終結も示している。これは課題の完成や終了であり，集団成員の関係の終結である。

　以上の二つのモデルは，発展段階の区分が課業達成に向けた段階的発展に基づいており，一定の順序，すなわち直線的に発展していくものと捉えている。しかし，このような直線的な段階として集団が発展するのではなく，集団がある時期に急激に発展するという考え方もある。C. J. G. ガーシック（Gersick, 1988）の断続均衡（punctuated equilibrium）モデルである。

　ガーシックは，六つの組織における八つのチームの発展に関する研究から，段階的な発展とは異なる断続均衡モデルを提示している。彼女によると，直線的な段階発展モデルは，集団が次第にその課題を遂行する準備をして，それから遂行する一連の段階ないし活動として集団発展を描いている。すべての集団は同じ歴史的経路に従うことを予期されている。それらのモデルは変化のメカニズムも集団環境の役割も明確にしていない。しかし，彼女の調査結果によると，集団は業績達成の枠組みの突然の形成，維持，そして突然の改善を通じて発展する。

　集団発展は三段階から成る。第1段階では，集団が形成され，そして集団はその方向を限定する。集団がそのプロジェクトにアプローチする仮説や行動パターンの枠組みは最初の会合で現れ，そして集団は，その全活動期間の最初の半分を通じて，そのフレームワークの状態のままである。チームはこの時間の間は見えるほどの進歩はない。この段階では，成員はプロジェクトの最終期限が遠い将来の時点と考え，プロジェクトの完成に向けた高い業績レベルの必要性をほとんど感じないので，業績は相対的に低い。

　第2段階は，中間点に起こる転換（transition）の段階である。転換は，彼らの仕事に対するアプローチでのパラダイムシフトが起こる大変化のことで，集団成員の課業に対するアプローチは明確に変化し進歩する。しかし，転換はうまく利用されなければならない。というのは，一度それを過ぎると，チーム

はその基本的計画を再び変えないかもしれないからである。この段階では，転換の間に具体化された計画からその方向を取り，チームは外部の期待を満足させるために最後の努力を行う。

第3段階は，集団が著しく加速して段階2の間に生み出された仕事を終える完成の段階で，課業の完成を促進する集団の変化によって特徴づけられる。この段階で，集団は新しい目標を設定する。新しい目標が高い業績レベルへと集団を導く。

このようにガーシックの断続均衡モデルは，業績達成の枠組みが形成され，改善される過程を明らかにして，集団が環境の影響を受けて突然変化し，断続均衡的に発展することを示している。

以上の三つのモデルは，基本的に時間が経過するにつれて，直線的，あるいは断続的に発展することを仮定している。しかし，すべての集団ないしチームが段階的に発展するとは限らない。ある集団は発展して有効に機能するが，他の集団は逆機能となって低い業績の状態であることもある（Bushe and Coetzer, 2007）。すなわち，集団には時間が経っても長期にわたって低い業績の状態のものもあれば，急速に有効に機能し高業績を持続的に維持するものもあるのである。このような集団発展について，カッツェンバックとスミスは，①作業グループ，②擬似チーム，③潜在的チーム，④真のチーム，⑤高業績チームの特徴を次のように示している（Katzenbach and Smith, 1993, pp.90-92）。

①作業グループ（Working group）は，チームになるための重要な業績増大の要請のない集団，あるいはその機会のない集団である。成員は，情報，最善の実践，あるいは視点を共有するために，また個々人がそれぞれの責任の範囲で仕事をするのを助ける決定をするために主に相互作用する。それを超えて，チームのアプローチか共同責任のいずれかを要求する現実的で，真に望ましい小集団の共通目的も，業績目標の増大も，あるいは共同作業の成果もない。

②擬似チーム（Pseudo-team）は，重要な業績増大の要請あるいはその機会の可能性はあるものの，集団業績に集中していないし，またそれを達成するために真剣に努力もしていない集団である。それは共通の目的あるいは達成目標を形成することに関心はない。擬似チームは業績の効果の点ですべての集団の中で最も弱いものである。擬似チームにおいては，全体の合計は個人の部分の

潜在性より少ない。

　③潜在的チーム（Potential team）は，重要な業績増大の要請がある集団で，その業績の効果を改善しようと真剣に努力している集団である。しかし，典型的に，目的，目標，あるいは作業の成果についてより多く明瞭にする必要があり，また共通の作業アプローチを打ち出す際により多くの規律を必要とする。それは，団体責任までは確立していない。チームアプローチに意味があるとき，業績の効果は高くなる。

　④真のチーム（Real team）は，連帯責任を持っている共通の目的，目標，作業アプローチに等しくコミットする補完的なスキルを持った少数の人々の集団である。真のチームは業績の基本単位である。真のチームの人々は，確実にチームの目的，達成目標，およびアプローチに関して互いに信頼し依存している。

　⑤高業績チーム（High-performance team）は，真のチームのすべての条件に合致する集団で，専門職能的，問題解決的，対人的スキル，目的，目標，アプローチに責任を持った少数の人々から成っており，お互いの人間的成長と成功に深くコミットする成員を持っている。そのコミットメントは通常のチームを超えている。高業績チームは他のすべてのチームより著しく優れており，そのメンバーシップに与えられるすべての合理的な期待を超えている。

　カッツェンバックとスミスによると，最大の業績の利益は潜在的チームと真のチームの間に起こり，高い業績を上げるには特別の個人的コミットメントが必要であり，高い信頼関係が必要である。このように，カッツェンバックとスミスは，五つの集団の特徴を示し，集団ないしチームが作業チームから真のチーム，高業績チームへと段階的に発展するとは捉えていない。

　しかし，以上の四つのモデルは集団発展の過程や高業績のチームの特徴を明らかにしても，高業績に結びつくような集団規範や風土がどのように成員間の相互作用ないしコミュニケーションによって形成されるか，あるいは高いコミットメントが得られるか，という点までは明らかではない。

　B. A. フィッシャー（Fisher, 1980）は，集団相互作用過程，すなわちコミュニケーションによって集団の中で意思決定案がどのように合意に到達するかという問題を分析している。これはコミュニケーション構造が時間の経過ととも

にどのように変化するかを示しており，集団規範や風土あるいは集団の共通の
意味や価値が，どのように形成されるかを理解するのに参考になる。そこで，
集団における合意形成過程を眺めて，集団規範や風土などの形成に係わる新た
な意味の形成過程を明らかにしよう。

　集団の意思決定では，一人の成員があるアイデア（idea）を出し，その他の
成員はそれに賛成ないし反対，あるいはそのアイデアの拡充ないし修正という
形で反応する。そのアイデアが議論の対象であり，それは時間の経過とともに
集団の見解を表すように発展する。集団成員はあるアイデアが集団の合意に達
するまで，漸進的累積的にそのアイデアを受容したり，拒否したり，修正した
り，改善したりして，いろいろなアイデアを統合する。意思決定は，究極的に
はコミュニケーションの結果であり，集団成員が利用可能な代替案の中から選
択することである。

　フィッシャーによると，合意（consensus）は意見の一致（agreement）で
はなく，到達した決定へのコミットメントを意味している。合意の本質的要素
は，成員によって共有された集団忠誠心の度合いである。成員はある案に一致
せず不一致であっても，合意した決定には一般に従う，ということである
（Fisher, 1980, pp.129-130）。このことは集団が合意に達した案についてはそ
れを受け入れ，それに従って行動するということであり，成員間での変化を意
味している。

　それではこの集団の変化，あるいはその発展過程にはどのような段階がある
のであろうか。フィッシャーは，合意の意思決定過程に四つの段階があること
を示している。それは，①オリエンテーション，②葛藤，③創発，④強化の段
階である（Fisher, 1980, pp.144-157）。

　①のオリエンテーション（orientation）段階では，成員は，初めは彼らの社
会的地位や課業の方法をよく知らないので，自分の意見を主張しない。彼らは
集団がどのようなものかをテストするために試みに意見を述べるが，それは曖
昧ですべてに同意するものである。この段階の特徴は，成員が知り合うように
なり，彼らの態度を試みに表明し明らかにすることである。

　②の葛藤（conflict）段階では，成員は集団の意図や方針から出てくる決定
案に気づき，それに賛成，反対の態度を表明する。意見や態度が対立すること

によって，成員の間に不一致や葛藤が起こる。その結果，成員たちは最終的に集団の合意に達する決定案に賛成する連合と，それに反対する連合を形成するようになる。

　③の創発（emergence）段階では，葛藤や反対がなくなる。葛藤段階で反対を表明した成員も曖昧な形で意見を述べる。不賛成ないし反対が曖昧な形でなくなるにつれて，それと同時に決定案に賛成する意見が多数を占める。この段階で集団相互作用の究極的結果が次第に明らかになる。

　④の強化（reinforcement）段階では，成員は絶えず賛成の意見を表明し，社会的支持があること，意見の一致があることを表明して，互いに賛成の意見を積極的に強化する。この段階では決定案への反対や葛藤はほとんどなくなり，統一の精神が集団に浸透する。

　以上がフィッシャーの意思決定過程段階の概略である。これは集団で決定がどのように行われるか，あるいはあるアイデアがどのように合意に達するかを示している。これによって集団規範や凝集性や風土がどのように形成されるか，集団成員間に共有される意味や価値がどのように形成されるかを理解できる。集団における人々は，コミュニケーションによって自己の思想や考え方，感情，態度などを伝え，それによって他の人の思想や考え方などを理解する。そしてこのような相互作用を経て，思想や考え方などが集団として一つにまとまったものとして表され，集団の意味や価値が形成されるようになる。これが集団の新たな意味や価値であり，それが成員間に受容され，実行されるとき集団は変化し発展したことになる。

　以上，代表的な集団ないしチームの発展過程を示してきたが，それらのモデルは，遂行化の段階，仕事の段階，強化の段階などの最終的な段階がチームになり，高業績を達成することを示している。しかし，それらのモデルはどのようにすれば集団が高業績チームになるかは明らかにしていない。それでは高業績チームないし有効なチームはどのように形成されるのであろうか。有効なチームの規定要因は何であろうか。次にこの点について検討しよう。

Ⅳ　有効なチーム作り

　有効なチームとは何か，チームの有効性とは何か，に関しては多くの議論が
行われている。例えば，D. サラス達（Salas, et al., 2005）は，チームの業績
とチームの有効性を区別することは重要であるとして，チームの業績はチーム
の行為の成果を説明するのに対して，チームの有効性は，チームがその課題を
完了したかどうかだけではなく，チームの成果を達成するために，チームが相
互作用した方法を考慮する際により多くの視点を取ることであるとしている。
そして，チームの有効性は，チームのリーダーシップ，相互業績監視，バック
アップ行動，適応性，およびチーム志向性によって強く影響されるとしている。
　E. サンドストロム達（Sundstrom, et al., 1990）は，チームの有効性を生態
学的な視点から，組織のコンテクスト，境界，およびチームの発展と動態的に
相互関連するものと捉えている。組織コンテクストは，作業チームの外部にあ
る組織の特徴を構成し，組織文化，課業設計やテクノロジー，業績フィード
バック，物理的環境などである。これらはチームの有効性に影響を与える。境
界は，組織の作業チームを連結し，また分離する両方のものである。それらは
他のチームから作業チームを区別し，情報，財，人々とのアクセスの障害と
なったり，他のチームとの外部の交換点として役立ったりする。チームの発展
は，チームが時間の経過とともに組織コンテクストに適応して新しい方法を変
え発展することである。それらは対人的過程，規範，凝集性，役割で，それら
がどのような構造かによってチームの有効性に影響を与える。チームの有効性
は，業績と成長可能性から成っている。成長可能性は，メンバーの満足，参加，
一緒に仕事を続ける意欲などである。業績はチームの製品やサービスを受け入
れる組織内外の顧客のアウトプットの受容である。
　以上の関係は**図２－１**のように表される。図の隣接する側面は互恵的相互依
存性を示すことを意図した環状的記号によって連結されている。例えば，境界
は有効性に影響を与え，それが境界を変えて，さらに境界は有効性に影響を与
えることを示している。
　S. P. ロビンス（Robbins, 2005）は，有効なチームはチームの生産性，管理

者によるチームの業績評価，メンバーの相対的満足を客観的に測定した結果で
捉えられ，それが，①チームの基盤，②チームの構成，③職務設計，④チーム
のプロセスで規定される，としている。①は，十分な資源，効果的なリーダー
シップ，信頼関係のある環境，業績評価と報酬システムである。②は，成員の
能力，パーソナリティ，役割の割り当て，成員の多様性，チームの規模，成員
の柔軟性，成員の嗜好である。③は，自律性，技能多様性，タスク完結性，タ
スク重要性である。④は，共通の目的に対する成員のコミットメント，具体的
なチームの目標，チームの自信感，適度なコンフリクト，社会的手抜きの最小
限化である。

　J. R. ハックマン（Hackman, 1987）は，集団の有効性を規定する要因につ
いて包括的に検討して，有効性の基準を示している。有効性に影響を与える要
因は，①集団設計，②組織コンテクスト，③集団シナジーである。①は課業構

図2－1　作業チームの有効性を分析するための生態学的枠組み

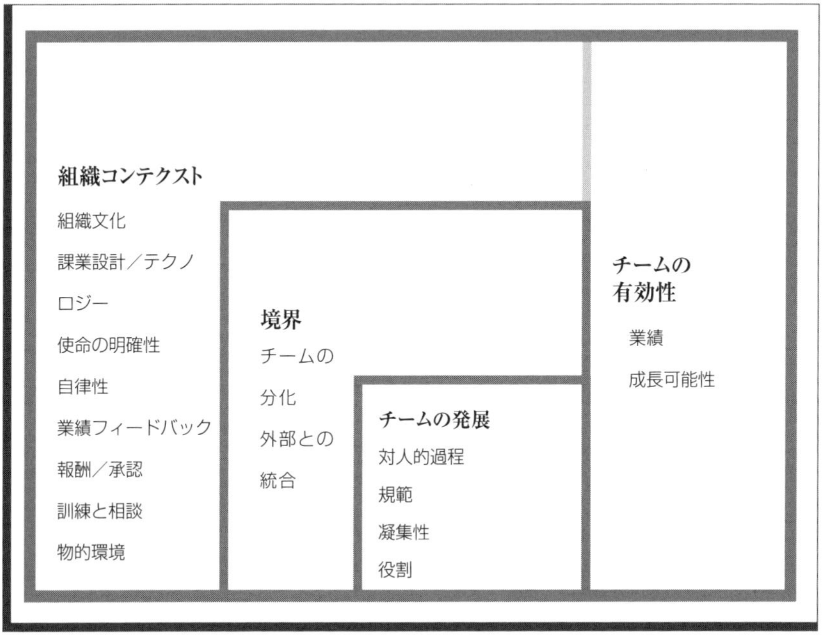

出所）Sundstrom, E., Meuse, K. P. and D. Futrell（1990）"Work Teams : Applications and Effec-
　　　tiveness," *American Psychologist*, Vol. 45, No. 2, p.122.

造，集団の構成要素，集団規範である。②は組織の報酬，教育，情報システムである。③集団のシナジーは，設計と集団コンテクストの効果と調和するものである。そして有効性の基準として，課業に投入する努力レベル，課業遂行に必要な知識やスキルの量，適正な課業遂行戦略，を挙げている。

　以上のようにチームの有効性の問題は，その有効性をどのように捉えるか，それをどのように測定評価するかによって多様な議論が行われている。それは，基本的には，チームが有効に機能している状態は何か，それをどのように捉えるか，その評価基準は何かという問題である。

　本章は，集団には業績の良い集団も悪い集団もある中で，集団が有効に機能して高い業績を達成し，集団成員がチーム活動を通じて成長発達し，意味実現している状態を有効なチームとして捉えている。したがって，有効なチームとは，役割，規範，凝集性，風土が目的達成を促進するように機能し，成員が意味実現している集団ということになる。

　それでは，有効なチームはどのように形成されるのであろうか。W. G. ダイアー達（Dyer, et al., 2007）は，チームが優れた業績を達成するために理解され管理されなければならない要因を挙げている。それはチームの，①コンテクスト，②構成要素，③コンピテンシー，④変化するマネジメントスキル，である。①はチームが仕事をしなければならない組織的環境のことである。②は成員の専門的，対人的スキルや意欲，コミットメント，態度などに関係している。③は，①や②を高い業績へ推進するもので，高業績チームを構築するためには，チームは目標設定，意思決定，コミュニケーション，信頼形成，および紛争解決のコンピテンシーを開発しなければならない。④は，高業績チームが長期的に有効であるためには，新しい条件に対して変化し適応しなければならないことである。

　T. M. ファポハンダ（Fapohunda, 2013）は，有効なチームビルディングの構成要素として次の点を挙げている。①期待や目的の明確化，②展望，③献身，④能力，⑤契約，⑥資源，⑦パワー，⑧協同，⑨コミュニケーション，⑩創造的改善，⑪責任，⑫調和，⑬文化的変化である。①は，チームビルディングが有効であるためには，目的は，明確で，測定でき，達成可能で，適切で，そして時間枠を持たなければならないことである。②は，成員がチームに参加する

理由やチームが組織に適合する方法を理解することに関係している。⑬の文化は，集団成員によって共有された価値，信念，基本的仮説，態度，行動を意味している。③から⑫については，特に説明の必要はないであろう。このようにチームビルディングは，作業集団の成員間のコミュニケーションを改善し，コンフリクトを減少し，より大きな凝集性，コミットメントを生み出すことによって集団業績を改善することを試みている，としている。

　M. A. ウェスト（West, 2012）は，チームの有効性の構成要素として①タスクの有効性，②メンバーの福利，③チームの存続，④チームのイノベーション，⑤チーム内の協働，を挙げている。そして，効果的なチームを作るためには，明確で効果的なリーダーシップを持つこと，チームの環境をよく見て順応することを奨励すること，個人の業績に対する監視とフィードバックを行うこと，互いにバックアップすること，タスクやそれぞれの役割や環境に対する共通理解を促進すること，効率的で徹底されたコミュニケーションをとること，全員が支援的であることによって信頼感を形成すること，が重要であるとしている。

　エドモンドソンは，チーミングは，人々が専門知識を結集して複雑な仕事に取り組んだり，新たな問題に対する解決策を打ち出したりするときに起きるが，効果的なチーミングには次の四つの柱があるとしている（Edmondson, 2012, 邦訳，70-76ページ）。①率直に話し合う，②協働する，③試みる，④省察する，がそれである。①は，チーミングの成功は，個人間でじかに誠実な会話ができるかどうかにかかっているということである。会話には，質問すること，意見を求めること，過ちについて話すことが含まれる。②は，協働の姿勢と行動があって初めて，チーミングはプロセスを推し進めることができることである。協働は，協力する，尊敬し合う，目標を共有するといった特徴を有している。③は，チーミングでは何度も試みが行われるが，これにより個人と個人の交流につきものの新奇さと不確実性を受け容れることになる。試みるというのは，一度でうまくいくことを期待しないということである。④の省察とは，行動の成果を検討して，結果を評価したり，新たなアイデアを見出したりする習慣のことである。チーミングでは，プロセスと結果をしっかり観察し，明瞭に質問し，よく話し合うことが重要である。

　エドモンドソンは，チーミングの促進，すなわち有効なチームを作るには次

の点が求められるとしている（Edmondson, 2012, 邦訳, 101-283ページ）。①学習するための骨組みをつくる，②心理的に安全な場をつくる，③失敗から学ぶ，④職業的，文化的な境界をつなぐ，がそれである。①は，チーミングを促進して組織学習を生み出そうとするリーダーは，メンバーに協働する意欲を持ってもらえるようにプロジェクトをフレーミングする必要があることである。チーミングを推し進めようとするリーダーは，ぜひ協働したいとメンバーの意欲が高まるように仕事をフレーミングしなければならない。

②の心理的安全とは，関連のある考えや感情について人々が気兼ねなく発言できる雰囲気のことである（Edmondson, 2012, 邦訳, 153ページ）。心理的安全は，互いに信頼し合い，尊敬し合うことを特徴とする職場環境を意味している。心理的に安全な環境では，人々はアイデアや疑問や懸念を積極的に口に出し，失敗する事さえ厭わず，実際に失敗したときには学習する。そこで，知識が絶えず変化する組織や人々が協働する必要がある組織においては，心理的安全が必要不可欠になる。

③の失敗はチーミングにとっても，集団的学習にとっても欠かせない要素である。チーミングを行う上で，難しくても全体に欠かせない行動は，失敗から学ぶことである。

④は，技術が急速に進歩し，グローバル化が一層重視される環境下では，境界を越えて協働したり，資源を効果的に使う手助けをしてもらうために，その知識と情報を持っている人に連絡しつながることが重要ということである。境界を超えたチーミングの必要性が増しているのは，一つは，知識や専門知識がかつてない速さで進歩していることであり，もう一つは，国際競争のせいで，タイムフレームがかつてないほど圧縮されていることである。個人も部門も孤立した状態では，有意義な結果を生むことはできないということである。

以上のように，有効なチーム作りの要因は多様であるが，しかしそれらには共通する要因もある。本章は，有効なチームを，集団が有効に機能して高い業績を達成し，その成員がチーム活動を通じて成長発達，意味実現している状態と捉えている。そこで，そのような有効なチームを形成するためには，次の点を行うことである。①信頼関係，②支援関係，③コミュニケーション，④コミットメント，⑤成員間のシナジー，⑥相互学習，がそれである。①の信頼関

係については，第5章で述べるように，信頼は，自分で解決できない問題を抱えた人（信頼者）が，その問題解決において他者に依存するという脆弱な状況で，他者（被信頼者）がその脆弱性や弱点を攻撃するところか，逆にその問題解決を図るという期待である。V. U. ドリュスカット（Druskat）とS. B.ウォルフ（Wolff）がグループ能力を高める条件として，成員間に信頼関係が築かれていることを指摘しているように（Druskat and Wolff, 2001），多くの研究は信頼が有効なチーム形成に必要であると指摘している。それは，信頼がコミュニケーション成立の基本的前提であり，信頼関係のない人々の間では集団は有効に機能しないからである。人々の間で信頼関係がなければどのようなメッセージも受け入れられず，真の意味でのコミュニケーションは成立しないのである。

　②の支援関係も有効なチーム形成にとって重要である。ハックマン（Hackman, 2002）によると，最も優れたチームは，顧客に高品質の製品やサービスを提供し，チームとして成長し，個々の成員が学習の機会を与えられ，そしてそのために成員を支援する環境を持っている。すなわち有効なチーム作りには支援が必要ということである。それでは支援とは何であろうか。支援は，個々人の主体性，自発性，独自性に基づいて，互いに最も必要としているところを助け合い，足りない点を補い合い，相互に成長発展する過程である。その支援は，（ア）信頼的コミュニケーション，（イ）被支援者の目標やニーズ，（ウ）支援者の意欲，（エ）支援行為，から成っている（狩俣，2000，35-68ページ）。

　対人支援は，少なくとも被支援者と支援者の二人の関係で行われる。支援は，自分ひとりでは達成できない目標の達成やニーズを満たすことを支える過程である。そのためには支援者と被支援者の間に信頼関係がなければならない。人々の間に信頼関係があることが支援には必要であり，そのためには（ア）の信頼的コミュニケーションが必要である。（イ）は，被支援者には自身では充足できないニーズや目標があるということである。支援が役立つのは，それが被支援者のニーズを満たす場合である。そこで，支援のニーズや目標は，第一に，被支援者を取り巻く環境を改善することである。第二は，環境を改善しても被支援者のニーズや目標を達成できない場合，その目標の達成を助けることである。第三は，他者の支援が不可欠の場合である。これは他者の助けがなけ

れば生きられず，支援者の支えや助けが被支援者の生存の条件となるものである。（ウ）の支援への意欲は，被支援者のニーズや目標を達成しようとする支援者の意欲である。支援は被支援者のニーズを充足し，目標を達成するために行われる。被支援者の利益を高めることを主目標として行われる。それは被支援者のためにその人を助けようとする意欲によって生まれる。（エ）の支援行為は，支援をする人の実際の行動のことである。これはいくら支援の意欲があっても実際に行動しなければ支援は成立しないことを意味している。すなわち支援を行うことではじめて支援者になるのである。

このようなチーム成員の積極的な支援が増加することは，チーム内の社会関係の改善に役立ち，チームの有効性を高めるようになる（Levi, 2011, p.68）。チームの個々の成員が互いに足りない点を補い，相互に成長発達するように互いに助け支え合う関係は，シナジー効果や相互学習を高め，チームへのコミットメントを生み出すのである。

③のコミュニケーションは，単なる情報の伝達ではなく，送り手が同時に受け手であり，受け手も同時に送り手であるような相互主体的な多面的連続的相互作用の過程であり，メッセージを媒介として動態的連続的に進行する意味形成の過程である（狩俣，1992, 18ページ）。このコミュニケーションは社会や組織の不可欠の基本的要素であり，組織活動の中心にある。コミュニケーションなしには，社会や組織あるいは集団は機能しない。

コミュニケーションは有効なチーム形成にとって重要であるので第4章で詳しく論議するが，コミュニケーションの仕方によっていろいろなレベルがある（Scharmer, 2009）。コミュニケーションのレベルがある中で，チームを有効にするためには，何よりもダイアログ・コミュニケーションが必要である。そしてダイアログ・コミュニケーションは，コミットメント，シナジー，相互学習にとっても重要である。人々が自由にオープンにそれぞれの考えや思考，情報を交換し，さらにそれぞれの成果についてフィードバックしながら対話を重ねるコミュニケーションが集団ないしチームの機能にとっては重要である。さらに，フィッシャーの合意形成過程で明らかなように，コミュニケーションは集団の規範，凝集性，風土の形成でも重要な役割を果たしている。

このようにコミュニケーションが集団の機能で不可欠の役割を果たしている

ならば，チームを有効にするためには，成員が温かく誠実で，感情移入し，自分の考えを他者に開示し，また他者の考えを傾聴するようにコミュニケーションを行うことが重要である。

④のチーム・コミットメント（team commitment）とは，チームが成員に受容される目標や価値を発展させ，成員がチームの利益のために相当努力することを選択し，また成員がチームに残りたいという強い欲求を持っている，ことである（J. W. Bishop, et al., 2000, p.1114）。これは，成員が自己の仕事やチームにエネルギーを集中し，積極的にチームの目的達成に貢献することを意味している。そこで，目標に対して高くコミットしている個々人は目標達成に彼らの認知的，行動的能力を向ける（Aubé and Rousseau, 2005, p.190）。人は，自己とチームとの一体感，自己の問題と組織の問題との一体化が生じることで，チームへコミットするようになる。またチームが彼らの最善の努力に値するとその目的を考えるとき，課業へのコミットメントは高くなる。カッツェンバックとスミスは，真のチームや高業績のチームになるためには，共通の目的，達成目標，アプローチに対して成員の高いコミットメントが必要であるとしている（Katzenbach and Smith, 1993, pp.49-59）。

このコミットメントは，前述の集団凝集性と密接に関係している。D. レヴィ（Levi, 2011）によると，集団凝集性は，集団が遂行する課業へのコミットメントを含んでおり，高い凝集性の集団では，成員は集団が遂行している課業を好きで，課業を一緒にすることを楽しみ，課業への個人的愛着を持ち，集団の業績に誇りを持っている（Levi, 2011, p.62）。そこで，チームにおけるリーダーの重要な役割は，すべての成員が高くコミットし，チームの使命を成功裏に達成するために，最大限の努力を進んで行うようにさせることである（Yukl, 2010, pp.361-362）。

⑤のシナジー（synergy）は，目的達成に必要な知識や技能などのスキルを持った多様な成員が共に目的達成のために協働することで，個々の成果以上に多くの成果を生み出すことである。チームの基本的特徴の一つは，成員による相乗効果的な成果の創出である。集団には社会的手抜きのようなプロセス・ロスが発生することがあり，これは相殺効果であり，シナジーとは逆の事象である。

　ハックマンによると，集団シナジーは二つの方法で有効な課業行動に貢献できる。一つは，集団成員がプロセス・ロスを避けるために革新的な方法を見つけることができ，これによって成員の時間，エネルギー，才能の浪費と乱用を最小限にすることである。第二は，成員が自分たちの仕事で使用できる新しい内的資源を生み出すために，相乗効果的に相互作用できることである（Hackman, 1987, p.326）。

　集団が有効に機能し，相乗効果を生み出すことがチームの有効性の条件であるならば，リーダーは，相互補完的なスキルを持った成員が一緒に仕事をすることで，個人が単独で仕事をするよりも大きな成果を生み出すようにする必要がある。

　⑥は，チームが有効に機能するためには，チーム全体が学習しなければならないことである。エドモンドソンは，今日のような知識ベースの経済で競争力を持ち続けるには学習が不可欠であり，学習する組織が求められ，学習する組織作りにはチーミングが必要になるとしている。チーミングは本質的に学習のプロセスだからである（Edmondson, 2012, 邦訳, 68ページ）。

　学習とは，一般に，個人が環境から情報を収集，処理することによって，知識を増加し，問題解決に必要な技能や能力などが向上することである。そして，チーム学習は，チームが新しい情報，知識，技能，技術などを習得し，蓄積することであり，チームの問題や課題を発見し解決し，チームの目標を達成する能力やスキルを獲得する過程である。

　チーム学習がチームの有効性に結びつくことは多くの研究で示されている（van Woerkom and Croon, 2009）。チーム学習は，チームが有効に運営され，その目的を達成するのに重要であり，組織の競争優位性，品質の改善，イノベーション，顧客満足を高める重要な戦略であるとされている（Huang, 2013）。チームの成員がそれぞれの仕事に必要な知識やノウハウなどの情報を各成員が交換し，それぞれが知識やスキルを高めるように相互に学習をすることで，チームは新たなイノベーションを創造することができるようになる。チーム学習はチームが有効に機能し，その目的を効率的能率的に達成するために極めて重要である。

　以上，有効なチーム形成の主要な要因を検討してきたが，これらの要因が有

効に機能するかどうかは，前述の集団要因が集団目的を促進するように形成されるかどうかに依存する。集団が組織の下位システムないしその部分であるならば，チームが有効に機能することで組織は高い業績を達成できるようになる。すなわち，組織業績を高めるためには有効なチーム作りが必要なのである。

V　結び

　以上，集団とチームの違い，チームの発展過程，有効なチームの特徴について検討してきた。集団は，ある共通の目的を達成するためにコミュニケーションを行う二人以上の人々の集まりである。そして，チームは，その成員間の相乗効果的な働きによってその目的を効率的能率的に達成し有効に機能している集団のことである。すなわち，チームとは，集団における成員の役割，規範，凝集性，風土が組織目的達成に向けて有効に機能し，個々の成員が相乗効果的に能力を発揮して有効に機能している集団のことである。

　有効なチームを形成するためには，①成員間に信頼関係と②支援関係があり，③成員間にオープンで自由なコミュニケーションが行われ，④成員が高いコミットメントを有し，⑤多様なスキルを持った成員が相乗効果的に協働し，⑥成員が相互に学習し合うことである。そのためには，リーダーは成員の役割を明確にし，集団の目的達成を促進するような集団規範，凝集性，集団風土を構築し，さらに外部集団（チーム）と連結，調整をする必要がある。

　以上の六つが機能することで，有効なチームは形成できる。そして，組織の個々のチームが有効に機能することで，組織は最終的にその有効性を達成するのである。

第3章

チームにおけるコンフリクト

Ⅰ　序

　近年，チーム作りに関する研究において，チーム内のコンフリクトによって
チーム作りがうまく行かないことが指摘されている。同質のメンバーから成る
チームより，異質のメンバーから成るチームのほうが，長期的にはより革新的
な活動ができ，生産性の高いチームになる可能性が高い。しかし，多様で異質
のメンバーからチームが構成されることは，コンフリクトを生み出す可能性が
高くなる。そこで，いかにチーム作りの過程でコンフリクトを解消し，またコ
ンフリクトを将来の成長の刺激剤として活用するのか，ということがチーム作
りでは重要な課題となる。

　チームの有効性とチームメンバーの満足度に対するコンフリクトの負の影響
については，タスク上の役割や組織的要因から分析する研究が多く行われてい
るが，チームメンバーのパーソナリティの影響については十分に分析されてい
ない。B. W. タックマン（Tuckman, 1965）によると，チームには多様的な
パーソナリティが必要であり，多様的な役割タイプが必要である。そして，複
数のパーソナリティ・タイプと複数の役割タイプの間のバランスを取ることが
重要である。それはバランスが取れないとき，激しいコンフリクトを生み出し，
チームのパフォーマンスを妨げたりするからである。そこで，チームにとって
は，いかにメンバーのパーソナリティの多様性から生まれる違いや対立を解決
するかということが重要である。

　本章では，コンフリクトとは何か，コンフリクトの機能とプロセス，チーム
におけるコンフリクトの種類と特徴，チームメンバーのパーソナリティと多様

性の問題を検討して，コンフリクトの解決法，特に創造的問題解決の特徴を明らかにする。

Ⅱ　コンフリクトの概念と機能

1　コンフリクトの概念

　コンフリクト（conflict）は，一般に，二人以上の人々と集団の間に生じる対立ないし敵対的な関係のことである。コンフリクトには，目標コンフリクト，認知コンフリクト，感情コンフリクト，行動コンフリクトがある。目標コンフリクトは，個人もしくは集団が他の個人もしくは集団と異なる目標を追求しようとしているときに起こる。認知コンフリクトは，個人や集団が他の個人もしくは集団の意見や考えと一致しないときに起こる。感情コンフリクトは，個人や集団が他の個人や集団と感情的にそりが合わないときに起こる。行動コンフリクトは，個人または集団が他の個人や集団にとって受け入れがたい行動をしたときに起こる（稲葉・他，2010，179-180ページ）。このように，コンフリクトは，個人間，集団間，組織間に生じる対立であり，目標，意見，感情，行動の不一致があるときに起こるものである。

　コンフリクトは，当事者がそれを知覚する必要がある。K. W. トマス（Thomas, 1992）によると，一方の当事者が，他方の当事者が自分に悪い影響を及ぼしたと知覚した場合，あるいは自分に悪い影響を及ぼしていると知覚した場合，コンフリクトが始まる。P. V. レヴィス（Lewis, 1980）は，コンフリクトは個人や集団の目標，価値，利益および知覚が他の個人や集団と相いれない状況であると捉えている。

　また，佐藤（1985）によると，コンフリクトは一般的に相克・葛藤・あつれき・闘争といった状態を意味しているが，組織論においては，意思決定不能の状態を意味する。組織におけるコンフリクトには，グループ（部門）間コンフリクト，意思決定間のコンフリクト，および意思決定者の内部で生じるコンフリクトがある（佐藤，1985，245ページ）。

　組織の中のコンフリクトは，完全に独立した集団や組織が，競争したり対立

したり闘争したりすることを意味してはいない。各部門やグループは，まず相互に協力して組織目標が達成されることを目指さなければならない。しかし，さまざまな原因によってなかなか一致した結論を出すことができないことがしばしば起きる。その結果，部門やグループの活動が止まってしまい，または未決定のままそれまでと同じ活動をとりあえず続けているといった事態が生じてくる（佐藤，1985, 246-247ページ）。

　意思決定者の内部で生じるコンフリクトは，個人の意思決定過程がスムーズに展開されない場合であり，次の三つがある。①状況が不確実なために代替案を見つけることができない，また代替案が発見されたとしてもそれがもたらす結果を予測することができない場合である。②要求水準を満足させるような代替案が存在しない場合である。③価値観の対立・感情の存在などのために目標を確定できない場合である。

　意思決定者間のコンフリクトは，次の条件で生じる。それぞれの条件は，①意思決定者の内部にコンフリクトがない，②共同決定の必要性がある，③意思決定者の間に認識や目標の相違がある，ことである（佐藤，1985, 322-323ページ）。

　このように，佐藤は意思決定の視点からコンフリクトを捉えている。二人以上の人々，集団，組織が相互作用する関係の中で一緒に意思決定を行わなければならないが，さまざまな原因でコンフリクトが生じ，個人内部，個人間，集団間，組織間においてうまく意思決定できないことになる。一緒に相互作用しなければならないこと，あるいは一緒に意思決定を行わなければならないことが，コンフリクトが生まれる条件である。相互作用の必要がなければ，コンフリクトは生じない。また，意思決定者の内部のコンフリクトの問題は，主に自己概念の確立などの問題であるので，ここでは，自己概念やパーソナリティが確立されている個人間，集団間，組織間のコンフリクトの問題を検討することにする。

　狩俣（1996）は，協働や競争の概念と比較しながらコンフリクトの概念を明らかにしている。狩俣によると，コンフリクトの問題は人間がそれぞれ個人として差異を有していることから必然的に派生する。人間の社会や組織は一方で協働，他方でそれを破壊するコンフリクトの相矛盾するものの均衡によって成

り立っている（狩俣，1996，97ページ）。競争はある目的に関して活動が相いれ
ないことである。競争では，それぞれ自己の勝利を求めて限りない努力を行う。
激しい競争上の努力が結果として新しいアイデアやイノベーションを生み出す
が，しかし，競争ではそれに負けた者に敗者という結果を生み出す。

　以上の論議から，ここでは，コンフリクトについて次のように捉える。コン
フリクトとは，二人以上の人々，集団，チーム，組織が相互に関係し意思決定
する状況の中で，目標，意見，価値，知覚，期待，感情などが不一致となり，
対立する過程である。

2　コンフリクトの原因と機能

　それではなぜコンフリクトが起こるのだろうか。これは，資源の希少性，自
律性の問題，関心の違いに起因している（稲葉・他，2010，183-184ページ）。
組織の資源が限られるため，個人間，集団間，チーム間では予算など経営資源
の配分によってコンフリクトが生じたりする。また，個人，集団，チームが自
律性を維持するために，他の独立した個人，集団，チームの利益や自律性とぶ
つかり，コンフリクトが起こることがある。組織に所属する個人，集団，チー
ムが共通目標を持っていても，分業によりそれぞれの役割や関心が違い，その
役割や関心の違いによってコンフリクトが生まれることもある。

　グループ間の潜在的コンフリクトの原因について，目標の不一致，分化，職
務の相互依存性，限られた資源が挙げられる（Daft，2001，邦訳，293-296ペー
ジ）。職務の相互依存性とは，組織のある構成単位が他の構成単位に原材料，
資源，情報を依存している状態をいう。相互依存性が高ければ高いほど，コン
フリクトが生じる可能性が高い（Daft，2001，邦訳，295ページ）。佐藤（1985）
は，グループ間コンフリクトの基本的な原因は，分業の体制から必然的に生じ
ると指摘している。分業の仕組みの中で各部門は，それぞれが多かれ少なかれ
独自性や異質性を持つ半自律的な存在として現れてくる。その独自性・異質性
は，具体的に以下のようなものである。①部門の目標が異なる。②活動の領域
が異なる。③必要とされる技術や専門能力が異なる。④手続き・行動プログラ
ム・仕事のやり方などが違う。⑤部門やグループに対するメンバーの関与の程
度や一体感が違う。⑥部門やグループの中で通用する価値観・基準・確信・空

気などが異なる。⑦組織の中における部門やグループの地位・評価・力などが異なる（佐藤，1985，247-249ページ）。これらの独自性・異質性からグループ間の価値，知覚，目標，関心，力関係の違いを生み出して，場合によってコンフリクトを起こしたりする。

　狩俣は，コンフリクトの源泉について心理的要因，組織的要因，環境的要因，およびコミュニケーション的要因から分析している（狩俣，1996，87-90ページ）。心理的要因は，個々人の持つ価値，欲求，態度，関心，知覚などの差に起因するものであり，人々の間に生じるコンフリクトの重要な源泉である。組織的要因は，個々人が参加している組織の地位や役割，権限，規範，風土などの違いに起因するものである。また，人々を取り巻く地理，政治，宗教，文化といった環境的要因の違いによってコンフリクトが生じることがある。特に，文化的環境は人々の思考方法や行動様式のコンテクストを形成するが，人々は自らが創り出したコンテクストに縛られ制約されている。人々のコンフリクトは多くの場合，彼らが拠って立つコンテクストの違いにあり，彼らがそれに執着し縛られ囚われていることにある。このレベルのコンフリクトの解決は困難である。

　コミュニケーション的要因は，コミュニケーションの技術的問題，言葉の意味の問題といった内容レベルのものだけではなく，関係（コンテクスト）レベルのものがある。人々の情報や信念あるいは目標や価値の違いや差は，語と語の差異として捉えられる。しかし，その差異だけで意味が出てくるのではない。それはコンテクストとの関係で生じる。コンフリクトの源泉の組織的要因や環境的要因はコンテクストを表している。コンフリクトは，一つの要因によって生じるよりも，これらの要因の複合的結合の結果として生じるとしている（狩俣，1996，87-96ページ）。

　コンフリクトは決して悪いものとは限らない。コンフリクトについての捉え方は時代によって変化してきた（Robbins, 1974）。1930年代〜1940年代には，コンフリクトは悪いものであり，避けられるものであると認識された。コンフリクトを排除するためには，コンフリクトを起こす原因を見つけてそれを取り除く考え方であった。人間関係論の考え方がマネジメントに大きな影響を与えた1940年代後半〜1970年代半ばの間に，コンフリクトの存在を受け入れるようになった。コンフリクトは，自然に起こるものであり，避けられないものと考

えるようになった。その後にコンフリクトを奨励するような相互作用論的考え方が現れてきた。コンフリクトは，すべて良いものでもなく，すべて悪いものでもない。コンフリクトが生産性にプラスの影響を及ぼすこともあれば，マイナスの影響を及ぼすこともある。マネジメントとして，いかに生産的にコンフリクトを導くかということが重要である。そこで，近年，多くの組織は，コンフリクトのプラス機能の面に注目している。

　組織に対するマイナスの影響は組織全体のレベル，部門のレベル，個人のレベルに分けて捉えることができる。まず，組織全体のレベルでは，①組織全体として首尾一貫した行動がとれない，②部門間の対立・抗争が激しくなる，③環境の変化に対して柔軟な対応ができなくなる，④その結果としての業績低下といったことが考えられる。次に，部門のレベルでは，①日常の活動に支障をきたす，②その部門の本来の活動よりも他の部門との権力闘争にエネルギーがさかれる，③セクショナリズムや狭いものの見方が助長されるといったことが生じる。さらに，個人のレベルでは，①仕事に支障が出る，②部門に対する一体感のほうが組織全体に対する一体感よりも強くなる，③組織に所属することからくる安心感が崩れるといったことが起こる（佐藤，1985，249-250ページ）。

　一方，組織に対するプラスの影響についても，同様に組織全体のレベル，部門のレベル，個人のレベルに分けて捉えることができる。まず，組織全体のレベルについては，次の通りである。①コンフリクトは，問題の所在を明らかにする負のフィードバックであり，変化の必要性を示すものである。②コンフリクトとその解決過程は，さまざまなアイデアや考え方をつき合わせることによって将来への飛躍やイノベーションを可能にする。③コンフリクトは，組織を活性化させる。④コンフリクトの解決の仕方によってグループ間の結びつきを強める。⑤コンフリクトは，それを処理するための手続き・基準・制度などを作り上げるきっかけとなる。また，部門のレベルについては，①コンフリクトは部門のまとまりや結束を強化する，②コンフリクトとその解決過程を経験する中で部門の活動に対する反省や再検討が行われる可能性が出て，結果として部門レベルでの組織変化・組織開発が生じる，といったことが挙げられる。さらに，個人のレベルについては以下の点が挙げられる。それは，①コンフリクトとその解決過程を経験する中でさまざまな能力が開発されること，②自ら

の行動に対する反省と検討がさまざまな人間との対応の中で生じる可能性があり，結果として行動様式やものの考え方などが変わることである（佐藤，1985，251-252ページ）。

　チーム作りにおけるコンフリクトの機能についても同様に考えられる。チームメンバー間に対立が生まれ，チームのパフォーマンスを低下するようなマイナスの影響がある。逆に，チームメンバーの絆を強化してチームの創造性を高めるようなプラスの影響もある。M.ドイチェ（Deutsch, 1973）によると，良いコンフリクトはチーム作りにとって望ましいものである。近年のチーム作りの研究はコンフリクトのプラスの機能を注目しており，チーム作りにおいてはコンフリクトが必要不可欠な要素である。また，チームにおけるタスクと人間関係のコンフリクトが，より創造的なプロジェクト活動に導くとの指摘もある（Patrick, et al., 2021）。

　このように，チームや組織が長期的に発展するためには，いかにコンフリクトを解消するか，またいかにコンフリクトを将来の成長のための刺激剤として積極的に活用するか，が重要である。そこで，次に，コンフリクトのプロセスやチームにおけるコンフリクトの特徴および改善策などがどのようなものか検討する。

Ⅲ　コンフリクトのプロセス

　コンフリクトのプロセスは四つの段階に分けられる。それは，潜在的対立，認知と個人化，行動，結果である（Robbins, 2005, 邦訳, 320-330ページ）。

　第1段階の潜在対立が現れるには一定の条件がある。これらの条件は必ずしも対立につながるわけではないが，対立が表面化する場合，そのいずれかが必要である。これらの条件は，①コミュニケーション，②構造，③個人的変数である。①のコミュニケーションがうまく行かないことがコンフリクトを生み出す一つの原因である。異なる単語の意味，専門用語，不十分な情報交換などが，コミュニケーションの障害となり，コンフリクトの潜在的な先行条件である。また，コミュニケーションの量が少なすぎたり多すぎたりすると，コンフリクトが増えることになる。②構造というのは，規模，タスクの専門性，リーダー

シップ・スタイル，報酬システム，集団同士の依存度などである。規模が大きくなるほど，専門性が高いほど，コンフリクトの可能性が高くなる。在職期間とコンフリクトは反比例の関係になる。行動の責任の所在が曖昧であるほど，コンフリクトが発生する可能性が高くなる。部下の行動を拘束・制限するようなリーダーシップ・スタイルを取る場合，コンフリクトが起きやすい。報酬システムにおいてあるメンバーの利益が別のメンバーの犠牲になると，コンフリクトが起こる。ある集団が別の集団に依存している場合，または相互依存している場合，ある集団の利益が他の集団の利益を犠牲にして得られると，対立の力が促進される。③個人的変数にはパーソナリティ，感情，価値観が含まれている。嫌悪感，神経質，自己監視といったパーソナリティ・タイプはコンフリクトにつながる傾向がある。

　第2段階は認知と個人化である。第一段階で挙げられた条件で不満が生じると，第2段階でコンフリクトの潜在的可能性が現実のものとなる。ただし，一方の当事者がコンフリクトの影響を受けて，そのコンフリクトを認知することが必要である。コンフリクトが感じられ，個人が感情的に関与するようになると，当事者が不安，緊張，欲求不満，敵意を経験する。

　メンバーが他者の目標達成を妨げて利益の向上を阻止する行動をとるようになると，コンフリクトの第3段階である。こうした行動は意図的なものでなくてはならない。一旦コンフリクトが明白になると，当事者はコンフリクトに対処する手法を考案する。一般的に，競争，協調，回避，適応，妥協といった五つのコンフリクト処理手法が用いられる。ある当事者が他の当事者への影響を考慮せず，自分の利益を満足させようとするときに競争の方法を採用する。各当事者の間で協力が行われて相互に有益な結果がもたされることを目指そうとするときに，協調の方法が採用される。協調を通して相違点を明確にすることによって問題を解決しようとする。協調は，双方の目標を達成できるウィンウィンの解決策を見つける良い方法である。当事者がコンフリクトの存在を認識しても，そこから身を引いてコンフリクトを抑圧しようとする場合，回避となる。自分の利益より相手の利益を優先し，相手の利益を維持するために犠牲を払う行動は，適応という。妥協には明確な勝者と敗者がない。コンフリクトの当事者がいずれも何かを諦めなければならない。

　第4段階では，明白なコンフリクト行動とコンフリクト処理行動の相互作用によって，ある結果が生みだされる。それは，業績向上のような生産的結果になることもあれば，業績低下のような非生産的結果になることもある。コンフリクトが建設的となるのは，それが意思決定の質を向上させ，創造性や革新性を刺激し，集団メンバー間の関心や興味を促し，問題を訴え緊張を緩和する手段を提供し，自己評価と改善が行われる環境を育むような場合である。コンフリクトの非生産的結果は，不満を生み出して絆を壊すように働きかけ，最終的に集団の崩壊につながることである。非生産的コンフリクトは集団の有効性を低下させる。また，コミュニケーションの阻害，集団凝集性の低下などをもたらす。

　以上，コンフリクトがどのように表面化するのか，それへの対処の仕方によってどのような結果が起こるかについて述べてきた。次に，チームにおけるコンフリクトの種類とその特徴について検討する。

Ⅳ　チームにおけるコンフリクトの種類と特徴

　チームのコンフリクトの種類についてタスク・コンフリクト，プロセス・コンフリクト，および人間関係コンフリクトから捉えて分析する研究がある（De Dreu and Van Vianen, 2001; De Dreu and Weingart, 2003; Jehn, 1997）。タスク・コンフリクトは，チームのタスクに関わる対立であり，チーム目標やタスクの内容などに関係するものである。例えば，どのような新規プロジェクトを開拓すべきか，どのような新商品を開発すべきか，といったことについて曖昧で不一致が起こる場合，タスクのコンフリクトが発生する。プロセス・コンフリクトは，チーム作りのプロセスにおいて起こる対立であり，主に役割と責任の所在体制の曖昧さ，タスク遂行の手続きの不一致，権限の重複，評価基準の認識の違いなど，タスクの仕方に関係する。チームにおける人間関係コンフリクトとしては，チームメンバーのパーソナリティの問題に起因するものと，タスク上の役割や組織的要因によるものがある。

　チームメンバーのパーソナリティの問題については，後述するようにチームメンバーのパーソナリティを理解してコミュニケーションを通して解決できる

ものである。一方で，タスク上の役割や組織的要因においては，役割が明確で
はないことや役割に関するお互いの理解が不足していることによって，誰が何
をするかについて言い争いが起きたり，タスクの分担が公平かどうかについて
疑念が生じたりすることでコンフリクトが起こる。また，チームのビジョンが
明確に共有されず，目標が曖昧なことで，各チームメンバーの目標が競合する
ことになり，コンフリクトが起こったりする。タスクの一部によって誰が責任
を負っているかが明確でないときに，またチームメンバーの各自の立場が矛盾
している（チームの財務アシスタントがシニア・マネジャーの経費請求を扱う
など）ときに，コンフリクトが生じやすくなる（West, 2012, 邦訳, 257-258
ページ）。このように，タスク上の役割や組織的要因は，タスク・コンフリク
トとプロセス・コンフリクトに関係することが多く，タスクとプロセスのコン
フリクトを処理しないと最終的に人間関係のコンフリクトまで発展し，状況が
さらに複雑になる。チームにコンフリクトがあるときに，最初に確認しなくて
はならないのは，人々がどの程度お互いの役割とその目的を明確に認識してい
るかということである（West, 2012, 邦訳, 259ページ）。

　一般に，タスクのコンフリクト，プロセスのコンフリクトおよび人間関係の
コンフリクトが生じると，チームの有効性とチームメンバーの満足度が低下す
ることになる。特にプロセス・コンフリクトと人間関係コンフリクトがチーム
の有効性とチームメンバーの満足度に与える影響が大きい（De Dreu and Van
Vianen, 2001; De Dreu and Weingart, 2003; Jehn, 1997）。チームの有効性と
チームメンバーの満足度に対する負の影響については，多くの研究は上述した
タスク上の役割や組織的要因から分析することが多い。チームメンバーのパー
ソナリティの影響については，これまで十分に分析されていない。そこで，以
下ではチームメンバーのパーソナリティの問題を中心に検討する。

V　チームメンバーのパーソナリティと多様性

　チームを形成するとき，まずチームのタスクを遂行するためにどのような知
識やスキルが必要かを決め，タスクに必要な知識やスキルを持つ人を選ぶこと
になる。また，チームメンバーのパーソナリティを考慮して，適切なチームメ

ンバーを選ぶこともある。なぜなら，チームワークに向いていないパーソナリ
ティ・タイプがあるからである。嫌悪感，神経質，自己監視といったパーソナ
リティ・タイプはコンフリクトにつながる傾向があり，チームのパフォーマン
スに負の影響を与える。チームを有効に機能させるためには，チームメンバー
のパーソナリティを考慮しなければならない。

1　パーソナリティの概念と5因子モデル

　パーソナリティの研究は，これまで特性論，生物学，精神力動論，行動主義，
社会認知的アプローチなど，さまざまな分野で幅広く行われてきている。パー
ソナリティの概念についても多面的に検討されている。
　パーソナリティを構成するものとしては以下の点が指摘されている。①パー
ソナリティは連続性，安定性，一貫性を示す。②パーソナリティは多様に出現
する。外から見える行動に始まり，見えない思考や感情に至るまでである。③
パーソナリティは体制化されている。実際，それらが断片化され，まとまりを
欠いているのであれば，精神的な問題の兆候である。④パーソナリティは，人
が社会といかに関わるかについて影響する決定因の一つである。⑤パーソナリ
ティは心理学的な概念であるが，同時に人の身体的，生物学的特徴と関連して
いると仮定される（Mischel, et al., 2007, 邦訳，4ページ）。パーソナリティを
表現する言葉と意味は多様的に捉えられている。それらは次のようなものであ
る。①気質（temperament）であり，主に個人の持つ遺伝的，生物学的，神
経生理学的特性を示す意味である。②人格，性格（personality）であり，主に
後天的に形成された側面も含む個人的特質の総体を示す意味である。③傾向性
（disposition）であり，やや遺伝的な側面に重きをおいて個人的特質の総体を
示す意味である。④個性（individuality）であり，個人の特徴的な側面を総体
的に表す意味である。⑤性質（character, propensity）であり，個人の特徴的
な側面の一部を示す意味である。⑥特性（trait）であり，パーソナリティの構
成要素を示す意味である。⑦上記のすべての用語を統合した意味で使用される
（榎本・安藤・堀毛, 2009, 6-7ページ）。このように，パーソナリティは，生
きている個人の，人となりの多様性を捉えて，生きている個人としての自分自
身の体験を通して，行動に現れる表層から，なかなか意識することが難しい無

意識まで，多層的に捉えられている（吉川，2020，3ページ）。

　ここでは，チームワークに適するパーソナリティ・タイプの議論が中心であるため，主に特性論の捉え方を援用する。パーソナリティは，その人を分類するのに使う心理的な特性の組み合わせである（Robbins, 2005, 邦訳，57ページ）。従業員は入社する時点で，すでにパーソナリティを確立しているものであり，そうしたパーソナリティは，職場における行動に大きな影響を与える。従業員の業績を上げるためには，パーソナリティに適した職務配置が重要である（Robbins, 2005, 邦訳，56ページ）。同様に，チームのタスクに関しても，チームメンバーのパーソナリティを考慮して役割分担を行うべきである。ここでは，どのようなパーソナリティ・タイプがあるのかについて5因子モデルを示す。

　5因子モデルは，一般的にビッグ・ファイブ・モデルと呼ばれており，五つのパーソナリティ・タイプを示している。それらは，①外向性，②協調性，③誠実性，④神経質傾向，⑤開放性である。①の外向性は，社交的で物事に熱中することである。②の協調性は，協力的で人を信頼し，共感できることである。③の誠実性は，有能で責任感が強く，自己管理できることである。④の神経質傾向は，冷静で情緒的に安定である。⑤の開放性は，独創性・想像力が豊かで知的である（Nettle, 2007, 邦訳，37ページ）。

　以上の5因子モデルに基づいて，パーソナリティ・タイプとチーム・タスクの関係性を分析する研究が多く行われている。例えば，ベル（Bell, 2007）によると，高いレベルの誠実性，外向性，開放性，協調性を持つメンバーで構成されたチームのパフォーマンスが最も高い。また，生産性や計画立案というタスクにおいては，誠実なチームメンバーから成るチームは高いレベルのパフォーマンスを上げる。高いレベルの外向性を持つチームは，計画立案やパフォーマンスのタスクよりも，意思決定するというタスクにおいてより良いチームである。彼らの優しさや楽観主義は，他の人たちに対して彼らの決定を受け入れるように説得する際に役に立つからである。創造的な決定やイノベーションを必要とするチームにとっては，誠実性や外向性よりも開放性が最も重要である。創造的なパフォーマンスを求めるチームでは開放性は重要なパーソナリティである（Robbins, 2005, 邦訳，59ページ）。このように，チームメンバーのパーソナリティはチームの有効性やパフォーマンスに影響を及ぼすので

ある。

2　ベルビンのチーム役割モデル

　チームのパーソナリティの問題についてもう一つの重要な考え方がある。それは，R. M.ベルビン（Belbin）のチーム役割モデルである。ベルビンは，チームが有効に機能するためにはチーム内で九つの役割を果たす必要があり，九つの役割のバランスを維持する必要があると述べている。各メンバーは，各自のパーソナリティ・タイプやスキルに応じていくつかのチーム役割タイプを担当し，他のメンバーの役割と相互に補うことである（Belbin, 2010）。

　九つの役割タイプというのは，①まとめ役，②形作る人，③種まく人，④調査者，⑤実行する人，⑥管理評価者，⑦チームのために働く人，⑧完成させる人，⑨専門家，である。①のまとめ役は，人を方向づけるリーダーであり，受容的で支配的な人である。まとめ役は，他の人の目的の到達や苦労，努力を承認するようなポジティブ思考の人であり，常に他者の話を聞ける寛大さを十分に持っている。同時に，他者の助言を拒否できる強さも十分に持っている。②の形作る人は，タスクに焦点を当てるリーダーであり，目的を達成することに注力することによって他者がチームの目的を達成することを形作る。形作る人は，挑戦し，論じ，争い，そして目標の達成の遂行のために攻撃性を示す。③の種まく人は，高いIQを特徴とする専門的なアイデアを作る人である。そして，支配的で独創的である。種まく人は，チームの機能や問題に対して革新的なアプローチをする。④の調査者は，社交的で熱意があり，連携する仕事を得意とする人である。調査者は，チャンスを求めて関係を発展させる。情報やサポートを得るために他者を調査し，他者のアイデアを取り上げて，それを発展させる。また，チームの外の資源を探し求める。⑤の実行する人は，外部の仕事を意識しており，きちんとした真面目な人でポジティブな自己イメージを持っている。彼らは，確立された伝統を尊重しながらも，意志が固く，実践的で，人を疑わず，寛容である。実行する人は，実践的で現実的なやり方で仕事をする傾向があり，より大きな組織で責任ある立場にある時に際立った仕事をする。⑥の管理評価者は，判断力があり慎重で聡明な人である。どちらの提案が良いかを評価する能力があるため，チームの重要な決定をする際に貢献する。⑦の

チームのために働く人は，潜在的コンフリクトを避けるために仲介をする人である。チームの中に難しい性格の人がいたとしても，そういう人達のスキルをポジティブな目標のために使えるようにしてくれる。チームの精神を高め続け，他のメンバーが効果的に貢献できるようにしてくれる。⑧の完成させる人は，細かいことに注意を払い，完成させること，完全に成し遂げることを目指している。コツコツと努力をし，仕事においては一貫している。⑨の専門家は，チームであまり得られないような知識や技術的なスキルを提供してくれる人である。自己起動型でひたむきで，献身的である（Robbins, 2005, 邦訳, 62-65ページ）。

　このように，チームには多様的なパーソナリティが必要となり，多様的な役割タイプが必要となる。場合によって一人のメンバーが同時にいくつかの役割を果たす必要がある。類似の経験やパーソナリティを持つメンバーが集まる場合，チームがより早くまとまり，コンフリクトが少なくなる。しかし，長期的にチームが機能して高いパフォーマンスを上げるためには，ベルビンが指摘するように，複数のパーソナリティ・タイプからチームを構成し，複数の役割タイプを果たすことが効果的である。ただし，複数のパーソナリティ・タイプと複数の役割タイプの間のバランスを取ることが重要であり，バランスが取れないときには激しいコンフリクトになり，チームのパフォーマンスを妨げることになる。

　タックマンによると，コンフリクトはチームメンバー同士が結束し，パフォーマンスを発揮するまでに必要なプロセスである（Tuckman, 1965）。現在においても多くのチーム研究が同様の考え方を支持している。初期の段階でチームメンバーの多様なスキル，パーソナリティ，役割分担の不一致・認識不足・矛盾などによって激しいコンフリクトになり，共通理解や共通規範ができるまでに時間がかかる。しかし，それらのコンフリクトを乗り越えて共通理解が増えると，多様性があればあるほどより質の高い意思決定，イノベーションができるようになり，高いパフォーマンスを達成できる。したがって，いかにチームメンバーのパーソナリティの多様性を理解し，パーソナリティの多様性から生まれた違いや対立を上手に乗り越えるかということが重要である。

3　チームメンバーの多様性のメリットとデメリット

　伝統的な定義では，多様性は「ジェンダー，人種・民族，年齢における違いのことを指す」（米国雇用機会均等委員会）としている。それぞれの立場や研究分野によって，多様性の定義は異なるが，多様性は人を区分する際の切り口として用いられている。多様性のカテゴリーは，表層的か深層的かの二つに分けることができる。表層的な多様性とは可視的な多様性であり，代表的なものとしてジェンダー，人種，年齢などである。一方，深層的な多様性は，不可視的であり，パーソナリティ，価値観，態度，嗜好，信条などの心理的な特性である（谷口, 2005, 126ページ）。

　このように，チームメンバーの人間的側面に関係する多様性は，ジェンダー，人種といった表層的なものと，パーソナリティ，価値観といった深層的ものがある。近年，チームの多様性に対する議論は，ジェンダー，人種，年齢といった表層的な多様性が主である。表層的な多様性が高ければ高いほど，規範作りや対立の時間が長くなる。表層的な多様性が活用できる場合，チームメンバーの異なる経験やアイデアが刺激剤となり，革新的なチーム活動ができる。異なる国籍，異なる性別，異なる年齢層，異なる教育背景，異なる仕事経験を持つメンバーの活発なアイデアを生かして，今までにないような新しいイノベーションを引き起こす効果がチーム作りではますます注目されている。しかし，パーソナリティを含む深層的多様性の役割については軽視されている。表層的な多様性と深層的な多様性，両方とも人間関係の対立につながる重要な要因であり，チームのパフォーマンスに影響を与えるため，表層的な多様性だけではなく，パーソナリティを含む深層的な多様性の問題についても分析しなければならない。

　多様性がパフォーマンスに与える影響に関する理論モデルは，次の三つの理論に集約される。第一は，情報・意思決定理論であり，多様性のあるグループはより多くの情報ネットワークを組織外に持つことができる。ゆえに，新しい情報を得る際に価値あるものとなり，革新や問題解決，意思決定，製品設計において有効となる。第二は，ソーシャル・カテゴリー理論であり，人は自己および他者を社会的に分類する。それゆえ内集団，外集団を形成し，他集団に対

する偏見や固定観念，コミュニケーション障害などを生む。第三は，類似性・アトラクション理論であり，属性における類似性は個人間のアトラクションや好意を増大させる。それゆえ，異なる属性の個人間では，コミュニケーションが減少し，メッセージの歪曲やエラーが生じる。このように，多様性にはメリットだけではなく，デメリットも存在する。多様性のデメリットを最小限に止め，メリットを最大限に引き出すことが，パフォーマンスを高めることに結びつく（谷口，2005，377-378ページ）。チームの多様性のメリットとデメリットについても同様である。いかに多様性を活かして多くの情報や知識を獲得して，問題解決能力や創造性を高めるかということが重要である。

　効果的なチーム・パフォーマンスを生み出すために，必要な基本的なチームワークのスキル（コミュニケーション力や対立の解決力）をメンバーがどの程度持っているのか，その見込みを考慮する必要がある。また，タスクの意思決定の際に多様なものの見方をするために，チームには，メンバーのスキル，人生経験，年齢，教育背景，パーソナリティ，価値観などにおいて，十分な多様性が必要である。このような多様性からメリットを得るためには，対立を解消し，多様性の統合を探求しなければならない（Robbins, 2005, 邦訳，78-79ページ）。特に，パーソナリティを含む深層的な多様性の統合を図り，対立を克服することが重要である。

VI　コンフリクトの解決法

　パーソナリティを含む深層的な多様性から生まれた不一致や対立についてどう対応すべきかについては，第3節で述べた競争，協調，回避，適応，妥協といった五つのコンフリクト処理手法が参考になる。狩俣は，コンフリクトについて水平的次元と垂直的次元に分けて分析し，競争，協調，回避，適応，妥協といった基本的手法に加えて，さらにコンテクストの変化による官僚型，独断的実行型，偶発的譲歩型，状況対応型，創造的問題解決型を示している。

　狩俣によると，コンフリクトの意味は，人々の目標や価値あるいはパーソナリティや欲求の違いや差異という水平的次元と，そのコンテクストという垂直的次元の複合的結果として生じる。もし人々の間のコンフリクトが単なる目標

や価値といった水平的次元の差異によるコンフリクトであれば，それはコンテクストを変え，創造することで解決することが可能になる。もしそれがコンテクストの差異という垂直的次元のコンフリクトの問題であれば，その解決は困難である。しかし，それは，より一段高い新しいコンテクストを創造することによって可能となる（狩俣，1996, 114-115ページ）。

　官僚型は，コンフリクトの問題を避けようとし，その問題に直面するとき，問題を先送りし，自らは問題を解決しないタイプである。独断的実行型は，他人に関心を払うよりも自己の利益に関心を払い，自己の目標を達成するように彼らのコンテクストを変えて，自己の利益や欲求を最大限に満たすタイプである。偶発的譲歩型は，状況や環境の変化によって他人の要請に従い，自己の要求や欲求を譲歩してコンフリクトを解決するタイプである。状況対応型は，自己の欲求と他人の要求，さらに状況の要請に対応して，コンフリクトを解決するタイプである。創造的問題解決型は，コンフリクトの原因となっている従来のコンテクストを打破し，新しいコンテクストを創造することで両当事者が満足するような問題の解決であり，革新的な問題解決のタイプである（狩俣，1996, 115-117ページ）。

　競争，回避，適応，妥協，官僚型，独断的実行型，偶発的譲歩型，状況対応型といった手法は，コンフリクト当事者の双方が妥協し，それぞれの価値観，信条などを犠牲にし，あるいは回避することによる解決であり，一時的，表面的な解決である。それらは，双方の違いや対立について互いに納得して受け容れた解決ではないので，時間の経過とともに，再び対立する可能性があり，真の解決にはならない。

　ベルビンが指摘しているように，チームには多様なパーソナリティが必要である。パーソナリティの多様性のメリットを活かすためには，自分のパーソナリティを隠したり妥協したりしてはならない。チームメンバー同士は，まずお互いの相違を受け入れる必要がある。違いがあるのは当たり前のことであり，それを回避したり妥協したりする必要はない。パーソナリティの多様性を統合するためには，まずお互いの相違点を認めて尊重し合うことが必要である。

　ところで，コンフリクトには狩俣がいうように水平的次元と垂直的次元がある。パーソナリティの違いによるコンフリクトであれば，水平的次元のコンフ

リクトである。これについては，お互いの相違点を認めて尊重し合い，従来提案されている協調の方法で解決できる。協調を通して相違点を明確にすることによって，双方の目標を達成できるウィンウィンの解決策を見つけることができる。しかし，パーソナリティの違いが，コンテクストという垂直的次元の違いと複合的に相互作用すると，さらに複雑なコンフリクトが生まれる。このようなコンフリクトは，協調の方法では十分に解決できない。一時的に協調の方法で解決したとしても，役割，地位，規範などの変化により，当初ウィンウィンの解決策であったものが，双方にとって有益でなくなり，再度コンフリクトが表面化することになったりする。

　コンフリクトに水平的次元と垂直的次元の問題があるならば，パーソナリティの違いに起因するコンフリクトには二つの種類がある。一つは，パーソナリティの違いに起因する水平的次元のコンフリクトである。ここではこれをパーソナリティ・コンフリクトと呼ぶ。もう一つは，パーソナリティの違いとコンテクストの違いが複合的に相互作用して生まれるコンフリクトで，これをパーソナリティ・コンテクスト・コンフリクトと呼ぶ。このパーソナリティ・コンテクスト・コンフリクトを解決するためには，創造的問題解決が必要である。

　それでは，創造的問題解決の創造とは何であり，問題解決とは何であろうか。K. E. フォン・ファンジェ（Von Fange）は，創造性の本質を既存の物や属性を新しく組み合わせることであると定義している（Von Fange, 1959, 邦訳, 10ページ）。H.G. ヒックス（Hicks）は，創造性とは，新鮮な目で物事を見る能力であるとしている（Hicks, 1966, 邦訳, 243ページ）。また，R. W. グリーフィン（Griffin）とG. ムーアーヘッド（Moorhead）によると，創造性とは，状況についての独創的で，革新的で，創造的な見方を開発する過程である。そして創造的な行動は，①新製品ないしサービスを発明すること，②現製品ないしサービスについて新しい使用方法を発見すること，③問題を解決すること，④論争を解決すること，のいずれかであるとしている（Griffin and Moorhead, 1986, p.124）。この点からすると，創造とは，現有の知識や経験などを新しく組み合わせて，新しく有用なアイデアやモノを生み出したり，問題や論争を解決することである，といえる。

　この何かを新しく生み出すための創造過程には段階がある。R.フォスター（Foster）とS.カプラン（Kaplan）は，創造的過程を検討して，①探索（観察），②孵化（熟考），③対立，④決断，⑤試行，があるとしている。①の探索の段階で，人は既存の理論と新しい情報との矛盾を明らかにしたいと考える。②の孵化の段階では，何かが明らかになるまで，意識の片隅で観察がゆっくりと続けられる。③の対立の段階では，適切なアイデアが思い浮かぶ。また，探索，孵化と対立は発散的思考を構成し，④の決断と⑤の試行は収束的思考を構成する（Foster and Kaplan, 2001, 邦訳, 156-169ページ）。

　ヒックスによると，創造的な問題解決法は次の段階から成っている。①事実を収集すること，②問題点を確認すること，③取りうる解決方法を列挙すること，④最も良い解決方法を選びだすこと，⑤選んだ解決方法を実行に移すことである（Hicks, 1967, 邦訳, 246-247ページ）。R.W. ワイズバーグ（Weisberg）は，創造的問題解決は次のような段階から成っているとしている（Weisberg, 1986, 邦訳, 50-51ページ）。第一の段階は準備の段階である。成功には至らないが真剣に意識的に仕事をする長い期間である。第二は孵化の段階である。問題は意識的な思考の対象にならないが，無意識の中で仕事は続いている。この孵化が成功すると，第三の啓示の段階である。突然の啓示が起こり，問題解決への洞察を経験する。第四段階の検証によって，問題が解決される。

　以上のことから創造過程の段階は，①問題ないし課題の発生，②その問題に関する情報の収集，③新しいアイデアの創出（孵化），④そのアイデアの検証・評価，⑤アイデアの実施，から成っているといえる。問題解決のためには，まず，様々な問題がある事実を知ることである。そして，できるだけ多くの情報を収集し，問題点が何かを明確することである。また，その問題点を解決できる方法をいろいろ考えて，それを列挙することである。すなわち，問題の解決案を多く挙げ，それらを比較検討し，最後に，それらの方法の中の最善策を選択し，その方法を実施するのである。

　このような問題解決法は，コンフリクトの問題解決でも参考になる。それは，コンフリクトの問題が何か，先ずその問題点を明確にし，その解決のための方法（案）をいろいろ考えて，それらを比較検討し，その中から最善の案を選択するという問題解決の手順を示しているからである。この問題解決過程の中で，

コンフリクト解決のためには，特に解決案の創出が重要になる。

　コンフリクトの解決案を考える際に重要なことは，先ず，それぞれの思考や価値観を規定しているメンタル・モデルが何かを知ることである。メンタル・モデルとは，「私たちがどのように世界を理解し，どのように行動するかに影響を及ぼす，深く浸み込んだ前提，一般概念であり，あるいは想像やイメージである」（Senge, 2006, 邦訳, 41ページ）。これは人々の無意識の中にある暗黙の仮説であり，自分自身ではなかなか気づかないものである。しかし，それはわれわれの思考や行動様式を規定している。

　このようなメンタル・モデルを変えることは難しいことであるが，思考を変える例として，資生堂の魚谷雅彦代表取締役会長CEOのケースが参考になる（魚谷, 2016）。彼は，日本コカ・コラーに勤務した時のチーム活動で，メンバーの国籍や文化の違いを乗り越えて，イノベーションにつなげた経験がある。チームは，ベルギー，オーストラリア，中国等の六か国の出身者が集まっており，日本人だけで会議をやれば1時間で終わるところを3時間もかかってしまう。ある議案について議論するとき，日本人だけであれば，「そうだよね，わかるよ，じゃあその方向で」という曖昧な言葉で物事が決まっていく。それは文化的コンテクストが同じだからである。しかし，外国人には簡単には伝わらない。外国人は文脈（コンテクスト）を説明しなければ理解が難しいものであり，文脈を伝えるにはロジカルに説明しなければならない。日本人にとって常識のようなことが，外国人にとっては理解がつかないことが多い。思いも寄らぬところで「Why」と言われてしまった時に，日本人は「前からそうなっているから」という考えに陥りがちである。そして合意を形成してしまうことが多い。しかし，外国人から「Why」と聞かれたら，「Because」で答えなければならない。それをきっかけに「ちょっと待てよ。確かにこれまではそうなっていたかもしれないけど，もう一度考えてみよう」ということになった。このように，外国人メンバーの「Why」をきっかけに，世の中にインパクトを与えるにはどうしたらいいか，考えようという流れになった。結果的に，良いイノベーションが生まれて，当初のプロジェクト・チームの目標よりも大幅に達成できた，としている（魚谷, 2016, 33-37ページ）。

　この事例は，従来の考え方や思考を変える方法であり，チームメンバーの多

様性を活かすものである。日本人の常識でもなく，外国人の常識でもなく，外国人の「Why」に真正面から向き合って，物事の新しいロジックを考えて共有することは，新しいアイデアやコンテクストの創造につながるのである。

　ところで，コンフリクトの解決を困難にするのは，それぞれが自己の考えや立場を主張し，相手のそれを認めないことである。それらの考えや立場は，一般にそれぞれのメンタル・モデルに基づいている。それぞれの主張が変わらなければ，双方が満足するコンフリクトの解決にはならない。個人が変わるということは，基本的に，このメンタル・モデルを変えることである。目に見えない無意識の仮説，すなわち自己の思考や行動様式のよりどころが何であるかを知るためには，人々はコミュニケーションを必要とする。そして，その際，それぞれが視点を変えてコミュニケーションを行うことである。

　R. ディルツ（Dilts）は，コミュニケーションを行う場合の基本的な知覚位置として次の四つの視点を示している。①当事者の視点，②相手の視点，③観察者の視点，④システム全体の視点である（Dilts, 2003, 邦訳，163-166ページ）。①は自分自身の視点，信念，前提に立ち，自分自身の目を通して外側の世界を見ることである。②は相手の視点，信念，前提に立ち，その人の目を通して外側の世界を見ることである。③は自分自身と相手以外の第三者の視点に立つことである。④はシステム全体の視点である。これは他の三つの観点が統合され，全体システムであるという意識が創り出される状態である。

　狩俣は，コンフリクトを解決するために視点を変える方法を示している（狩俣, 1996, 118-120ページ）。①コンフリクトの当事者が相手の立場に立って彼らのコンフリクトの意味を検討する。②より広いシステムの視点からコンテクストを捉え，彼らのコンフリクトの意味を検討する。③より長期的視点で彼らのコンテクストやコンフリクトの意味を検討する。④より高いコンテクストの観点から彼らのコンフリクトの意味を検討する。これらの①や②はディルツの②と④に相当しているので，説明は省略する。

　③は，長期的視点に立つことがコンフリクトの解決の可能性が大きくなるということである。人間が時間の流れの中で生きている限り長期的視点で物事を考えることは重要なことである。人間は一時の思いつきで思考し行動するよりも，長期的視点で物事を捉えることが重要である。④は，より高いコンテクス

68

トあるいは高い価値や理念の点からコンフリクトを捉えることを意味している。より高い理想やより高い価値の視点ないしより高いコンテクストの観点からコンフリクトを捉えることで，統合的解決が図れるのである。

メンタル・モデルを変えるためには，以上のように先ず視点を変える必要がある。そして，そのためにはダイアログ・コミュニケーションが必要になる。ダイアログ・コミュニケーションについては第4章で論述するように，ダイアログは，集団成員が平等，対等の立場でそれぞれの思考や考え方，価値観や世界観などを表明し，各成員が感情移入してそれらを受け入れながら，さらなるアイデアの探求を通じて集団として新たな意味を創造するコミュニケーション過程である。

人々は，コミュニケーションを行うことによって，彼らや彼女らの持つ個々の意味やコンテクストの意味を知ることができる。個々人の持つ意味やコンテクストの違いは，彼らの解釈の違いを生み出し，意味の多義性を生じるが，しかし，それが新たな解釈や新たな意味あるいは新たなアイデアを創造するきっかけを与える。それは，上述の事例で明らかなようにコンテクストが異なることによって，彼らのコミュニケーションが彼らに驚きや新しい視点，あるいは新たな物の見方や考え方を与え，革新的アイデアを生み出すきっかけになるからである（狩俣, 1996, 120ページ）。

チームメンバーのパーソナリティの違い，また立場や役割などのコンテクストの違いを理解するには，まず自分のパーソナリティ，考え方，価値観，立場の相違などを相手にオープンに伝えなければならない。そして，自分の考えを相手に押し付けず，相手のパーソナリティとの違い，また立場や役割などのコンテクストの違いを受け止めて，理解し合い尊敬し合うことが必要である。これはダイアログ・コミュニケーションを行うことであり，これができなければ，新しいコンテクストを一緒に創造してコンフリクトを解決することは困難である。各自が参加し，そこに存在する意味全体を分かち合い，さらに行動に加わる，そのような行動が真の意味のダイアログである（Bohm, 1996, 邦訳, 80ページ）。意味は，一方的に作り出されるものではなく，ダイアログを通して共同で生み出されるものであり，相手の行動があって初めて意味が生まれるものである（Gergen and Hersted, 2013, 邦訳, 50-51ページ）。

　ダイアログはすべての有効な集団活動の根本にある（Schein, 1993）。セン
ゲ（Senge）によると，集団はダイアログを通して，様々な視点から複雑で難
しい問題の解決を探求できる。個人は自分の前提を保留し，その前提を自由に
話し合う。その結果，集団成員の経験と思考の深いところまで探求できるよう
になり，個々の思考を超えて，さらに先に進めることができる（Senge, 2006,
邦訳, 324-325ページ）。

　人々は何らかの問題解決を行うためにコミュニケーションを行う。しかし，
その際，人々はそこにメンタル・モデルを持ち込むので，その違いがコンフリ
クトを生み出したりする。このコンフリクトを解決するためには，人々は，平
等の立場で他者を尊敬し，他者のアイデアや思考が何かをよく聴くようにし，
自分の真の考えや心の奥底にある声を話し合うダイアログを行う必要がある。
チームは，ダイアログ・コミュニケーションを行うことで，より良いアイデア
ないし新たなコンテクストを生み出し，コンフリクトを解決できるのである。

Ⅶ　結び

　以上，コンフリクトとは何か，コンフリクトの機能とプロセス，チームにお
けるコンフリクトの種類と特徴，チームメンバーのパーソナリティと多様性の
問題，およびコンフリクトの解決法について検討してきた。

　コンフリクトとは，二人以上の人々，集団，チーム，組織が相互に関係し意
思決定する状況の中で，目標，意見，価値，知覚，期待，感情などが不一致と
なり，対立する過程である。集団，チーム，組織において，コンフリクトはマ
イナスに機能することもあれば，プラスになることもある。近年のチーム作り
の研究は，コンフリクトのプラスの機能に注目しており，チーム作りにおいて
コンフリクトを活かすことを求めている。

　コンフリクトのプロセスは，潜在的対立，認知と個人化，行動，結果という
四つの段階で捉えられる。チームのコンフリクトのプロセスも同様である。ま
た，チームのコンフリクトには，タスク・コンフリクト，プロセス・コンフリ
クト，および人間関係コンフリクトがある。人間関係のコンフリクトは，チー
ムメンバーのパーソナリティの問題に起因するものと，タスク上の役割や組織

的要因によるものがある。チームを有効に機能させるためには，チームメンバーのパーソナリティの問題を考慮しなければならない。

　チームには多様的なパーソナリティが必要であり，多様的な役割タイプが必要である。チームがタスクの意思決定を行う場合，メンバーのスキル，人生経験，年齢，教育背景，パーソナリティ，価値観などの多様性が必要である。このような多様性のメリットを活かすためには，コンフリクトを解消し，多様性を統合しなければならない。特に，パーソナリティを含む深層的な多様性の統合を図るためには，協調と創造的問題解決型の解決方法が必要である。相違点を明確にし，寛容的に受け入れることによって相互にプラスになるように協力することで，新しいコンテクストが創造される。そのためには，ダイアログ・コミュニケーションを行うことである。ダイアログ・コミュニケーションによって，パーソナリティの違いという水平的次元のコンフリクトや垂直的次元のコンテクストの違いによるコンフリクトの解決が可能になる。ダイアログ・コミュニケーションを行うことによって，コンフリクトの問題が解決され，より良いチームが形成できるのである。このダイアログ・コミュニケーションについては，次章で検討する。

第4章

ダイアログ・コミュニケーション

I　序

　前章まで述べてきたように，有効なチーム作りやチームワークの良し悪しが組織の成否を規定するとされ，チームに関する研究が多く行われている。例えば，B. J. ロバートソン（Robertson, 2015）は自主管理型チームのホラクラシー（holacracy）組織を提唱しているが，ホラクラシー型のチームが高業績の組織になるとしている。R. カールガード（Karlgaard, 2014）は，これからの企業の持続的優位性を支えるのはソフトエッジにあるとして，その一つがチームであるとしている。グローバル経済ではコラボレーションとイノベーションが不可欠であるが，そのためには柔軟でスピードのある10人前後の小さなチームが必要であり，効果的なチームワークが極めて重要になる，としている。

　このように組織研究においてチーム作りの問題が注目されるにつれて，そのチームないしチームワークの良し悪しを規定するのがチーム成員のダイアログ・コミュニケーションにあるとされている。E. H. シャイン（Schein）は，ダイアログ（dialogue）は有効な集団活動の必要条件で，それは，ダイアログが行われているときにのみ，やり取りしているコミュニケーションが妥当かどうかを決めることができるからであり，それゆえ，ダイアログはすべての有効な集団活動の根本にある，としている（Schein, 1993, p.29）。このようなことからダイアログに関する研究も数多く行われてきている（Potapchuk, 2004, Querubin, 2011）。

　ダイアログ研究の代表者は，後述するように，W. N. アイザックス（Isaacs）である。彼は，ダイアログの問題について包括的に検討し，その原則やそ

の発展過程を明らかにしている。本章は，彼のダイアログの特徴を概略的に示し，チーム作りに必要なダイアログが何かを明らかにする。しかし，アイザックスはダイアログの原則や特徴を明らかにしても，チームを有効にするダイアログの役割については十分に分析していない。

　そこで，本章は，コミュニケーションとは何か，ダイアログとは何か，集団にどのように働きかけることで有効なチームが形成されるかを検討して，有効なチーム作りにおけるダイアログ・コミュニケーションの役割を明らかにする。

Ⅱ　コミュニケーション

　人間と動物を区別するものは，人間が言葉をつかい，それぞれの意思や考え方を他者に伝える手段を持っていることである。すなわち，人間はコミュニケーション，特に言語コミュニケーションを行うことが大きな特徴であり，人間が言語コミュニケーションを獲得したことが，人類を飛躍的に発展させたといえる。しかし，それはまた我々の社会の様々な問題も生み出してもいる。D.カッツ（Katz）とR. L. カーン（Kahn）は，コミュニケーションは，社会システムないし組織のまさに本質であり，われわれの問題，個人や社会の問題の多くは，不適切なコミュニケーションの結果であるとしている（Katz and Kahn, 1978, pp.428-429）。C. I. バーナード（Barnard, 1938）は，組織成立の三要素として，共通目的，協働意欲，コミュニケーションを挙げ，組織を動態ならしめるのはコミュニケーションであるとしている。そして，コミュニケーションの技術は，いかなる組織にとっても重要な要素であり，組織の理論をつきつめていけば，コミュニケーションが中心的地位を占めることになるとしている。すなわち，コミュニケーションは，社会システムや組織の不可欠の基本的要素であり，社会活動あるいは組織活動の中心にあるということである。

　それではコミュニケーションとは何であろうか。W. シュラム（Schramm）によると，コミュニケーションはラテン語のcommunis ＝ 共通から出ている。人々がコミュニケーションを行うとき，人々は情報，ある考え，態度を共有し，共通性を確立しようとしている（Schramm, 1976, p.11）。したがって，コミュニケーションは，単なる情報の伝達ではなく，送り手と受け手との間の情報，

考え方，意図，あるいは態度の共有化の過程として捉えられるのである。

　F. E. X. ダンス（Dance, 1970）は，多数のコミュニケーションの定義を研究して，それを次のような15の概念に分類している。①シンボル／言語／スピーチ，②理解，③相互作用／関係性／社会的過程，④不確実性の減少，⑤過程，⑥移転／伝達（transmission）／交換，⑦連結／接合，⑧共通化，⑨チャンネル／運送者／媒介／ルート，⑩記憶の反復，⑪弁別反応／行動の修正／反応／変化，⑫刺激，⑬意図，⑭時間／状況，⑮権力，がそれである。このようにコミュニケーションは多様に捉えられ，多様なモデルも表されている。

　P. ワッツラウィク達（Watzlawick, et al.）は，人間のコミュニケーションの特徴を次のように示している（Watzlawick, et.al., 1967, pp.47-71, 邦訳，57-107ページ）。①人間がコミュニケーションを行わないことの不可能性，②コミュニケーションの内容レベルと関係レベル，③コミュニケーション事象の連鎖の区切り，④コミュニケーションのデジタル表示とアナログ表示，⑤コミュニケーションにおける対称的相互作用と補完的相互作用，がそれである。①については，相互作用する状況でのすべての行動がメッセージとしての価値を持っているならば，それはコミュニケーションということである。②の内容レベルは，メッセージの内容と関係し，事実，意見，信念などについての情報である。関係レベルはコミュニケートする人々の間の関係であり，メッセージの送り手と受け手との間の関係である。コミュニケーションでは内容と関係を伝えるのである。③はコミュニケーションは送り手と受け手の連続的な相互作用の連続的過程ということである。しかし，その連続体をどこで区切るかによって意味が異なり，それがコンフリクトを生み出したりする。④のデジタル（digital）表示は，言語によるコミュニケーションで，アナログ（analogic）表示は，ジェスチャー，表情などの非言語コミュニケーションのことである。⑤の対称的（symmetrical）相互作用は，パートナーの同等性などの両者の対称的な行動の関係のパターンを表す。補完的（complementary）相互作用は，一人のパートナーの行動は他の人の行動を補完し，異なる種類の行動を引き起こすパターンを表すものである。

　このようにコミュニケーションは多面的に捉えられているが，ここではコミュニケーションを「送り手が同時に受け手であり，受け手も同時に送り手で

あるような相互主体的な多面的連続的相互作用の過程であり，メッセージを媒介として動態的連続的に進行する意味形成の過程である」（狩俣，1992，18ページ）と捉える。すなわち，コミュニケーションとは，送り手と受け手の間でメッセージを媒介として意味を形成する過程ということである。

このコミュニケーションには，当たり障りのない会話から自己超越的関係での会話までいろいろなレベルがある。人がどのようなコミュニケーションを行うかについて，D. K. バーロ（Berlo）は，①限定的・物理的相互依存，②作用・反作用的相互依存，③期待の相互依存，④相互作用，のレベルに分類している（Berlo, 1960, pp.106-132, 邦訳, 134-164ページ）。

①のレベルは，送り手と受け手は対の概念であり，その限定と存在のために，一方が他方を必要とする。ここでの相互依存は，単に限定的−物理的であって，両者は相手のメッセージに対して反応しない関係である。このレベルでは，ただ送り手と受け手の二人がいるということだけで互いに依存している。

②のレベルでは，最初のメッセージがそれに対する反応に影響し，その反応が次の反応に影響する。反応はフィードバックとして送り手に利用され，送り手の反応に影響する。このレベルは作用・反作用の連続と考えられる。これは，送り手の行動は受け手の反応に影響を及ぼし，受け手の反応は送り手の次の反応に影響する関係である。送り手も受け手も相手の反応を利用することができる。反応はフィードバックの働きをもち，送り手や受け手は，それによってどの程度それぞれの目的が達成されているかを自己評定することができる。

③のレベルでは，人々はそれぞれ相互に自他の内部状態，ひいては行動の予測を行い，感情移入してコミュニケーションを行う。バーロによると，感情移入とは，人間の内的な心理状態に対する予期，つまり期待を持つにいたる過程である（Berlo, 1960, p.120, 邦訳, 151ページ）。人は，感情移入することによって，将来を予測し，自分自身の行動と，続いて起こる他人の行動と，それに続く自分自身の行動の関係を予測できるようになる。このコミュニケーションでは，人は予測の基盤の推測から役割取得へと移行し，送り手の期待と受け手の期待とが相互依存し，お互いに影響を及ぼし合う。

④のレベルでは，人々は相互役割取得，相互感情移入によるコミュニケーションを行う。バーロによると，相互作用とは，相互的役割取得の過程，すな

わち相互的感情移入行動である。もし二人の人間が自分たちの役割について推測し，同時に相手の役割を取得し，かつそのコミュニケーション行動が相互的役割取得に基づくものであれば，二人のコミュニケーションは相互作用に基づくことになる（Berlo, 1960, p.131, 邦訳，164ページ）。この相互作用の目標は，自己と他の合併，つまり自己と他の共通な要求に基づいて予期，予測，あるいは行動する完全な能力を持つことである。バーロは，この相互作用のレベルをコミュニケーションの理想であり，人間コミュニケーションの目標であるとしている。

　人々が自己の思考や価値観を他者とのコミュニケーションによって変えるようになるためには，少なくとも③や④のレベルが求められる。人の考え方や思考，あるいは集団ないし組織の思考を変えるためには，感情移入や相互役割取得によるコミュニケーションでなければ困難である。

　C. O. シャーマー（Scharmer）もコミュニケーション（会話）には，次のような領域があるとしている（Scharmer, 2009, pp.271-299, 邦訳，342-379ページ）。①ダウンローディング，②討論，③ダイアログ，④プレゼンシング，の四つである。

　①ダウンローディング（downloading）は，相手が聞きたいところから話すことで，当たり障りのない発言，礼儀正しい決まり文句，意味のない言葉等の会話である。この会話では，自分の心の内は話さず，聞くことで，相手を推測する。それは自分の考えていることを話さない自閉的システムである。

　②討論（debate）は，自分が考えているところから話すことである。ここでは異なる意見や反対意見も表明する。その場の支配的な考え方への異論に対してもオープンになる。人は自分の対抗者，自分と意見が違う人を言い負かしたり，優位に立ったりするために議論を利用する。

　③ダイアログ（dialogue）は，自分を全体の一部とみなすところから話したり，自分の内側から聴くようにしたり（共感的な聴き方），自己防御から他人の意見を探求するような会話である。討論からダイアログへの移行は，自分とは異なる考えを打ち負かすことから，互いの意見を探究しあい，他者（の内側）から共感して話を聴くことへの変化である。ダイアログへ移行すると視野が広がり，自分自身も観察の対象に含まれるようになる。ダイアログでは世界

を外側にあるモノの集合として見ていた状態から，自分もその共創造にかかわっているものとして世界と自分自身を見るようになる。そして自分自身が問題のシステムの一部であるとする観点から話しをする。

　④プレゼンシング（presencing）は，「プレゼンス（presence＝存在）」と「感じ取る（sense＝感知する）」からなる造語であるが，それは，出現しようとしている未来の可能性との対話であり，場に流れているものから話し，出現する未来から聴くことである。そこでは我々を集合的な創造性と望む世界を作り出すことを可能にする深いソースに結びつけ，真の自分につながるようになる。この領域では参加した人々の間で独特の深いつながりができる。このレベルのコミュニケーションでは，人々は共通の土台を認識し，自分が何のためにここにいるかを感じ取り，あらゆる会話がこれまでとは異なる場所から現れる。

　このようにコミュニケーションにはレベルがあり，人々の関係のあり方や，集団や組織が求める目的の違いによって，どのレベルのコミュニケーションを行うか決まってくる。しかし，集団や組織が新たなアイデアやイノベーションを創造したり，組織や集団が有効に機能するためには，ダイアログ以上のコミュニケーションが求められるのである。

Ⅲ　チームにおける意思決定とコミュニケーション

　A. S. ペンタランド（Pentland, 2012）は，高業績チームを築く上でコミュニケーションが決め手であり，コミュニケーションの特性こそがチームの業績を予測するために最も重視すべき要素である，としている。それではどのようなコミュニケーションのあり方が有効なチームの形成にとって必要であろうか。チーム作りにおけるダイアログ・コミュニケーションの役割を明らかにするため，先ずチームにおいて意思決定とコミュニケーションの関係について検討する。意思決定は，究極的には集団成員間の相互作用，すなわちコミュニケーションの結果として集団成員が代替案の中から一つを選択する過程だからである。一般には，集団としてより良い意思決定をするためにダイアログが行われる。

　B. A. フィッシャー（Fisher）によると，集団の意思決定ではある人がアイ

デアを提示し，その他の人々はそれに賛成したり反対したり，あるいは提示されたアイデアを補充したり修正したりする。そして，それが最終的に集団のアイデアないし見解として表されるようになる（Fisher, 1980, pp.115-125）。このような意思決定過程は，集団成員がそれぞれ何らかの意見や意思を表明し，それが受容されたり拒否されたり，あるいは修正されながら集団として一つのアイデアに収斂されるということであり，集団成員のコミュニケーションによって集団としての意思が決定されるということである。

　集団の意思決定とコミュニケーションの関係の問題は，集団における意思決定への参加の問題でもある。意思決定への参加は，集団成員がコミュニケーションによって自己の考えや意思を表明し，それを集団として受け入れ，最終的には集団成員が議論する過程で新たな合意案としてまとまることだからである。

　K. I. ミラー（Miller）とP. R. モンゲ（Monge）は，参加と満足と生産性の関係を包括的に分析し，参加は満足と生産性の両方に効果があることを示している（Miler and Monge, 1986, 1988）。彼らによると，参加的効果のモデルとして，感情モデル（affective model）と認知モデル（cognitive model）とコンティンジェンシー・モデル（contingency model）がある。前二者は参加が満足や生産性に影響を与えるという証拠があるが，後者のモデルは参加が満足や生産性に与える効果を示す証拠はないとしている（Miler and Monge, 1986, pp.727-753）。ミラー（Miller）も感情モデルと認知モデルの概略を示しているので（Miller, 2009, pp.148-150），ここではミラーとモンゲ，およびミラーに基づいてこれらのモデルの特徴について眺めてみよう。

　参加の感情モデルは，意思決定への参加が従業員の高次の欲求（承認の欲求や自己実現の欲求）を満足させる組織の実践であることを主張するものである。このモデルでは，従業員が参加している，また相談されていると感じる限り，自尊心は満足し，彼らはより協力的になる。すなわち，満足した従業員はより多く動機づけられ，それゆえより生産的になるということである。

　認知モデルは，意思決定への参加は，組織の重要な情報の流れやその使用を促進するので，実行可能な戦略であるというものである。意思決定への参加は組織の情報の上下の流れを改善する。上方への情報の流れは，組織の現場の

人々が仕事をする方法について最も知っているという考え方に基づいている。そこで，それらの人々が意思決定過程に参加するとき，決定はより高い質の情報に基づいて行われるということになる。下方への情報の流れの改善は，意思決定に参加する人々が将来その決定をよりよく決定できるという考え方に基づいている。意思決定がよりよい情報を得て行われ，そしてよりよく実施されるとき，生産性が改善されるということである。

　このように意思決定への参加は，集団や組織の業績を高めるとしている。参加は組織の規範がコミュニケートされ，組織に加入する個人が経験を意味づける重要な手段と見なされている（Miler and Monge, 1988, p.226）。これは，職場の民主主義は生産性や従業員の満足につながるということである。意思決定への参加は，基本的には集団成員が自己の考えや意図を他の集団成員に表明し伝えることであり，また他者もそれぞれの考えを表明し伝え，情報を相互交換することである。すなわち，成員間でコミュニケーションが行われ，それが自由でオープンであればあるほど，それはダイアログ・コミュニケーションの形態を取るのである。

　R. チャラン（Charan）は，人間同士の相互作用，ダイアログが仕事の基本要素である，としている。人を集めてどのように情報を加工するか，意思決定をどう下すか，そしてお互いについてどう感じ，決定内容をどう思うかは，ダイアログの質によって決まる。ダイアログをきっかけに新しいアイデアが生まれ，推進力がつき，それが市場における競争優位の確立につながる。そして，意思決定を導くダイアログは，「オープン」で，「忌憚なく」，「形式にこだわらない」，としている（Charan, 2001, 邦訳, 123-151ページ）。

　「オープン」であるということは，対話の結論を初めから決めない，という意味で，「忌憚ない」というのは，すすんで口にしにくいことを発言し，履行されていない責務を明らかにし，表面的なコンセンサスとは裏腹に，対立意見があることを伝えることである。忌憚のなさは，自分の本当の意見を語ることである。「形式にこだわらない」とは，会議全体の流れを周到に準備された台本どおりにあやつることはしない，ということである。

　以上で示してきたように，コミュニケーションのあり方が集団ないしチームの業績を規定する重要な要因である。これは，コミュニケーションのあり方が

集団を有効に機能させ，有効なチームの形成に影響を与えるということである。
それではどのようなコミュニケーションが有効なチームを形成するのであろう
か。どのようなコミュニケーションのあり方がダイアログと言われるのであろ
うか。次に，この点について検討しよう。

Ⅳ　ダイアログ・コミュニケーション

　ダイアログという言葉は日常的に頻繁に使用され，またそれに関しても多く
の議論が行われ，多様な定義が表されている。例えば，L. ヒエストゥッド
（Hersted）とK. J. ガーゲン（Gergen）は，ダイアログとは，あらゆる形のコ
ミュニケーションのやり方と広義に捉え，それは，私たちが何を現実とし，何
を道理とし，何をよいとするかを創り上げるための最も重要な手段であるとし
ている（Hersted and Gergen, 2013, 47ページ）。中原と長岡は，ダイアログを
①共有可能なゆるやかなテーマのもとで，②聞き手と話し手で担われる，③創
造的なコミュニケーション行為である，と定義している（中原・長岡，2009,
89ページ）。P. M. センゲ達（Senge, et al.）は，ダイアログを日常の経験や私
たちが当然のことと受け止めている事柄について，皆で探求し続けることと定
義している（Senge, et al., 1994, 邦訳, 320ページ）。アイザックスは，ダイア
ログを日常生活の経験を構成する過程，仮説，疑いのない事実についての集団
の持続的な探求と定義している（Isaacs, 1993, p.25）。このようにダイアログ
についていろいろ定義されているが，本章では以下に述べるダイアログの特徴
から，ダイアログを「集団成員が平等，対等の立場でそれぞれの思考や考え方，
価値観や世界観などを表明し，各成員は感情移入してそれらを受け入れながら，
さらなるアイデアの探求を通じて集団として新たな意味を創造するコミュニ
ケーション過程」と定義する。

　それではダイアログの本質とは何であろうか。その目的は何であろうか。あ
るいは一般の会話ないしコミュニケーションとどのように異なるのであろうか。
D. ボーム（Bohm, 1996）はダイアログの特徴を示しているので，まずその特
徴について見てみよう。

　ボームによると，ダイアログという言葉は，ギリシャ語の「dialogos」とい

う言葉から生まれ,「logos」とは言葉という意味で,「dia」は「～を通して」という意味である。そこで,この語源からボームは,人々の間を通って流れている「意味の流れ」というイメージが生まれ,集団全体に一種の意味の流れが生じ,そこから何か新たな理解が現れてくる可能性を伝えるとしている(Bohm, 1996, 邦訳, 44-45ページ)。

ボームは,この特徴を明確にするためにディスカッション(discussion)と比べて説明している。彼によると,人は自己の利益や想定のほうを優先する。そこで,人は自己の判断や想定を正当化しようとし,他者のそれを打ち負かそうとする。これはディスカッションと同じで,打楽器(percussion)や脳震盪(concussion)と語源が同じで,物事を壊すという意味がある(Bohm, 1996, 邦訳, 45ページ)。これは,ピンポンのようなもので,人々は考えをあちらこちらに打っている状態で,そのゲームの目的は,勝つことで,自分のために点を得ることである,すなわち,ディスカッションは自分の意見を通すことである。

これに対して,ダイアログの目的は,事物の分析ではなく,議論に勝つことでも意見を交換することでもない。自分の意見を目の前に掲げて,それを見ることである。様々な人の意見に耳を傾け,それを掲げて,どんな意味なのかよく見ることである。各自が参加し,グループの中に存在する意味全体を分かち合い,さらに行動に加わる。そのような行動が真の意味でのダイアログである。ダイアログでは,人を納得させることや説得することは要求されない,というのである(Bohm, 1996, 邦訳, 79ページ)。

P. M. センゲ(Senge)は,ボームの考え方に基づいてダイアログの目的は一人の人間の理解を超えることにある,としている。そして,ダイアログでは,複雑で難しい問題を様々な観点から集団で探求する。個人は自分の前提を保留し,その前提を自由に話し合う。その結果,関係者の経験と思考のいちばん深い部分までを表面化させながらも,個々の考えを超えて先に進むことのできる自由な探求になる,としている(Senge, 2006, 邦訳, 324-325ページ)。

アイザックス(Isaacs, 1993, 1999)によると,ダイアログは,思考と行動は人々の意識の奥にある「共通の意味」と密接に結びついている,という考え方に基づいている。人々はいろいろな理由でダイアログにやってくる。ダイアログの過程は,すべての職業,すべての国籍,多くの異なる専門職および組織

図4-1　ダイアログの発展

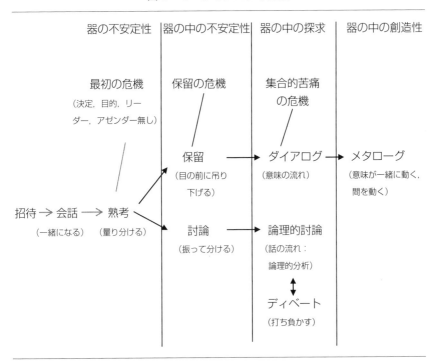

出所）Isaacs, W. N.（1993）"Taking Flight: Dialogue, Collective Thinking, and Organizational Learning," *Organizational Dynamics*, Vol. 22, No.2, p.34.

や社会の責任のレベルなど多くの背景を持った人々の意味のある会話の形態である。

　ダイアログの過程は**図4-1**のような段階から成っている。①器の不安定性，②器の中の不安定性，③器の中の探求，④器の中の創造性，の段階である（Isaacs, 1993, pp.34-38）。ここで，器（container）とは，集団が持っている仮説，皆の意図や信じていることなどの総称である。それは集団仮説，共有された意図，集団の信念の合計で，集団の雰囲気ないし風土として表されるものである。

① 器の不安定性

　ダイアログを行うにはそのための場が必要になる。人々は集団としてその場

に参加する。人々が集団に入って一緒になるとき，参加者はそれぞれのパラダイムや物の見方などの暗黙の表現されない違いを集団に持ち込むものである。参加者にとっての最初の挑戦は，これを認識することである。そして，ダイアログの目的は，これらの違いを隠すことではなく，彼らに探求する方法を見つけるように受け入れさせることである。

　ダイアログは会話で始まる。会話するということは一緒になることである。人々は一緒に話し，そこから熟考する。熟考することは量り分けることである。意識的，無意識的に，人々は異なる見方を量り分け，彼らが一致するもの，嫌いなものを見つける。彼らは選択して注意を払い，あるものに気づき，他のものを見落とす。この点で，人々は最初の危機に直面する。この最初の危機がやってくるのは，彼らは無理してダイアログはできないと認識しているからである。それはダイアログに進むか，討論に進むか，に分かれる危機である。

② 器の中の不安定性

　この最初の危機の認識は次の環境を作り始める。集団はしばしばそれぞれの見方を保留（後述）することと，それらを討論することの間で揺れ始める。人々は全体の不調和を聞く代わりに，部分を分析する慣れ親しんだ習慣に陥る傾向を感じる。この段階で人々は彼ら自身挫折を感じるようになる。それは原則的にすべての人々の思想の基本的な断片化や不調和が現れ始めるからである。

　人々は今ある仮説の範囲を見て探求し始める。彼らは，どれが真実か，どれが誤りかを尋ねる。そしてどんな見解ももはやすべて真実を保持しているように思えないし，どんな結論も決定的でないように思える。これは第二の保留の危機へ導く。人々は集団がどこに向かっているか分からず，彼らの間で対立し，隠れていた対立が器の中で表面化する。この段階で起こる集合的な保留の危機を管理するために，誰でも何が起こっているか適当に気づかなければならない。他人の考えをよく聴き，自分自身についても聴く必要がある。

③ 器の中の探求

　ある程度の数の人々がこの点を超えて話し合いを続けると，新たな方法で会話が流れ始める。この冷静な環境で人々は全体として一緒に探求し始める。しばしば新しい洞察が現れる。器のこの段階の中で探求は繊細である。人々はまた新しい方法でそのセッションを見始める。人々は会話が集団の参加者すべて

に影響を与えている方法に敏感になる。彼らは自分たちの思想の具体的表明を探し始める。しかし，それはまた他の危機に導く。彼らは自分たちが孤独だと感じる。人々は彼らのビジョンの限界を理解できるが，それに気づくことは痛みをもたらす。人々は彼らの思想が対立と分離を生み出すことを認識している。

　集合的苦痛の危機は，自己創造的限界を採用することへの挑戦である。この危機は相互作用のパターンを変えることへと導く。集団はダイアログの最終的レベルへの動きの能力を発展させるが，かなりの訓練と集団の信頼を必要とする。

④　器の中の創造性

　もしこの危機を通り抜けるならば，新たな気づきのレベルが開かれる。人々は自分たちがお互いの見解を十分に探求してきたので共通の意味のプールに参加していることを意識的に知り始める。彼らはまだ一致しないかもしれないが，しかし彼らの思考は全体的に異なるリズムやペースを取る。人々はそれが以前の理解の厳格なカテゴリーを使って一緒に話しをすることが困難であると分かるかもしれない。人々はそのような経験の言葉をほとんど持たないけれども，ダイアログはその方向を単に指摘する言葉の代わりに，繊細な意味を包むスピーチの可能性を高める。この種の経験はメタローグないし意味の流れと呼ばれる。そこではダイアログに参加している集団自体が意味を持つようになる。参加者は今までにない能力や創造性を発揮することが可能となる。この段階に至ると，器における新たな知識や創造を生み出す。

　アイザックスは，このような段階を経て新たなアイデアや意味を生み出し，ダイアログは成功するとしている。しかし，ダイアログを成功させるためには，ダイアログの原則に従う必要がある（Isaacs, 1999, pp.79-176）。①傾聴すること，②尊敬すること，③保留すること，④話すこと，である。

　①傾聴すること（listening）は，言葉の奥で何が語られているかに注意を払うことである。傾聴は，話している人の本質まで耳を傾け，その人の人間性まで耳を傾けることである。これは我々に世界を開き，より大きな意味の世界の中の参加者にする。人々が聴き始めるとき，人々は彼らが考えていることに気づき始める。そして単独の活動として聴くのではなく，より大きな全体の部分として一緒に聴くとき，時々，深い並外れた共通理解と親交の経験を引き起こ

す。

　②尊敬すること（respecting）は，我々の世界の中に基本的な一貫性があるという事実を真剣に受け取ることを意味している。人を全体的存在と見るためには，我々はダイアログの実践の重要な要素である尊敬を学習しなければならない。我々は人々を尊敬するとき，彼らが我々に教える何かを持っていると受け入れるようになる。ダイアログでは自分自身や他者，特に自分に反対する人々を尊敬する能力の開発が求められる。

　③保留すること（suspending）は，我々が自己の考えを抑圧も一方的な確信を持ってそれを擁護もしないことを意味している。すなわち，保留する（吊り下げておく）ことは，自分の意見や見方に固執しないように，一時的に保留し，自分の考えを心の中で目の前に吊り下げておくことである。それは，方向を変え，立ち止まり，後戻りし，新たな目で物事を見ることである。ダイアログでの保留には二つのタイプがある。一つは，何が起こっているかを見ることができるように自分自身の意識の中身を開示し，自分自身と他の人が利用できるようにすることである。二つ目は，人々が思想を生み出す過程に気づくようにするものである。

　④話すこと（voicing）は，自分の心の真の声を表現することである。自分自身の声を話すことは，自分にとって真実であることを表すことと関係している。自分の声を見つけることは，「今何を表明する必要があるか」という単純な質問を学習することである。自分の声を見つけ話すことは，正しい言葉を見つけることを意味している。

　この話すということは，自己開示（self-disclosure）と言い換えることもできる。自己開示とは，自分の真の考えを他者に包み隠さず明らかにすることであり，相手が欲している情報やアイデアなどを積極的に開示することである。それぞれが自分の持っている情報やアイデアあるいは知識を開示することで，お互いに情報や知識が共有され，お互いの情報や知識が増えることによって，新たな知識や意味を創造することが可能となる。

　アイザックスはダイアログの原則として以上の四つを示しているが，しかし，ダイアログでは次の点も重要である。ダイアログ参加者の⑤平等ないし対等と，⑥感情移入ないし共感である。

⑤参加者間の平等ないし対等の立場は，それぞれの能力や地位や権力などの違いに関係なく，人間として平等であり，人間の尊厳を尊重することである。

⑥感情移入は，バーロがいうように，人間の内的な心理状態に対する予期，期待を持つにいたる過程である。また共感は，他者の気持ちや思いあるいは苦悩などを自分のそれと同じように感じることである。ダイアログでは相手の考えや思いについて相手の立場に立って考え，理解し，相手の問題や悩みに共感するように配慮することが重要なのである。

以上の点からダイアログは次のような特徴を持っているといえる。第一は，人々が何らかの問題解決あるいは意思決定を行うためにダイアログの場があるということである。それがアイザックスのいう器であり，そこに人々はそれぞれの思考や思想，価値観や世界観，あるいは仮説などのメンタル・モデルを持ち込むものである。第3章で述べたように，メンタル・モデルとは，私たちがどのように世界を理解し，どのように行動するかに影響を及ぼす，深くしみ込んだ前提，一般概念であり，あるいは想像やイメージである（Senge, 2006, 邦訳, 41ページ）。人々はメンタル・モデルに従って思考し行動する。そこで人々は自分のそれを変えることは困難である。そして人々にとっては，メンタル・モデルが大きく異なるとき，他者のそれを受け入れることはなかなかできず，彼らの間でコンフリクトが生じ，器そのものが不安定になる。

このコンフリクトを解決し，ダイアログを進めるためには，第二は，集団成員は，彼らの地位や職位，権力や才能の違いに関係なく，対等，平等の立場で他者を尊敬し，他者のアイデアや思考が何かをよく聴く（傾聴する）ことが重要ということである。他者のアイデアや意思，あるいは思考や思想を相手の立場に立って考えなければ，すなわち感情移入して聴かなければ，その人の真の思いやアイデアを理解することはできない。感情移入して相手を理解することで，相手の良さや真の声が何かを認識できるようになる。

第三は，参加者各人が自己開示し，自分の真の考えや心の奥底にある声を述べることである。各人の真の考えは，一般にはメンタル・モデルに基づいており，その人の世界観や価値観であり，現実に対するその人の見方や視点である。自分の考えを話し，提示にすることによって他の成員はそれを知り理解するようになる。

　第四の特徴は，自分の考えを話す際に，その考えを保留して提示することである。これは自己のメンタル・モデルに基づく仮説ないし前提を話しながらも保留することを意味している。仮説（前提）を保留して提示するとは，自分の仮説（前提）を自覚し，検証するために掲げるということであり，これによって成員の仮説（前提）が比較できるようになる（Senge, 2006, 邦訳, 328-330ページ）。

　ダイアログでは，自分の意見を他者に押しつけたり，自分の考えを抑圧したり隠したりすることは避けなければならない。人々が自分の意見や主張に固執し，自分の考えを譲らなければ，チームとしてそれに代わる新たな考えや意味は生まれない。自分の考えを話しながらも保留することで，自分の考えの問題点や欠点を他者から指摘され，自分の考えをさらに探求して，深める機会が得られるようになる。成員がそれぞれの考えや主張を提示し，それらが比較検討されることでより良いアイデアが生まれ，チームとして新たな意味が形成されるのである。

　それではこのようなダイアログは，有効なチーム作りにどのような役割を果たすのであろうか。次にこの点について検討しよう。

V　チーム作りにおける　ダイアログ・コミュニケーションの役割

　第2章で述べたように，有効なチームは，集団が有効に機能して高い業績を達成し，その成員がチーム活動を通じて成長発達し，自己実現している状態の集団である。チームが集団における①役割，②規範，③凝集性，④風土が有効に機能することで成立するならば，チーム作りにおけるダイアログ・コミュニケーションの役割を明らかにするためには，ダイアログが集団の有効な機能にどのように貢献するかを分析することである。

　①役割というのは，それぞれの位置に対する他者の期待である。組織（集団）はある目的を達成するために形成される。その目的を細分化して組織（集団）の成員に割り当てた職務（仕事）が役割である。その役割（仕事）を担う人には，それを実行するのに必要な知識や技能などの職務遂行能力が求められ

る。組織（集団）は役割を担当させるとき，その役割遂行能力を有していると考えられる人を選抜する。

　しかし，その役割を担当する人は，その期待された行動をするとは限らない。それは，第1章で述べたように，役割には期待された行動の他に，その職位を担う人が知覚した役割と，その人が実際に演じた役割があるからである。

　そこで，役割については，各成員がどれだけ自己の役割を正確に知覚しているかが重要になる。そのため成員は自己に期待された役割が何かを正確に理解する必要がある。人が自己の役割を正確に理解するためには，期待された役割が何かを集団のリーダーないし他の集団成員との間でコミュニケーションを行わなければならない。しかし，コミュニケーションといってもそれにはレベルがある。自己の役割に対する単なる情報の提供，あるいは儀礼的，表面的なコミュニケーションの関係では，自己の役割を正確に捉え理解できるような情報は得られないかもしれない。しかし，ダイアログ・コミュニケーションであれば役割を正確に理解することは可能である。ダイアログでは相手の考えや思いについて相手の立場に立って考え，思考し，相手の問題と一体化するように配慮するからである。ダイアログを行うことは，各成員の役割を明確にし，役割葛藤を減少させ，役割を一致させることになる。成員がダイアログを行うことで成員に求められる役割が明確になり，役割葛藤はなくなる。チームが有効に機能するためには，ダイアログによってそれぞれが役割を明確に理解し，役割葛藤をなくし，自分に期待された役割遂行能力を理解し，期待された役割を果たすことである。

　②の規範は，集団成員の行動を規定する成員間に共有された規準あるいは規則である。規範は他者の行為を予測する基礎を提供するものであり，他者の行為を予期し，また適切な反応を起こす準備が出来るようにするものである（Shaw, 1976, 邦訳, 293ページ）。すなわち，規範は集団において予測可能性と安定性や整然性の機能を果たしている。そこで，成員が集団の中で集団の一員として受容されるためには，集団規範が何かを理解する必要がある。規範に従わなければ，集団から排除される恐れがあるからである。成員にとってその規範に同調（conformity）することが，集団の一員として認められることになる。

　しかし，同調といっても，集団からの懲罰を避けるために規範に従う場合と，

その規範に自ら進んで従う場合がある。後者は，その規範と自分の信念や価値観などが似ていることから同調するものである。これには内面化と一体化がある。内面化は，その規範に価値を見出すことによる受容である。一体化は，特定集団の成員に憧れ，魅力を覚え，尊敬し，その人のようになりたいと思ってその人の行動に同調することである（狩俣，1989，149ページ）。

　それではダイアログは集団規範においてどのような役割を果たすのであろうか。規範が集団目的に貢献するように形成され，それに成員が積極的に従うためには，成員がその規範と内面化するか，一体化する必要がある。もし集団規範がダイアログを行うことで形成されたり，成員に受容されたりするならば，それは内面化や一体化によって同調される可能性が大きい。集団規範に内面化，一体化している人は，その規範に従い，集団目的に積極的に貢献するのである。

　しかし，規範は必ずしも集団目的の達成を促進するとは限らず，規範の中身によってはその目的の達成を阻害することもある。そこで，有効なチーム作りのためには，集団規範が集団目的の達成を促進するように形成される必要がある。集団規範はチームの目的や組織目的に合致するように形成されなければならない。ダイアログは，一般に集団の意思決定や問題解決あるいは集団目的の達成のために行われる必要がある。成員はダイアログを行うことで，自分が同調している集団規範が集団目的達成に関連しているか，非公式的組織に関連しているかを理解できるようになる。これによって集団成員は目的達成に貢献するような規範であれば積極的に同調するのである。

　③の凝集性は，成員が集団に対して持つ魅力である。M. E. ショウ（Shaw）によると，凝集性は集団相互作用の量と質の両方に関係するものである。高い凝集性集団の成員はお互いに非常に多くコミュニケートしあい，集団相互作用の内容は好意的に方向づけられる。また彼らは協力的で，友好的で，一般に集団統合を促進するよう計画された方法で行動する（Shaw, 1976, 邦訳, 235ページ）。D. レヴィー（Levi）は，凝集性のある集団の成員は集団目標，意思決定，規範をより多く受け入れ，また対立葛藤の解決，問題解決に関係していると述べている（Levi, 2011, pp.62-63）。B. D. ルーベン（Ruben）は，凝集性の高い集団は成員がチームスピリットを持ち，そして集団の福利にコミットするものであり，凝集性は集団内のコミュニケーションのパターンや質に影響を与え

るとしている（Ruben, 1992, p.372）。

　それではなぜダイアログは集団の凝集性を高めるのであろうか。ダイアログの原則は，傾聴，尊敬，保留，話す（自己開示），平等，感情移入である。人はコミュニケーションを行う場合，平等に扱われ，尊敬され，自己の問題や悩みに感情移入していると思う人（相手）に対しては魅力を覚え，その関係を続けたいと思うものである。あるいは，人は自己の話を傾聴してくれる人に対して親近感を覚え，そのような人との関係の継続を求めるものである。D. ウルリッチ（Ulrich）と W. ウルリッチ（Ulrich）は，人間関係を深めるのは傾聴と適切な自己開示のスキルで，これらのスキルを通じて，単なる顔見知りの関係を，深い友情に転換することが可能になり，深い友情は職場における参画感と満足感を高めるだけではなく，意味と充実の感覚を高めることにも貢献するとしている（Ulrich and Ulrich, 2010, p.111, 邦訳, 119ページ）。

　さらに，人は自分が集団から尊敬され，傾聴され，平等に扱われていると思えば，その集団に魅力を持ち，その集団に留まり，その集団のために貢献しようと考えるものである。すなわち，ダイアログを行うことで集団凝集性は高まるのである。ダイアログは人間関係を良好にし，これによって積極的に情報交換が行われ，新しいアイデアやイノベーションを生み出す機会を高め，集団業績を高めるのである。

　⑤の集団風土は，集団成員が集団の特徴に対して持つ知覚であり，その知覚について成員間でコンセンサスあるいは共通性があることである。知覚は，本来，個人ごとに異なるにも関わらず，集団で共通性が生まれるのは，集団成員がコミュニケーションを行うことで，個々人の知覚の違いや差異が収斂し，コンセンサスが得られるからである。すなわち，集団成員は，コミュニケーションによって自己の思想や考え方，感情，態度などを伝え，それによって他の人の思想や考え方，感情，態度などを理解する。そしてこのような相互作用を経て，思想や考え方，知覚などが集団として一つのまとまったものとして形成され，類似性や共通性やコンセンサスが生み出され，集団風土が形成される（狩俣, 1989, 157ページ）。

　コミュニケーション行動の違いは風土形成の違いに影響を及ぼすことが J. R. ギップ（Gibb, 1960）の研究で明らかになっている。ギップによると，他

者への批判的「評価」,「統制」,「策略」,「無関心」,「優越」,「独断」的コミュニケーション行動は,不信関係の防衛的風土を生み出す。また,非判断的で,真に必要と思う問題を尋ねる「記述」,問題解決へ協力を要請する「問題志向」,偽りがなく正直で,自然のままで純真な「自然」,「感情移入」,「平等」,相手の行動や態度や考えを進んで試み,また一時的な態度をとり,論争するよりも問題を調査し解決する「暫定」的コミュニケーション行動は支持的風土,すなわち信頼関係のある風土を生み出す。

この支持的風土を生み出すコミュニケーション行動は,ダイアログの原則に重なっているといえる。「平等」,「感情移入」は同一であり,暫定は「留保」に,記述は「傾聴」に,問題志向は「話す」に,自然が「尊敬」に対応しているといえる。すなわち,ダイアログの原則に従ったコミュニケーションは信頼関係のある風土を形成するのである。

しかし,風土には,例えば,温かい思いやりのある職場,あるいは周りに無関心で冷たい職場など様々な風土がある。風土はその中身によっては集団目的の達成に貢献することもあるが,逆に目的達成を阻害することもある。そこで,有効なチームを形成するためには,風土そのものが集団を有効に機能させるものでなければならない。そのためには成員が集団風土を目標達成に貢献するものとして知覚する必要がある。この風土の中で民主的参加的風土は,前述のように集団成員の満足を高め,生産性を高めることが明らかである。意思決定への参加モデルが示しているように,それは集団内の情報の縦,横の流れを促進し,オープンに情報交換が行われることで,成員は満足し,生産性も高まる。このような集団の特徴は,民主的参加の風土として表されるものであり,集団を有効に機能させるのである。

以上で明らかなようにダイアログ・コミュニケーションは,集団における役割,規範,凝集性,風土の形成に大きな影響を与え,有効なチーム作りに大きな役割を果たしている。

Ⅵ 結び

以上,チーム作りにおけるダイアログ・コミュニケーションの役割を明らか

にしてきた。チームは集団の役割，規範，凝集性，風土が目的達成に向けて有効に機能し，個々の成員が相乗効果的に能力やスキルを発揮して，有効に機能している集団である。従って，有効なチーム作りのためには，役割，規範，凝集性，風土がチームの目的達成に貢献するように形成されることである。本章は，それらの形成にダイアログ・コミュニケーションが果たす役割を検討して，有効なチーム作りの過程を明らかにしてきた。

　ダイアログ・コミュニケーションとは，集団成員が平等，対等の立場でそれぞれの思考や考え方，価値観や世界観などを表明し，各成員が感情移入してそれらを受け入れながら，さらなるアイデアの探求を通じて集団として新たな意味を創造するコミュニケーション過程である。ダイアログは，傾聴し，尊敬し，保留し，話し（自己開示），平等に，感情移入をしてコミュニケーションを行うことである。

　人々は何らかの問題解決あるいは意思決定を行うために，ダイアログの場に参加する。しかし，人々はそこにメンタル・モデルを持ち込むので，その違いがコンフリクトを生み出し，ダイアログの場を不安定にする。このコンフリクトを解決し，ダイアログを進めるためには，人々は，平等の立場で他者を尊敬し，他者のアイデアや思考が何かをよく聴く（傾聴）必要がある。そしてダイアログの参加者は自己開示し，自分の真の考えや心の奥底にある声を話し合う。その際，それらの考えを保留して提示する必要がある。このようなダイアログによってチームはより良いアイデアないし新たな意味を生み出す。

　そして有効なチーム作りのためには，集団における役割，規範，凝集性，風土を有効に機能させるようにダイアログを行うことである。役割に関しては，各成員の役割を明確にし，役割葛藤をなくし，期待された役割，知覚された役割，演じられた役割の三つを一致させることである。集団規範については，チームの目的に合致し，成員が内面化し，一体化するような規範を形成することである。凝集性については，傾聴，尊敬，保留，話す（自己開示），平等，感情移入のコミュニケーションは，成員が集団に魅力を持ち，集団に留まり，集団目的を積極的に達成するようにさせる。ダイアログそのものが高い集団凝集性を形成するのである。また，ダイアログは信頼関係のある支持的風土を生み出し，職場の民主的参加的風土を生み出し，成員の満足とチームの生産性を

高める。このようにダイアログ・コミュニケーションは，有効なチーム作りにとって必須不可欠なのである。

第5章

チームにおける信頼構築

Ⅰ　序

　人間が一人では生きられず，他者と何らかの関係を形成しようとすると，信頼（trust）の問題は重要である。相手が信頼できるかどうかは，人間関係のあり方を決めるからである。また社会も政治，経済，福祉などほとんどの分野で信頼の問題を考慮して社会の仕組みや制度を構築している。F. フクヤマ（Fukuyama, 1995）は，信頼とはコミュニティーの成員たちが共有する規範に基づいて規則を守り，誠実に，そして協力的に振る舞うということについて，コミュニティー内部に生じる期待であるとしている。彼は，この信頼が社会にある程度行き渡っていることから生じる能力を関係資本（social capital）と捉え，この関係資本が産業経済の性質に大きな影響を及ぼすとしている。S. ボク（Bok, 1978）は，信頼ほど社会の繁栄にとって必要なものはなく，人間にとって最も重要なもので，信頼は空気や水と同じように保護されなければならない社会的財であり，人間関係の土台として機能しており，信頼にひびが入り磨滅すると，社会や組織は崩壊すると述べている。また，S. R. コビー（Covey, 2004）は，信頼は，組織，文化，人間関係をつなぎ合わせる接着剤であり，信頼関係がない場合，コミュニケーションは不可能であるとしている。このようなことから信頼の問題に関しては，社会学，政治学，社会心理学，あるいは経営学など多くの分野で論議され，様々な定義や信頼形成のモデルが表されている。しかし，それらの定義やモデルは経済取引やビジネスを行う人々の問題を中心に分析しており，信頼がチームにおいてどのように構築されるかについて十分に分析していないのである。

　しかし，信頼の問題は小人数から成る集団やチームにおいて，特に重要である。集団やチームの業績はチーム内の人間関係が良好かどうかによって規定されるからである。そして人間関係の良し悪しは，基本的に人々の間に信頼があるかどうかによって規定されるのである。例えば，P. J. ザック（Zak, 2017）は，組織が成功するためには，互いに信頼しあえる文化を構築することが何より重要であるとして，次のように述べている。信頼は効果的なチームワークと内発的動機づけの基盤をもたらし，それによって組織の業績を見違えるほど成長させる。信頼があれば，従業員は最適な方法で個別の目標を達成でき，同時に組織全体としての目標に向けて全力を尽くせるようになる。その結果，高信頼性組織では，従業員が優れた職務遂行能力を発揮するだけではなく，人生に対する満足度も高まる。それは，集団やチームの成員間に信頼関係があれば，相互に助け合い支え合うようになるからである。

　このようなことから信頼に関する研究は社会や組織の分野だけではなく，チームにおいても行われてきている。しかしながら，チームにおいて信頼がどのように構築されるか，その構築の要因が何かについては十分に明らかにされていない。そこで，本章は，信頼とは何か，それはチームにおいてどのように構築されるか，その構築要因が何か，について解明することにする。

Ⅱ　信頼の概念

　D. デステノ（DeSteno, 2014）によると，人間の心は，助け合って一緒に暮らすことから生じた課題に対処する過程で形作られた。その課題の中で大きかったのは，信頼の問題を解決することであった。信頼は人間にとって不可欠なもので，役に立つが，信頼は裏切られるリスクもある。そこで，デステノは，この世界で幸せを最大にするためには，生まれながらに持っている「信頼システム」を理解する必要があるとしている。B. シュナイアー（Schneier, 2012）もデステノと同様に，社会は信頼に基づいて動いているが，信頼は裏切られたりするとしている。それは，人間は自分の所属する集団利益と対立する何らかの競合利益を持っているからである。競合利益（自己利益，自己保存利益など）は，仲間や集団成員を裏切って，集団規範に従わないように仕向ける利益

のことである。

　そのため，社会は裏切りをなくし，信頼を確立し，維持するために様々な仕組みを作っている。シュナイアーによると，その一つが社会的圧力である。これは社会が集団規範に従うように仕向ける手段のことである。この社会的圧力には，①道徳的圧力，②評判圧力，③制度的圧力（集団規範を守らない人々に懲罰をかける），④セキュリティ・システム（security system）がある。セキュリティ・システムは，人々の協力を引き出し，裏切りを防ぎ，信頼を引き出し，規範を守らせるもので，これは，①，②，③の効果の不十分さを補うものである。道徳的に批判されようが，評判が悪くなろうが，法律に違反してでも自分の利益を追求する人に対しては，④が有効である。これには，防御（例，ドアの鍵），介入（例，衛兵パトロール），検出・対応システム（例，防犯警報，店の出口の検出装置），監査・鑑識システム（例，指紋，DNAの一致検出技術）などがある。社会に信頼があればこれらは必要ではなく，信頼がなければそれだけコストがかかることになる。

　同様な考えをO. E. ウイリアムソン（Williamson, 1975）も，市場と組織の関係で明らかにしている。市場での取引は自立的な人々（経済主体）の間で交換の形で行われる。しかし，市場は不確実で複雑であり，また人々は日和見主義的に行動する。日和見主義とは自己の利益を悪がしこいやり方で追求することである。人々が日和見主義的に行動し，市場で取引するとき，お互いが損失の危険を避けようとすると，契約が必要になる。しかし市場には情報の偏在が存在し，情報収集にはコストがかかる。そこで，人々は取引コストを考慮して，組織を形成するかどうかを決めることになる。組織の形成は，組織の成員を統制できるので，彼らが日和見主義的行動をする危険を避けることができる。すなわち，信頼の問題が，組織を形成するかどうかの重要な要因になる，というのである。

　それでは，この信頼とは何であろうか。R. B. ショウ（Shaw）によると，トラスト（trust）という用語は，ドイツ語のtrostという語から出ており，それは満足ということを意味している（Shaw, 1997, p.21）。彼はこの信頼を信用（confidence）や信念（faith）とは区別している。信用は特定の知識の結果として生じ，理由や事実に基づいている。これに対して信頼は部分的に信念に

　基づいている。しかし信頼は絶対的な信念ではない。信念は矛盾した情報や事象に全く動じず信ずることと見なされる。純粋の信念は理由を超え，そのような信念を持った人は，たとえそれが彼らの世界観と対立しても，あらゆる事象や見方を正当化できる。信頼は信念より脆くてたやすく壊れるものである。したがって，信頼は単なる信用以上のもので，また盲目的信念以下のものである。そこで，ショウは，信頼を「われわれが頼りにしている人々がわれわれの期待に応えるであろうという信念」（Shaw, 1997, p.21）と定義している。

　K. ギーフィン（Giffin）とB. R. ペートン（Patton）は，信頼行動について，危険な状況で不確実な目標を達成しようとするとき，ある人のコミュニケーション行動（話したり聞いたりすること）を頼りにすることと定義している（Giffin and Patton, 1976, p.247）。またC. レーン（Lane）は，信頼行動について多面的に検討し，信頼は自己の脆弱性や弱点を他者は攻撃しないと期待することとしている（Lane, 2002, pp.1-30）。L. T. ホズマー（Hosmer）は，信頼の問題を①個人，②対人関係，③経済的取引，④社会構造の観点から分析し，信頼は，一般に，個人の利益に対する脆弱性と他者の行動に依存するという条件下で起こるとしている（Hosmer, 1995, pp.379-403）。山岸（1998）は，信頼を不確実性の大小の関係で捉え，安心は社会的不確実性がないあるいは少ない状態を意味し，信頼は社会的不確実性が大きい状態での相手の意図に対する期待を意味するとしている（山岸, 1998, 9-53ページ）。

　以上のように信頼に関しては多くの定義が表されているが，これらの論議からすると，信頼は少なくとも次のような共通の特徴を持っている（狩俣, 2004, 49-50ページ）。①信頼者はある事態や対象に対して情報を持っていないこと，すなわち不確実な状況にいることである。②他者（被信頼者）はそれを利用すれば何らかの利益が得られること，あるいは逆に信頼者はその弱点を攻撃されれば損害を蒙ることである。しかし，③信頼者は他者がその脆弱性や弱点を利用（攻撃）して利益を得ない（あるいは逆に自分は損しない）と期待（予期）することである。

　①については，信頼者は自分自身で解決できない課題を抱えており，問題解決のための情報を十分に持っていないことである。すなわち，弱い立場ないし脆弱な状況にあるのである。②については，その問題解決能力を持っている被

信頼者が，その弱点ないし脆弱性を利用したり攻撃したりすると利益が得られ，そうなると逆に，信頼者は損害を蒙ることである。③は，信頼者は大きな損害を受ける可能性があるにもかかわらず，他者（被信頼者）はそれを悪用（攻撃）しないと期待して，自己の問題解決を他者に任せることである。すなわち，信頼は，自分で解決できない問題を抱えた人（信頼者）が，その問題解決において他者に依存するという脆弱な状況で，他者（被信頼者）がその脆弱性や弱点を攻撃するどころか，逆にその問題解決を図るという期待である。

　それではなぜ被信頼者は信頼者の弱点を利用して利益を得ないのであろうか。これは被信頼者が次の特徴を有しているからである（狩俣, 2004, 54-56ページ）。①言行一致，②配慮，③平等，④自己開示，⑤一体化，がそれである。

　①は，他者に対して言ったことを実行することであり，他人に対して約束を守り約束を違えぬことである。人は自分の言ったことを実行し，約束を守り，他者に対して言ったことを実行する必要がある。われわれは，約束を守らず，言ったことをやらない人を信頼しない。言ったことを平気で反故にし，約束を破る人は誰からも信頼されない。人類が言語を生み出したことは人間社会を大きく発展させたが，しかし言語は，それを使用する人の意図とは違うことを伝えて嘘をつくことも可能にした。言語は人間社会あるいは人間関係にプラスとマイナスの結果を生み出した。そしてこのことが信頼の問題を生み出したのである。

　そこで，人間が言語コミュニケーションによって社会生活を営んでいる限り，経済取引やビジネスを行うかどうかに関係なく，人間関係にとって言行一致は重要である。約束を守ることは人間社会の基本であり，人との約束を破ることは信頼を失うことになる。前述のシュナイアーのいう社会的圧力も言行一致のためのものであり，市場取引における契約も言行一致のために行われるものである。人間が自分の考えや思いを発言したことを実行するという言行一致は，信頼関係の基本なのである。

　②の配慮は，他者へ関心を払い，他者の問題や悩みに対して思いやり，他者に対して暖かく接することである。思いやりとは，喜びや悲しみや痛みや成功を分かち合うような関係，人間の条件と強く結びついて生きられる一つの関係の形である（Roch, 1992, 邦訳, 100ページ）。人は自己に関心を示し，自己に

暖かく配慮する人を信頼する。たとえ相手が高潔な人であっても，その人が自分に対して無関心であれば信頼することはない。自己中心的で自己の利益のみに関心を払い，他者の問題に関心を示さない人は，信頼されない。人間は，自分自身に対して関心を示し，温かく配慮する人を信頼するのである。

③の平等は，人として対等であり，人の尊厳において違いはないということである。人間は，それぞれ個別の独立した存在であり，性別，肌の色，知識やスキル，思考や価値観，社会的地位などで異なっている。しかし，人間にそのような違いがあっても，平等はそのような才能や能力，地位，権力などの違いに重要性を置かないことであり，人間として対等ということである。信頼の基本が自分では解決できない問題や課題を抱えていることが前提であるとすると，問題解決能力や情報を十分に持っている人は，立場上，強者や上位の関係になる。しかし，たとえ能力があり，優位の立場にあっても，人間の尊厳を尊重し，人間として対等に接することが，信頼形成にとっては重要である。人は，権力，地位，知的能力，その他の身体的特徴で優れているという態度をとると，それらの違いが事実であるとしても信頼されない。人を平等に扱わず差別するような人は信頼されないのである。

④の自己開示（self-disclosure）は，自分の考えを他者に明らかにすることであり，自己の持っている情報を積極的に開示することである。ギーフィンとペートンによると，自己開示が信頼を高める（Giffin and Patton, 1976, pp. 222-227）。特に，信頼の基本的特徴が，信頼者が十分情報を持たず，不確実な状況下にあり，他者が不確実性を解決する情報や能力を持っていることにあるとすると，後者が前者に対して何ら隠し立てせず，情報を明らかにすることが信頼を得るには必要である。人々はそれぞれ自己開示することによって互いに情報や知識を共有し，お互いをよく知るようになる。信頼は，その基本には他者をよく知ることで他者の行動を予測できることから生まれる。他者に対する情報がほとんどなければ，その人がどのような性格の人か，どのように行動するかを予測することは困難である。他者に対する情報や知識はそれぞれが自己開示し，情報交換することで得られる。人は，相手がどのような人か，どのような性格を持っているかなど，その人に関する情報を持つことで信頼することが可能になる。信頼とは真逆の裏切られるという行為は，一般に他者に対す

る情報を十分に持っていないことから起こるのである。

　⑤の一体化は，他者の問題を自己の問題と考えて，感情移入することである。一体化は相手の内部状態に自己を投影し，相手の抱える問題を自己の問題とし，共にそれを解決しようとすることであり，相手と感情移入して共苦共感することである。人は自己の問題と一体化し感情移入する人を信頼する。人は他者が自分と一緒に悩み苦悩し，共苦共感し，感情を共有する人を信頼するのである。

　以上のような特性を持つことが信頼を得るための条件である。このような特徴を持つ人は，他者の弱点を利用して自己の利益を得るよりも，他者の問題を共に解決することで利益を得て，共に成長することを求めるのである。

　このような信頼は対人関係での信頼である。しかし，集団ないしチームあるいは組織における信頼の問題は，対人的信頼に限定されるものではない。それは，集団や組織そのものが持つ信頼もあるからである。信頼には，対人的信頼，システム的信頼，コンテクスト的信頼がある（狩俣，2004，51-53ページ）。信頼に対人的信頼，システム的信頼，コンテクスト的信頼があるならば，チームとしてのシステム的信頼とコンテクスト的信頼がどのように構築されるかを分析することは重要なことである。そこで，以下ではそれらの信頼構築の要因について検討する。

Ⅲ　信頼構築の要因

　V. U. ドリュスカットとS. B. ウルフ（Druskat and Wolff, 2001）がグループ能力を高める条件として，成員間に信頼関係が築かれていることを指摘しているように，多くの研究は信頼が有効なチーム形成には必要であるとしている。それは，信頼関係のない人々の間では集団は有効に機能しないからである。R. カルグラード（Karlgaard, 2014）は，最も働きがいのある会社（組織）ないし職場をつくる本当の土台は，信頼であるとしている。働きがいのある職場になるには，会社が長期にわたって革新的であることが必要になるが，そのためには従業員の間に信頼がなければならない。それは，信頼が知識の共有や学習成果に影響を及ぼすからである。従業員がお互いに信頼するようになると，イノベーションにとって不可欠な参加と学習と実験が促進されるのである。組織

が人々の協働体系であれば（Barnard, 1938），ここでいう組織はチームにも当てはまる。組織であれチームであれ，それは人々の協働行為から成り，有効な協働は信頼関係によって行われるからである。それでは協働行為において信頼はどのように構築されるのであろうか。あるいはチーム活動に必要な信頼を構築する要因は何であろうか。

　前述したように対人的信頼を構築する要因は，言行一致，配慮，平等，自己開示，一体化である。これは人間関係一般での信頼の構築要因である。しかし，人々が協働して一定の仕事ないし職務を果たす場合には，さらに能力とロゴス性が追加される（狩俣, 2009, 47ページ）。能力は職務遂行に必要な知識や技術や技能等である。ロゴス（logos）は意味のことであり，それは，特に他者を助け支えるような支援業務において必要である。

　J. K. バトラー（Butler）とR. S. カントレル（Cantrell）は，信頼は，高潔，能力，一貫性，忠誠，開放性から構成されるとしている（Butler and Cantrell, 1984）。高潔は，正直や真実性のことであり，能力は，職務遂行に必要な専門知識や対人処理技術のことである。一貫性は状況を処理する場合の確信性，予測性，判断の良さである。忠誠は他者を保護し，顔をたてることである。開放性は精神的な近づきやすさ，あるいは他者と自由に考えや情報を共有しようとする意志である。

　ショウによると，信頼の基礎となる要因は，①業績を上げる，②真摯である，③人を大切にする，の三つである（Shaw, 1997, pp.29-100, 邦訳, 28-99ページ）。①は企業経営においては業績を上げ，結果を出すことが重要ということである。いくら善意があっても期待されていることを実行する能力がなければ，信頼は得られない。②の真摯は，正直であり，行動が一貫していることである。③は，人は自分を大切にする人を信頼するということである。この信頼を高めるためには，さらに④能力開発と⑤情報の共有化が必要である。④は信頼の実現のためには，有能な人材の採用，適切な教育，評価，処遇が必要であり，能力のある人材が必要ということである。⑤は目標達成と責任遂行のための情報の共有化が必要ということである。

　ザック（Zak, 2017）は，信頼は，人類が進化の過程で身に付けた原初的な社会行動の一つであり，人は信頼されると脳内で神経伝達物質のオキシトシン

を合成するとしている。そして，信頼はオキシトシンを生み，そのオキシトシンはさらなる信頼を引き出し，少なくとも思いやりの心を生みだす分子であることは確かである，としている。ザックは，組織の信頼を高める因子として，このオキシトシンにちなんで，OXYTOCIN因子と名づけ，それを次のように示している。①オベーション（Ovation），②期待（eXpectation），③委任（Yield），④委譲（Transfer），⑤オープン化（Opening），⑥思いやり（Caring），⑦投資（Invest），⑧自然体（Natural）の8つの因子である。

　①は，組織の成功に貢献した人を称賛することである。これはチームワークを高め，仲間をやる気にさせる効果がある。②の期待は，同僚がグループとしての課題に直面したときに生じるもので，期待は具体的で，測定可能で，検証可能で，誰でも分かるように公開される必要がある。③の委任の高い組織では，従業員は，仕事のやり方を自分でコントロールできるので，仕事にやりがいを感じる。④の委譲によって，従業員は自分の仕事をいつ，どこで，どのように行うかを自由に選ぶことができる。⑤のオープン化は，従業員一人ひとりが何をしているかを見える化し，あらゆる人々の意見に耳を傾け，情報を共有することで，公正かつ民主的な職場を生みだすことができる。⑥の思いやり，すなわちケアすることは，同僚との人間関係を意図的に構築することである。あらゆる仕事に助け合いを取り入れることで思いやりのある文化は生み出される。⑦の投資は，従業員の人間的な成長を促し，組織に対する長期的なコミットメントをもたらし，長く働き続けるようにさせる。⑧の自然体のリーダーは，あらゆるレベルの従業員と繋がり，従業員の成功を実現することが任務であると自覚している。

　A. C. エドモンドソン（Edmondson, 2019）は，病院，工場，学校，政府機関をはじめとする職場でパフォーマンスに差を生み出すのは心理的安全性であり，心理的安全性のあるチームはパフォーマンスが高いことがデータで示されている，としている。そして心理的安全性のある組織や職場ないしチームでは，その成員が自己の考えやアイデア，さらには失敗を伝え，それによって相互学習することで，イノベーションを生み出す，としている。また，D. コイル（Coyle）も，チームのパフォーマンスを決めるのはチームの成員がチームは安全，安心な場所だと感じることであり，それは次のメッセージを伝えることで

あるとしている。一つは，目の前で起こっている他の成員との交流を大切にしている，二つは，メンバーを独自の存在と認め，尊重している，三つめは，関係はこの先も続くというシグナルを出す，ということである（Coyle, 2018, 邦訳, 32-53ページ）。このような心理的安全性のある文化は，組織ないしチームの成員間に信頼関係があることで形成されるのである。

K. E. ワイク（Weick）とK. M. サトクリフ（Sutcliffe）は，困難な状況でも常に優れた業績をあげ，継続的に危機の度合いが低い組織をマインドフル（mindful）な組織化と呼んで，そのような高信頼性組織（High Reliability Organizations）の特徴を示している。高信頼性組織とは，原子力発電，航空会社の航空管制チーム，消防隊，病院の救急外来などの失敗が許されない過酷な条件下で，事故の件数を抑制して高い成果を上げている組織のことである。その特徴は，①失敗にこだわる，②単純化を避ける，③日常業務に敏感になる，④操業回復を決意する，⑤専門知識を重んじる，の五つである（Weick and Sutcliffe, 2015, 邦訳, 7-136ページ）。

①の失敗（failure）にこだわることが，高信頼性組織では最も重要である。人間は，一般に自分の失敗を認め，他者にそれを伝えることは難しいことである。人間には失敗を非難されるのを避けようとする自己防衛本能があり，また失敗すれば懲罰を受けるのではないかと恐れるからである。しかし，人間は失敗から学ぶことで進歩してきた。高信頼性組織は失敗から学ぶために，成員が失敗を直視し，その重要性を念頭に置くように促す。これは，エドモンドソンのいう心理的安全性と同じである。人間は誰でも失敗するものであり，重要なことは失敗の原因を探り，反省してその失敗から何を学ぶかである。

②の単純化（simplification）することは，物事を一般化し，カテゴリーを理解するのに役立つ。しかし，物事を単純化して考えると，トラブルの予兆かもしれない細かな違いが分からなくなる。単純化を避けることで，人は想定外が起こる原因を詳しく理解できるようになる。

③の日常業務（operation）に敏感になることで，人は現状の日常業務に対して幅広い視点を持ち，普通なら注目されない小さな矛盾を多く見つけられるようになる。想定外の事故に対応せざるをえない状況では，新たに生じる事柄を意味づける能力が求められるので，日々の業務に注意を払い敏感になること

が重要である。

　④の回復力（resilience）は，事故が起こっても，事故を処理して元の状態に戻って業務を行うことである。このレジリエンスの本質は，組織あるいはシステムがダイナミックな安定状態を維持あるいは再獲得する固有能力である。高信頼性組織は，不確実な世界で生じる避けがたいエラーを事前に察知し，その影響を抑制し，回復する能力を発達させている。

　⑤の専門知識（expertise）を重んじるとは，意思決定を第一線の現場レベルに任せ，最も専門知識を持つ人々に委譲することである。高信頼性組織は多様性を培う複雑な環境でより多くの気づきを得るだけではなく，複雑性に適応することに役立つ。また高信頼性組織は，組織成員がそれぞれの仕事の特性を尊重し，職位よりも専門知識と経験に価値を置いて，職位に関係なく最も適切な専門知識を持った人に意思決定を任せることになる。

　ワイクとサトクリフは，①から⑤を行うことで高信頼性組織を形成でき，それは機能不全をもたらす可能性のある想定外の事態において事故が起きない状態を組織化することである，としている。

　以上，信頼構築の要因について検討してきたが，それではチームとしての信頼はどのように形成されるのであろうか。前述のように信頼に対人的信頼以外にも，システム的信頼とコンテクスト的信頼があるならば，それらはどのように構築されるのであろうか。次に，それらの信頼構築の要因について検討する。

Ⅳ　システム的信頼

　システムとは，一般に，二つ以上の要素があってそれらが何らかの相互関係にある場合の全体性（総体）のことである。システム的信頼は，個々の要素の相互関係として生み出されるもので，システムそのものが持つ信頼であり，システムそのものが全体として有効に機能することで形成される信頼である。このシステム的信頼の構築要因を明らかにするためには，先ず，システムの特徴を明らかにする必要がある。

　システムの概念は，L. フォン・ベルタランフィ（Von Bertalanffy, 1969）やK. E. ボールディング（Boulding, 1968）のような一般システム理論家の研究

から生まれている。近代科学は，全体を最小分離可能な部分，すなわち構成要素に分解し，それらの特徴から全体の傾向を把握してきた。しかし，一般システム理論家たちは，いくら最小分離可能な構成要素の特徴を明らかにしても，それによって全体は捉えられないとする。全体は部分の総計以上のものであり，それぞれの部分は相互作用し，変化し，他の部分との関係によって変化するからである。そこで，一般システム理論家は，事象を要素間の関係と全体性によって捉えようとする。それは，有機体の持つ動的均衡の特徴からシステムの特徴を明らかにするものである。それは次のような特徴を持っている（Schoderbek, et al., 1980, pp.44-46, 邦訳, 53-56ページ）。①対象，属性，事象などの相互関係性，相互依存性，②全体性（holism），③目標追求，④インプットとアウトプット，⑤変換，⑥エントロピー（entropy），⑦規制，⑧階層性，⑨分化，⑩等結果性（equifinality），がそれである。システム理論家は，これらの特徴の観点から社会システムや組織システムにおける事象を解明してきたのである。

　ここでは，紙幅の関係で，システム概念で最も重要な①の対象の相互関係性と，②の全体性について述べる（Schoderbek, et al., 1980, pp.13-32, 邦訳, 16-32ページ）。①の対象とは，システムの構成要素であり，部分である。それはシステムの諸部分によって遂行される基本的な機能である。そして関係（relationships）とは，対象ないし部分を相互に連結するものである。部分間の関係がどのようなものかによってシステムの特性や機能が異なる。関係のタイプは，一般に三つに分類される。共生関係，相乗効果関係，冗長関係である。共生（symbiotic）関係は，連結したそれぞれのシステムが単独では継続できず，機能できない関係である。このうち相利共生は連結しているシステムが双方共に利益のある関係である。片利共生は，一方のシステムのみが利益を得る関係である。相乗効果（synergistic）関係は，システムが単独で機能するよりも，各システムが連結することでより大きな利益ないし効果を生み出す関係である。これは 1 ＋ 2 が 4 や 5 になる効果の関係である。冗長（redundant）関係とは，他の諸関係と同じことを繰り返す関係である。同じことを繰り返すということは，それだけ無駄でコストがかかる。しかしバックアップ体制（冗長関係）を構築することでシステムの信頼性は高まる。

　②の全体性（holism or whole）は，システムは一つのまとまった全体ない
し統一体を成していることである。全体は部分の単なる合計ではない。システ
ムそれ自体は全体性によってのみ説明できる。それはシステムを構成する部分，
すなわち要素の性質によっては説明できるものではない。システムは，構成要
素の単なる集合ではなく，その要素の関係で変化するものである。そこで，シ
ステムはその関係を組織化する全体過程として捉えられるのである。

　以上のシステム概念と，前述の信頼構築の要因に基づくと，システム的信頼
は，(1)能力，(2)支援関係，(3)連携の良さ，(4)多様性の尊重，(5)自己超越性，の
五つが有機的に関連して構築されると考えられる。

(1)　能力

　能力は，チームの目標達成に必要な能力，職務遂行に必要な能力あるいは問
題解決能力をチームの成員が持っていることである。R. C. メイヤー達（May-
er, et al., 1995）は，信頼者と被信頼者との関係で，被信頼者の特徴を明らか
にしているが，その被信頼者の特徴として，能力，善意，高潔を挙げている。
その能力は当事者が特定の領域で影響を与えることができる熟練，コンピテン
シー（competency），および特徴である。したがって，能力というのは，不確
実性処理能力，問題解決の専門能力，専門的知識や技能，あるいはコンピテン
シーなどである。チームが何らかの目的を達成するために形成されるならば，
チームの成員は目標達成に必要な仕事ないし役割を与えられる。チームの成員
は自己の仕事や役割を遂行するだけの能力，すなわち，職務遂行に必要な専門
知識やスキルを持っていなければならない。チームでそれぞれの役割や職務を
遂行するのに必要な能力がなければ，チームの目標は達成できないからである。

　ショウが信頼の基盤に業績を挙げ，カルグラードがイノベーションを挙げて
いることは，それらを達成するためにはチーム成員に能力がなければならず，
職務遂行能力や問題解決能力が必要であることを意味している。例えば，人々
が医師を信頼する第一の条件は，医師としての能力を持っているかどうかであ
り，誤診や手術ミスを繰り返せば，その人がどのように高潔であっても医師と
しては信頼されない。ある人が自分で解決できない問題に対して，他者がその
問題解決の専門的職業能力を持っていることが信頼の条件である。チームのシ

ステム的信頼は，その成員が職務遂行に必要な能力を持ち，目標を達成することで構築されるのである。

(2) 支援関係

支援関係は，チームの成員がそれぞれ助け支え合う関係のことである。ザックは助け合いをする人は信頼できる人と見なされ，助け支え合うことが「思いやり」の文化を作り出し，組織の信頼の84％は思いやりで説明できると述べている（Zak, 2017, 邦訳, 205-223ページ）。J. R. ハックマン（Hackman, 2002）は，最も優れたチームは，顧客に高品質の製品やサービスを提供し，チームとして成長し，個々の成員が学習の機会を与えられ，そしてそのために成員を支援する環境を持っている，としている。すなわち，有効なチーム作りには支援が必要ということである。

支援は，第2章で述べたように，個々人の主体性，自発性，独自性に基づいて，互いに最も必要としているところを助け合い，足りない点を補い合い，相互に成長発展する過程である。人間は誰でも誰かの助けや支えによって生きている。たとえ自立し誰からも援助を受けていないように見える人でも，社会の中で生きている限り他者の支援を受けている。その支援は，一般に支援者と被支援者の二者関係で行われる。しかしそれは支援者から被支援者に一方向的に与えられる行為ではない。支援は支援行為を通じて相互に成長発展する過程である。

このような支援が増加することは，チーム内の社会関係の改善に役立ち，チームの有効性を高めるようになる（Levi, 2011, p.68）。チームの個々の成員がお互いに足りない点を補い，相互に成長発展するように助け合う関係は，チームのシナジー効果や相互学習を高め，チームの業績を高めるのである。

(3) 連携の良さ

チームがその目的達成のために複数の人々から構成される集団であるならば，チーム成員間の連携の良し悪しは，チームの目標達成の良し悪しを規定することになる。チームの成員はチームの目的を達成するために，それぞれ割り当てられた職務（役割）を果たす。しかし，チームに参加していても，成員はそれ

ぞれ別個の独立した存在である。彼らや彼女らが分離独立した個人であることから，チームで協働するためにはコミュニケーションが必要である。

　組織は一人ではできないことでも二人以上の人々の協働でならできる，あるいは一人でやるよりも協働でやるほうが多くの満足を得られることから形成される。そして組織はコミュニケーションを行うことによって形成される（Barnard, 1938）。組織ないしチームはその成員のコミュニケーションによる連結行為ないし連携によって形成されるのである。

　組織ないしチームに参加する人々の目標や欲求，思考や感情，価値観や意味は異なっている。そのような人々が組織（チーム）を形成し協働するとき，彼らや彼女らの個人的行為を組織的努力に結合する共通の目的（共通の意味）が必要である。そしてその目的を達成するためには，組織は人々の間の多様な価値や目標，思考や感情などの対立，葛藤を調整する必要がある。さらに組織（チーム）活動が分業によって行われるならば，分業は最終的には調整されなければならない。この調整がコミュニケーションによって行われる（狩俣, 1992）。コミュニケーションは個々人ないし分業を調整して組織活動に結びつけるのである。

　コミュニケーションは組織の構成要素（成員個々人）間を連結し，成員を組織（チーム）目的達成活動に結び付ける。組織ないしチーム（システム）は相互作用するサブシステム（構成要素），相互に連結ないし連携したサブシステムから成る全体である。そしてこのコミュニケーションによる連携の良し悪しは，チーム全体の機能の有効性を規定する。チームが有効に機能するためには，個々のメンバーの連携が良くなければならない。ワイクとサトクリフがいうような仕事の特性を尊重し，専門知識と経験に価値を置く「専門知識を重んじる」ためにも，チーム内の連携の良さは必要なのである。

(4)　多様性の尊重

　多様性（diversity）の尊重は，チームの構成員が多様で，成員がそれぞれその違いを尊重し，認め合うことである。この多様性には，性別，人種，年齢などの違う人口統計学的多様性と，ものの見方や考え方が異なる認知的多様性がある（Syed, 2019, 邦訳, 28ページ）。M. サイド（Syed, 2019）によると，人類

は，多様性という土台の上に築き上げられてきた。それは，様々な知恵やアイデア，経験，幸運な発見，融合のイノベーションが社会的ネットワークの中で生まれ，共有されて，集合知が高まり，人類の知能を高めてきたからである（Syed, 2019, 邦訳，326-327ページ）。M. A. ウェスト（West, 2012）は，仕事や意思決定の際に多様なものの見方をするためには，チームには，成員の機能的なバックグラウンドや，人生経験，文化や就労経験において十分な多様性が必要であるとしている。チームの成員がこうした多様性を個々人のアイデンティティに対する脅威と受け取らずに，価値あるものとして学びさえすれば，こうした多様性は成功と華々しいイノベーションにつながるとしている（West, 2012, 邦訳，78ページ）。またワイクとサトクリフは，より信頼性の高い組織を作るうえでは，異なった見方をする個人から構成されるチームやネットワークが重要になるとして多様性の価値を指摘している（Weick and Sutcliffe, 2015, 邦訳，149ページ）。

ザックは，慢性的なストレスは，信頼を破壊するが，それは「オープン化」を取り入れることで解消できるとしている。そして多様性とインクルージョンは「オープン化」の強力な手段になるが，「オープン化」の文化を生み出すには，あらゆる人の意見を受け入れる必要があり，あらゆる人々の意見に耳を傾け，情報を共有することで，公正かつ民主的な職場を生みだすことができるとしている（Zak, 2017, 邦訳，180-185ページ）。

このように多様性にはメリットはあるが，しかし人々の欲求や態度，価値観は異なり多様であるということは，第3章で述べたように，人々のコンフリクト（conflict）を生み出す原因となり，その違いが差別や排除の対象になったりもする。そこで，多様な人々が共に協力して仕事をするためには，それらの違いによる対立が調整され解決されなければならない。人々が対立葛藤したままでは組織やチームは機能不全に陥るようになる。それではどのようにすれば対立せず，共に協働できるのであろうか。多様性の問題はどうすれば人間は共生できるかという問題と本質的には同じである。

共生というのは，性別，人種，国籍あるいは障害のあるなしに関係なく，共に学び，働き，生きることである。しかし，一般に，私たちの社会は，自己と違う属性や価値観や思考の違う人々を組織や地域から排除し，利害の一致する

同質の人々が内輪で仲良く生きることを求めるものである。共生の問題は，基本的には，それぞれの違いや差異あるいは異質のものをどのように捉え，評価するかということにある。様々な違いや差異のある人々が共存共栄を求めるところに共生の課題がある。

　共生は差異や違いをそれぞれ独自の価値ある存在として認め，受け容れ，すべては平等の存在であるとして，様々な違いのある人々が共に協力し，支え合いながら生きていくことである（狩俣, 2000）。この共生の利点は異質の人々の相互作用によって創造性やイノベーションを生み出すことである。同質的な人々の集団からは創造性や独創性はなかなか生まれない。多様な人々の相互作用の中からそれらは生まれる。他者との違いや差異を受け容れ認めることは，組織（チーム）が何よりも包容力を持ち，他者への寛容さを表す。そして差異を受け容れることは，それだけ組織が多様性に富むということであり，組織の活力を生み出す源泉となるのである。

　多様な人々がチームで協働するためには，多様性を尊重し，他者を同等に扱い受容することである。そして信頼を構築できるかどうかは，このような共生関係を形成できるかどうかに依存しているのである。

(5)　自己超越性
　チーム成員間の信頼構築は，最終的には，自己超越性に関係している。それは，人々が自己超越的関係，すなわちロゴスに向かった関係を形成できるかどうかに依存している。V. E. フランクル（Frankl, 1952）は，人間が生きていくうえで人間存在の意味が重要であり，意味への探求が人間の第一の生命力であるとして意味（ロゴス）の重要性を指摘し，自己超越こそが人間存在の一つの姿であるとしている。そして，彼によると，人と人の出会い，あるいは関係においてもロゴスが重要である。出会いというのは，「我と汝」（Buber, 1923）の関係として捉えられる。本当の出会いとは自己超越に基づいている。それはロゴスに向かって開かれた共同存在の一つの様式であり，相手の人が自分自身を超越してロゴスに向かうことを認め，さらに自分も相手も共に，相互に自己超越していくことを促すものである。しかし，自己超越性は，満たすべき意味に向かうだけではなく，愛すべき別の人間，愛すべきもう一人の人に向

かっていくことをも意味している（Frankl, 1962, 1969）。

　このようなロゴスに基づく関係は，人間関係の理想であり，それは自己中心性を克服した人々の関係を表している。このロゴスに基づく自己超越性は全体性と関係している。全体性はシステムそのものを全体的視点で捉え考えることである。F. ラルー（Lalouz, 2014）は，人間の意識の発達と組織発展のモデルとの関係を検討して，現代社会や組織が抱える様々な問題を解決するティール組織を示している。それは第7章で述べるように自主経営，全体性，存在目的という三つの特徴を持っている。このティール組織について，ラルーは，私たちの精神的な全体性があらためて呼び起こされ，自分をさらけ出して職場に来ようという気にさせてくれるような，一貫した慣行を実践しているとしている。そして，人生における最も深い使命感は，自分自身や外部世界との繋がりを通じて全体性を取り戻せと要求しており，全体性を得られれば人生は充実したものになり，仕事は同じ職場で働く仲間同士で助け合って，自分たちの中に埋もれていた偉大さを発見し，自分たちの使命を明らかにするための器になる，としている（Lalouz, 2014, 邦訳, 239ページ）。

　この全体性について，E. ラズロ（Laszlo）は全一性（ホロス）として示している。ホロス（holos）とは，「全体」を意味するギリシャ語で，地球ないし宇宙全体との調和を意味し，それは次のような集約的発展の考え方である（Laszlo, 2006, 邦訳, 82-87ページ）。①結びつき，②コミュニケーション，③意識である。①は，すべての生命体は生態系のなかで他のすべての生命体とつながっていることである。従来の考え方では，個々の人間は別個の物質的な塊であり，人と人，人と環境との関係は外的なものにすぎず，人間は自己の利益を追求する利己的な経済主体であった。②は，コミュニケーションをより深いものにし，コミュニケーションの意識をより高めることである。③は，コミュニティ，生態系，そして地球を中心に据えた意識を持つことである。

　ホロスの基本的な考えは，人間として完成された全一的になりたい，自分の周囲と地球的レベルの両方で健全で全一的なコミュニティを作りたい，どの要素も次元もないがしろにせず十分に配慮したい，自分も存在の全一的な意味と神秘の一部なのだという感覚のなかで他者と結びつきたい，ということを示すものである。ラズロは，このような考え方に立つことが，貧富の格差拡大や地

球環境の破壊といった現在の文明を破滅から守り，持続可能な世界に導くとしている。

　以上のように自己超越的に全体的視点でチーム成員が関わるとき，チームはシステム的信頼を構築できる。それは，チームの個々の成員が自己の利益を超えてチーム全体のために，あるいは他の成員のために行動することで生まれるのである。

Ⅴ　チームのコンテクスト的信頼

　コンテクスト的信頼は，組織（チーム）や社会的制度に基づく信頼である。これは個々人の行動よりも組織や制度が与える信頼の問題である。どのような組織かあるいは制度かという特徴が，その成員の個人的特徴とは別に信頼を規定する。コンテクスト的信頼は社会的コンテクストと組織コンテクストに分類できる。前者はシュナイアーのいうセキュリティ・システムといった法律や社会的慣習や商慣行などの社会的制度で生み出される。ウイリアムソンがいうように，人々は日和見主義に行動するという前提で，社会は人々がこのような行動をとり，他者に大きな損害を与えることを避けるために法律や規則を制定し，社会の仕組みや制度を確立している。そしてそれが社会的制度として多くの人々に認識され遵守されると，社会的に信頼が確立される。このような信頼は，個人の特徴に基づく信頼ではなく，法律などの制度によって生み出される社会的コンテクストとしての信頼である。

　組織コンテクストは，組織がその成員の行動を規定する規範や規則あるいは組織文化のことである。組織はその成員が守るべき規則体系や行動規範あるいは倫理規程を持っている。成員はその規則を破れば組織から罰を受ける。したがって，組織は，成員が他者との関係で組織の信頼を損なわないように成員を規制する。このようなコンテクストがあることで，人々はたとえ組織成員に対して十分な情報を持っていなくても，組織に関する情報に基づいて信頼するかどうかを決める。そして，その信頼は，基本的に組織あるいはチームそれ自体が有効に機能することで形成されるのである。

　ここではコンテクスト的信頼をチームそれ自体の信頼に限定して検討する。

チームのコンテクスト的信頼は，チームがチーム内外の人々から信頼されることであり，対人的信頼やシステム的信頼を含めてチーム自体が有する信頼である。それではこのコンテクスト的信頼はどのように構築されるのであろうか。コンテクスト的信頼がチームの有効性によって得られるならば，第2章で述べたようにコミュニケーション，コミットメント，シナジー効果，相互学習などがチームの有効性を規定する要因であるので，これらもコンテクスト的信頼の構築に関係している。しかし，ここではそれら以外の要因について検討する。

　前述のように信頼構築の要因は多様であるが，これらをチームのコンテクスト的信頼の構築に援用すると⑴高業績，⑵心理的安全性，⑶安定性と柔軟性のバランス，⑷自己組織性，⑸他チーム（部署）との連携がコンテクスト的信頼の構築には必要である。

⑴　高業績

　高業績は，チームが目標を高く達成することである。ショウは，信頼の第一の要因は，繁栄と成長に必要な業績を上げることであり，業績を上げることは，個人，チーム，会社の全てにとって重要であり，いずれのレベルでも結果が出て，初めて信頼がもたらされるとしている（Shaw, 1997, pp.45-46, 邦訳，39-40ページ）。

　組織であれ，チームであれ，それらは目標を達成するために形成される。チームに目標があるならば，チームは目標を達成しなければならず，その目標をできるだけ高く達成することが信頼を得る条件である。目的ないし目標は組織やチームの存在基盤であり，それは組織やチームの評価基準になる。特に，チームの外部の関係者にとって，チームに対する評価は，業績の達成度合いによって行われる。チームが高業績を上げるためには，ショウのいう成員の能力開発，さらにザックのいう投資が必要になる。投資は従業員の人間的な成長を促すからである。チームの個々人が能力を開発し，成長することは個々人の業績を高め，チームの業績も高くなる。従業員の能力開発に投資することは，チームの業績を長期的，持続的に高く達成することにつながるのである。

(2)　心理的安全性

　心理的安全性のあるチームは，チームの成員が仕事で失敗して報告しても罰せられないという心理的に安全な雰囲気や文化を有するチームのことである。心理的安全性とは，みんなが気兼ねなく意見を述べることができ，自分らしくいられる文化のことである（Edmondson, 2019，邦訳，14-15ページ）。エドモンドソンによると，人は，言いたい内容が組織や顧客，あるいは自分自身にとって重要だと思われることさえ，黙っている場合が多い。人が口を閉ざす理由として多いのは，悪い印象を与えたくないからであり，悪印象を持たれることへの不安と，仕事上の人間関係が悪くなることへの不安である（Edmondson, 2019，邦訳，56-62ページ）。人は仕事でのミスや失敗を他者や上司に伝えず沈黙したりする。エドモンドソンは，これが起こることを沈黙の文化と呼んでいる。沈黙の文化とは，率直な発言を妨げるだけではなく，率直に発言する人の言葉に，とりわけその人がもたらす知らせが不愉快なものである場合に，注意深く耳を傾けられなくなる文化のことである（Edmondson, 2019，邦訳，119ページ）。

　しかし，人々がミスや失敗を報告しないということは，失敗から学習する機会をなくしてしまう。失敗を，不安に思ったり避けようとしたりするのではなく，学習に必ずついてくるものだと理解する必要がある。エドモンドソンは，そのためには心理的安全な組織ないしチームを形成する必要があるとしている。前述のワイクとサトクリフが高信頼性組織の特徴の一つに「失敗にこだわる」を挙げているのも，失敗した人が失敗を直視し，失敗から学ぶことを重要視しているからである。また「日常業務に敏感になること」を挙げているのも，想定外に起こるエラーを事前に察知し，その影響をできるだけ少なくするためである。そのためには心理的安全な職場を作ることが必要である。

　エドモンドソンは，心理的安全性は支援を求めたり，ミスを認めたりして対人関係のリスクを取っても，公式，非公式を問わず制裁を受けるような結果にならないと信じられることであり，それは価値創造の源として絶対に欠かせないものであるとしている。そして，個人および集団の能力を引き出したいと思うなら，リーダーは心理的安全性のある組織を創る必要があるとし，そのような組織をフィアレスな組織と呼んでいる（Edmondson, 2019，邦訳，15ページ）。

組織の成員が不安を覚えることもなくアイデアを提供し，情報を共有し，失敗を報告し，失敗から学ぶ組織を形成することがリーダーの重要な役割ということである。

(3) 安定性と柔軟性のバランス

　安定性と柔軟性のバランスについては，組織が有効に機能し存続発展するためには必要なことである。この問題については，K. E. ワイク（Weick, 1969）がすでに論じているように，柔軟性（flexibility）は，環境の長期的な変化に適応できるように，現在の習慣を手直しするのに必要とされる。このことは，組織は変化を発見してその変化に対応すべく，新たな反応のできる十分な余地を保持しておかなければならないことを意味している。しかし，全体として柔軟であることは，組織にとってある意味の同一性と連続性を保つことを不可能にする。いかなる社会的単位も一部にはその歴史によって，つまり，それが繰り返し何をしてきたか，何を選択してきたかによって定義づけられる。安定性（stability）は，また，新しい偶然の出来事を処理するための経済的な手段を提供する。もし組織に記憶と反応能力があるならば，組織が利用することのできる規則性が存在する。しかし，全体として過去の知識に固執すれば，全体として柔軟である場合と同じように崩壊へと導くことになる。なぜなら，より経済的な対処方法は決して発見されないし，新たな環境の持つ特質にはめったに気づかないからである（Weick, 1969, 邦訳, 77ページ）。

　以上のことは，組織あるいは成員として現状維持志向性ないしクローズド・システム性と環境適応（革新）志向性ないしオープン・システム性の均衡性をどのように確保するかということでもある（狩俣, 1996）。前者はこれまで修得した知識，経験，態度，思考方法，行動様式に沿って現状を維持していくことである。後者は環境の変化に対応して適応していくことである。個人ないし組織が環境の中で生存するためには，その変化に対応して，従来の思考方法や行動様式を打破するような新しい革新的思考や行動様式が必要である。

　この点はチームについても言えることである。もしチームが独立した存在として活動しているならば，組織と同様に当てはまる。もし，チームが組織の下位システムであるならば，柔軟性ないしオープン・システム性はある程度制約

される。それは下位システムとしてのチームは上位システムの課す目標ないし課題を遂行するために存在するからである。しかし，組織の下位システムとしてのチームにおける柔軟性は，その目標ないし業務の遂行における柔軟性あるいは革新志向性ないしオープン・システム性という点では重要である。それは従来の仕事ないし職務遂行の維持だけでは，新しい仕事の方法ないし職務遂行の新しいやり方は生まれず，仕事や業務の改善は図れないからである。従来のやり方を変える柔軟な革新志向性ないしオープン・システム性を有することによってチームの業績は高くなり，チームは有効に機能するようになる。すなわち，安定性と柔軟性の均衡はチームの有効性にとっても重要なのである。この安定性と柔軟性の均衡を図りながら，環境の変化に対応して絶えず発展していく組織が自己組織的組織である。

⑷　自己組織性

　自己組織性は，自分自身を絶えず生産し，自己の生命を維持しているシステムの特性のことである。E. ヤンツ（Jantsch, 1980）によると，自己組織化（self-organizing）というのは，自分自身を新たな構造として再構成していく内部ダイナミックスを持ったシステムのことである。それは自己創出性（autopoiesis）とゆらぎ（fluctuations）の自己増幅によって特徴づけられる。

　自己創出性とは，自分自身をつねに再新しつづける一方で，その再新プロセスを制御して構造としての統合性を維持して生きているシステムの特性である。この自己創出性が形成される条件は，システムの開放性，非平衡，自己触媒である（Jantsch, 1980, 邦訳, 77-79ページ）。オープン・システムは，環境から持続的にエネルギーなどを取り入れ，エントロピーを外界に放出する。非平衡というのは，すべてのものが同じの平衡からほど遠い状態のことである。環境とエネルギーや物質あるいは情報を交換することで，システムはその内部の非平衡を維持する。自己触媒は，反応に加わっている分子のうち自分と同じ分子を作るために自分自身を必要とするものである。

　自己創出的なシステムは，構造を変えながらもグローバルな安定した構造を維持する特性を持つ。それはその構造を自分自身で再生産していく。またその構造は自己触媒によるゆらぎを通して新たな秩序を出現させる方向に移ってい

くことになる。自己組織はシステム内部で発生するゆらぎの自己増幅から起こる。

　ここで重要な点は，自己触媒によるゆらぎの自己強化ということである。これによりシステムは不安定になり，結局はある閾値を越えて新しい秩序を形成する。オープン・システムには，ゆらぎが絶えず発生するが，ゆらぎが小さくてシステム内で吸収されている限りシステムは安定している。しかし，ゆらぎが大きくなりある臨界規模を超えると，新しい秩序を形成するようになる。システム内部のゆらぎの自己増幅を通して，システム自身が閾値を越えて新しい秩序を形成し，進化していくのである。

　以上が自己創出性とゆらぎの自己増幅によって進化していく自己組織化の考え方である。しかし，このような自己組織化は，物理学や生物学の世界では起こっても，この考え方を現実の組織にそのまま適用することは困難である。ゆらぎによる新たな秩序の形成は，組織の中で自ら形成されるとは限らないからである。組織においてゆらぎ，ないし想定外の事態が発生し，不安定が発生し，それが拡大することは，組織を無秩序にさせるようになる。組織はそのままでは崩壊ないし消滅の危機に直面する。組織はそのような危機を克服して新たな秩序を形成できなければ消滅する。そのため組織が存続するためにはゆらぎや不安定を超えた新たな秩序を形成することが必要になる。このような新たな秩序を形成するためには，組織において何らかの力が働かなければならない。ここにリーダーシップが必要になる。リーダーシップは環境の変化に対応して組織それ自体を変革したり，創造する過程だからである（狩俣, 1989）。

　組織の中で何らかの秩序が形成されるとき，それはある一つの方向（例えば，組織目的）に向かって統一的，統合的にまとまっているということであり，リーダーシップが効果的に発揮されている状態である。組織ないしチームは，効果的なリーダーシップが発揮されることによって，環境の変化やゆらぎ，あるいは想定外の事態に対応してそれ自体を創造（新しい秩序を形成）していくことができる。リーダーが有効なリーダーシップを発揮することで，組織は自己組織的システムとして機能する。これはチーム内では自己組織的なリーダーシップによって生み出される。それは特定の人がリーダーシップを発揮するということではなく，チーム内で問題の解決方法を生み出す人がリーダーになる

ということである。ラルーのいうティール組織はこのような自己組織的チーム
を示しているといえる。

　さらに，自己組織的組織は，ワイクとサトクリフのいうマインドフルな組織
化，ないし高信頼性組織であり，想定外のマネジメントを行う組織である。想
定外のマネジメントは，より重大な脅威となりうる弱いシグナルを定義して監
視し，それらのシグナルがもっと複雑な意図せざる結果の連鎖へと結晶化しは
じめるときに，適応可能なアクションをとるための絶え間ない取り組みのこと
である（Weick and Sutcliffe, 2015, 邦訳, 3ページ）。想定外の事態ないし急激な
環境の変化に対応して，組織が持続的に発展していくことが自己組織化である。

(5)　他チーム（部署）との連携

　この連携は，当該チームのメンバー（通常はリーダー）が他チームや他部署
と情報交換を行ったり，連絡調整を行ったりすることで，他チーム（部署）と
の連携の強化を図ることである。これは，システム的信頼の構築要因の(3)とほ
ぼ同じ役割であるが，これはチーム内のメンバーとの連携であるのに対して，
(5)は外部チームとの連携である。その意味で，これはリカート（Likert,
1961）のいう連結ピンの役割であり，ブリッジの役割を果たすものである。

　連結ピンは，重複集団ないしチームの形態で，チームのリーダーはその上位
チームのメンバーとして，当該チームと上位チームあるいはチームとチームを
連結する人である。ブリッジ（bridge）は，他のチームのメンバーとコミュニ
ケーションを行うことができる人のことである。これは当該チームと他のチー
ムとの間に情報を交換したり，チーム間の対立葛藤を調整し，チームとチーム
を連結する（狩俣, 1992, 172-174ページ）。チームが組織の下位システムとし
て活動しているならば，他チームないし部署と連絡調整して，組織目的達成に
向けて連携を強化することが，チームが有効に機能するためには必要である。
さらに，この役割は，外部から様々な情報をとり入れることで安定性と柔軟性
のバランスを図ったり，自己組織化を推進するためには重要である。柔軟性を
維持するためには，外部と開かれて新しい情報を入手し，また自己組織化する
ためには外部変化に対する情報を取り入れる必要があるからである。(5)は，他
チームや部署と連絡調整する連携機能だけではなく，新たな情報を収集し処理

し活用する役割を果たして，チームの有効性を達成するのである。

　以上のように，チームが高業績を達成し，チームで心理的に安全な文化を形成し，安定性と柔軟性のバランスを確保し，環境変化に対応して自己組織的に発展するように他チーム（部署）と連携強化することで，チームのコンテクスト的信頼は構築されるのである。

VI　結び

　以上，チームにおける信頼構築について検討し，信頼構築に必要な要因を明らかにしてきた。信頼というのは，①信頼者が自己の問題解決に対して情報を持たず不確実な状況にあり，②他者（被信頼者）はそれを利用すれば利益が得られるが，しかし，③信頼者は他者がその脆弱性や弱点を利用（攻撃）せず，その問題解決のために行動すると期待することである。すなわち，信頼は，自分で解決できない問題を抱えた人（信頼者）が，その問題解決において他者に依存するという脆弱な状況で，他者（被信頼者）がその脆弱性や弱点を攻撃するどころか，逆にその問題解決を図るという期待である。

　それでは，なぜ信頼者は脆弱な状況にありながらも，他者を信頼するのであろうか。それは，他者（被信頼者）が言行一致，配慮，平等，自己開示，一体化を行うからである。人（信頼者）は他者がこれらを実行することで信頼するのである。

　このような信頼は人間関係において極めて重要であり，チーム活動においても重要である。しかしチーム活動では対人的信頼だけではなく，さらにシステム的信頼とコンテクスト的信頼を構築することも必要である。そこで，本章ではそれらの信頼構築の要因についても述べてきた。

　システム的信頼は，個々の要素の相互関係として生み出されるもので，システムそのものが持つ信頼であり，システムが全体として有効に機能することで生み出されるものである。その信頼構築の要因は，(1)能力，(2)支援関係，(3)連携の良さ，(4)多様性の尊重，(5)自己超越性，の五つであることを示した。

　コンテクスト的信頼は，組織や社会的制度に基づく信頼である。これは個々人の行動よりも組織や制度が与える信頼である。どのような組織かあるいは制

度かという特徴が，その成員の個人的特徴よりも信頼を規定する。このコンテクスト的信頼は社会的コンテクストと組織コンテクストに分類できる。そこで，本章ではコンテクスト的信頼をチームそれ自体の信頼に限定し，その信頼構築の要因について検討した。そして，その要因として，(1)高い業績，(2)心理的安全性，(3)安定性と柔軟性のバランス，(4)自己組織性，(5)他チーム（部署）との連携，があることを示してきた。

　チームは，対人的信頼，システム的信頼，コンテクスト的信頼を構築することで，有効に機能し，チーム内外の人々から高く評価され信頼されるのである。

第6章

組織変革とチーム変革

Ⅰ　序

　われわれを取り巻く環境は絶えず変化している。変化する環境の中で，オープン・システムとしての組織が存続発展するためには，環境の変化に対応して組織それ自体を絶えず変革する必要がある。環境の変化に対応して変革しなければ，組織は衰退し，最終的には消滅したりするからである。しかし，組織が環境変化の問題に直面し，その解決のために改革や変革が求められても，組織が実際に改革や変革をすることは困難である。特に，現状を打破するような革新的な変革であればあるほど，変革することは困難である。これは，一般に，人々は改革や変革に抵抗するからであり，また変革の必要性を認めている人々でさえ，どのように変革するか，あるいは何をどの程度変革するかに関して考え方が異なり，彼らや彼女らの間でコンフリクトが生じるからである。

　このように一般に変革することが困難な状況で，数千人，数万人の規模の組織を組織全体でドラスチックに変革することは一層困難である。そこで，変革するに当たっては，組織の特定の集団を対象に変革を試み，成功すればその成果を基に組織全体に拡大していくことが，組織変革には有効であると考えられる。また，近年は，働きがいのある最高の組織を構築するために，有効なチームを構築し，それを他のチームや集団あるいは部署に拡大することが行われている。すなわち，有効なチーム作りが最高の組織作りに繋がっているのである。そこで，組織変革を成功に導くためには，先ずチームを変革することが有効と考えられている。

　それでは組織はどのように環境の変化に対応し変革すれば，存続発展するの

であろうか。あるいはチームを変革するためには何が必要であろうか。本章は，先ず，これまでの代表的な組織変革論や対話型組織開発論の特徴を明らかにする。そしてK. ウィルバー（Wilber）のインテグラル・アプローチの視点から，従来の変革論がどのように位置づけられるかを検討し，さらに統合的視点からチーム変革過程を検討して，有効なチームの構築に向けてチームを変革するリーダーの役割を解明する。

Ⅱ　組織変革

　組織変革に関しては多くの研究が行われてきており，その理論やモデルも数多く表されている。例えば，M. ブラゼル（Brazzel）は，組織変革理論は組織変革を理解し，説明し，予測するための異なるレンズや，組織変革モデルを創造するためのより強固な基盤を用意し提供するものであるとして，代表的な五つの変革理論を示している（Brazzel, 2014, 邦訳, 233-254ページ）。変革はほとんど計画外に起こるとする「適応性のある想定外の変革理論」，リーダーが重要な問題や課題に計画的に対処する「計画変革理論」，変革は時間の経過とともに進行する段階の連鎖であるとする「開発および段階に基づく変革理論」，従属的な人々が対抗する十分な力を得て，取引，交渉を通じて，支配的な文化を問題に引き込む結果として変革が起こるという「対立と力に基づく変革理論」，組織メンバーの物語，対話，会話が組織の現実の変革を起こすという「物語と対話に基づく変革理論」，の五つである。またH. E. オルドリッチ（Aldrich）は，進化論的アプローチの観点から変革に関わる理論として，組織生態学，制度理論，解釈論，組織学習論，資源依存論，取引費用経済学を挙げている（Aldrich, 1999）。

　このように多様な変革理論があるが，本章は，インテグラル・アプローチとチーム変革との関係で変革の問題を検討することにしているので，シャインの変革モデル，ワイクの進化モデル，シャーマーのU理論，キーガンとレイヒーの免疫マップ・モデル，ブッシュとマーシャクの対話型組織開発モデルについて検討する。それらは，後述の四象限モデルとの関わりで各領域における変革のメカニズムを理解するのに参考になるからである。

　G. R. ブッシュ（Bushe）とR. J.マーシャク（Marshak）によると，組織開発や組織変革の研究はおよそ60年の歴史を持っている。その発祥は1940年代のK.レヴィン（Lewin）とその同僚たちに遡る（Bushe and Marshak, 2015, 邦訳, 33ページ）。レヴィンは，変化の過程は，計画された解凍と変化と再凍結のプロセスから生じるとしている。解凍（unfreezing）は，現在の組織の仕組みを解消することである。変化（change）は，新しい組織の仕組みに移行し変わることである。再凍結（refreezing）は，新しく形成された仕組みを規則化し，安定化し，制度化することである（Lewin, 1951, 邦訳, 223ページ）。

1　シャインの変革モデル

　E. H. シャイン（Schein）も，レヴィンのモデルに従って，組織開発のモデルを示しているが，そのモデルの根底には以下の考え方があるとしている（Schein, 1968, 邦訳, 268ページ）。①いかなる変化の過程にも，何か新しいことを学ぶことのみならず，既に存在し，しかもおそらくそのパーソナリティや個人間の社会的関係とよく一体化している何かをやめることが含まれる。②本人に変わろうというモチベーションがなければ，いかなる変化も起きない。もしそうしたモチベーションがないとすれば，そのモチベーションを起こさせることが，変化の過程においては最大の難事である。③組織構造，過程，報酬制度の変更などの組織変革は，その組織の重要なメンバーにおける変化を通してのみ起きる。したがって，組織の変革は個人の変化によって仲介される。④たいていの成人の変化には，態度，価値観，自我像の変化が含まれる。そして，こうしたものを変えることは，本人にとってはもともと本質的に苦痛でもあり，脅威でもある。⑤変化は順応的対処サイクルと同様に，複合段階的サイクルである。安定した変化が起こるためには，全ての段階がともかく切り抜けられなければならない。

　以上のような変化についての考え方に基づいて，シャインは変化の段階をレヴィンと同様，解凍，変化，再凍結に分けている（Schein, 1968, 邦訳, 268-272ページ）。変革の段階1は解凍で，それは変化のモチベーションを創ることである。変化のモチベーションを創ることは，三つのメカニズムを含む複雑な過程から成っている。その中のメカニズム1としては，個人が自分の世界観が

妥当ではないと発見するか，ある行動が期待した結果を生まないばかりか，望ましくない結果さえ生むことを発見することである。メカニズム２は，変化を動機づけるに十分な罪の意識または不安な気持ちが生まれることである。メカニズム３は，変化への障壁を縮小するか，過去の失敗を認めることに内在する脅威を減らすかによって心理的な安全感を作り出すことである。

　変革の段階２は変化することで，新しい情報と新しい見方に基づく新しい態度と行動を発展させることである。これは次の二つのメカニズムのうちの一つを通じて起こる。メカニズム１は，ロールモデルとなる人や信頼のおける人との同一視や，そのような人々の立場から物事を見ることを学ぶことである。しかし，同一視はただその人だけを情報源にしてしまうという意味で，学習の方法としては限界がある。メカニズム２は，その人の問題と具体的な関連性を持った情報を得るために環境を精査すること，および多数の情報源から情報を選ぶことが，多くの場合より妥当性のある変化を生むということである。変化は新しい情報と概念を得ることによって促進される一種の認知過程だからである。

　段階３は再凍結で，それは変化を定着させることである。これには次の二つのメカニズムがある。メカニズム１は，人は新しい態度や行動が本当に自分自身の自己像に合っているかどうか，そのパーソナリティの他の部分と矛盾していないかどうか，またそれらを心地よく統合できるかどうかを試す機会をもたなければならないことである。メカニズム２は，人は自分からみて重要な他の人たちがその新しい態度や行動を受け入れ，是認してくれるかどうかを試す機会を持つこと，あるいは変更計画が相互に新しい態度を強化し合えるようグループに狙いを定めることである。

　シャインは，変化を導入する人は，以上の諸点を念頭に置いて，各段階やメカニズムが適切に切り抜けられるように，様々な方法を用いなければならないとしている。このようにシャインの変化の問題は，基本的に個人がどのように変わるかということであり，個人内部の変化を生み出す方法，あるいは変化へのモチベーションを生み出す方法を示している。その基本的な考えは，人は変化に抵抗するということであり，彼は，その抵抗を克服して変化を起こす方法を示しているのである。しかし，これは個人内部の変化の問題であり，それを

促進するような組織の施策，あるいは人々の支援の在り方については明らかにしていない。シャインは，後年，組織文化とその変革の問題，人々の間主観性の領域の問題を明らかにしている（Schein, 1985）。

2　ワイクの進化モデル

　シャインが個人内部の変革の問題を分析しているのに対して，K. E. ワイク（Weick, 1979）は，組織自体の変革の問題を分析し，進化論の考え方[1]に基づいて組織化過程の変化の過程を明らかにしている。ワイクは，組織進化の過程を生態学的変化（ecological change），イナクトメント（enactment），選択，保持から成るものとし，組織は環境に適応するだけではなく，イナクトメントすることで環境にも働きかけるとしている。そして各過程には，組立規則（assembly rules）と相互連結行動サイクル（interlocked behavior cycles）が含まれる。

　ワイクによると，組織化とは「意識的な相互連結行動によって多義性を削減するのに妥当と皆が思う文法」である（Weick, 1979, p.3, 邦訳, 4ページ）。意識的な相互連結行動とは，個々人の間にあるコミュニケーションによる相互作用のことである。多義性とは個々人の行動を通じ，インプットされた様々な曖昧性や不確実性のことである。妥当とは個々人に共有された経験あるいは行動のパターンである。文法とは，組織の規則，習慣，慣例である。したがって，ワイクは，組織化を個々人の相互作用を通じ，組織の多義性を削減し，統合した行動パターンを形成する過程であると捉える。

　進化（変革）の過程には生態学的変化がある。生態学的変化は人々の注意を引く経験の流れの中の変化や差異であり，これらが多義性除去のきっかけを与える。この変化がイナクトメントできる環境，意味形成の素材を与える。イナクトメントは有機体が外部環境に直接的に注意する唯一の過程である。イナクトメントは経験の中で差異（変化）が発生するとき，ある行動をしたり，ある

（1）進化の過程は，一般に，変異（variation），選択（selection），保持（retention）という過程から成っている。変異はシステム内の突然変異の発生である。選択はある突然変異が生物的社会的集団の中に選択されるメカニズムである。保持は選択された変異がより大きなシステムの中で保持される過程である（Zammuto, 1982, p.61）。

いは生態的変化を作り出したりする。イナクトメントは多義的な素材を与える
が，それは選択過程で把握されるか，捨てられる。選択過程は多義的な意味を
解釈し意味づける過程である。保持過程は成功的意味形成の結果を貯蔵するこ
とである。

　各過程と情報の多義性の間には次のような関係がある。情報の中の多義性の
量が多ければ多いほど，過程を構成するために使われる規則の数は少なくなる。
多義性の量が少なければ少ないほど，過程を組み立てるために使われる規則の
数は多くなる。また規則とサイクルの間には次の関係がある。サイクルを選択
するために使用される規則の数が多ければ多いほど，過程に組み立てられるサ
イクルの数は少なくなる。サイクルを選択するために使用される規則の数が少
ないほど，組み立てられるサイクルの数は多くなる。さらにサイクルと多義性
の量との間には次のような関係がある。入力に適用されるサイクルの数が多け
れば多いほど，残っている多義性の量は少なくなる。入力に適用されるサイク
ルの数が少なければ少ないほど，残っている多義性の量は多くなる。

　このような一連の過程によって多義的情報を非多義的情報へと変換する過程
が組織化過程ということである。これは，一人では処理できないような多義的
情報（環境）に直面するとき，その人は他の人の共同活動，すなわち相互連結
行動（コミュニケーション）によって情報を処理して，非多義的情報へと変換
するということである。

　以上がワイクの組織進化論の概略であるが，それは，組織は単に環境の変化
に適応して進化するだけではなく，組織それ自体，特に組織のリーダーが環境
をどのように認識するか，すなわちイナクトメントするかが組織の進化には重
要であることを示している。その際，進化の過程は，組立規則と組立サイクル
に影響されるということであり，組織がどのような規則や連結サイクルを持っ
ているかによって進化を規定し，組織は環境に適応するために，組立規則と組
立ルールを変化させ，それを選択し，保持して，組織は変革されるということ
である。この理論は組織の進化の過程を分析することで，組織それ自体の変革
の仕組みを明らかにしている。しかし組織成員の変化の問題については，分析
していないのである。

3　シャーマーのU理論

　近年，社会や組織あるいはチームの変革において注目されている理論に，C. O. シャーマー（Scharmer）のU理論がある。これは未来との対話によって本来のあるべき姿や方向を示し，これによって組織の根本的な変革の仕方を明らかにしている。シャーマーによると，変化のレベルには四つあり，そのレベルに応じて対応策がある（Scharmer, 2009, pp.50-52, 邦訳, 83-85ページ）。変化レベルの最も低いレベル1は，それまでの習慣や繰り返しているやり方で変化に「反応」することである。レベル2は「リ・デザインニング（再設計）」で，根本的な仕組みやプロセスを変えることである。レベル3は「リ・フレーミング（枠組みの再構成）」で，根底にある思考のパターンそのものを見直すことである。レベル4は，「プレゼンシング」で，出現する未来から学ぶ方法である。シャーマーは，プレゼンシング（presencing）とは，「プレゼンス（presence＝存在）」と「感じ取る（sense＝感知する）」からなる造語で，個人と集団が未来の最良の可能性に直接つながっていく能力である，としている（Scharmer, 2009, p.8, 邦訳, 39ページ）。

　彼によると，個人であれ組織や集団であれ，改革や変革が起こるのはU曲線のように左上から下り，①ダウンローディング，②観る，③感じ取る，④プレゼンシングの底に至り，それから右上へと上昇し，⑤ビジョンと意図とを結晶化，⑥生きているマイクロコズムをプロトタイプ，⑦新しいやり方・仕組み・実体化，に至る過程である。このようにU字型に変化するのでU理論と称している。それは次のように説明される（Scharmer, 2009, pp.38-39, 邦訳, 72-74ページ）。

　①ダウンローディング（downloading）は，過去のパターンを再具現化することで，世界を自分の思考のいつもの物差しで見ることである。ダウンローディングの習慣を停止することで，観るという状態に入っていく。②の観る（seeing）は判断を留保し，現実を新鮮な眼で見ることで，観察されるシステムは観察する者とは分離される。③の感じ取る（sensing）へ移ると，全体の場からものを見始める。これは場に結合し状況全体に注意を向けることで，観察する者と観察されるものとの境界がなくなり，システムがそれ自体を見るよ

128

うになる。④プレゼンシングは源（source）から見ることである。シャーマーは，プレゼンシングの状態へ移っていくと，人々は自分次第で現実になり得る未来の可能性からものを見るようになり，本当の自分，正真正銘の自己である真正の自己へと入っていくとしている。

源に繋がり真の自己に至ると，次に⑤の結晶化（crystalizing）の段階になる。これは未来の再考の可能性からビジョンと意図を明らかにすることである。その次の段階は⑥のプロトタイピング（prototyping）で，実行することによって未来を探索することである。最後の段階は⑦の実践する（performing）である。これは実践とインフラを通して結果を出すことである。

シャーマーよると，U曲線の底には非常に重要な関門があり，この関門を通ることができないと変革は起らない。そこでは，これまでの習慣的な自己を捨てて，より高い次元の真の自己を生み出す必要がある。そのために変革を作動させる三つの道具が要る（Scharmer, 2009, pp.243-245, 邦訳, 312-313ページ）。①開かれた思考（Mind），②開かれた心（Heart），③開かれた意志（Will）である。①は，先入観のない新鮮な眼で見て，探求し，内省する能力である。②は共感的傾聴や受容的な探究，そして相手と自分の「立場をかえてみる」能力である。③の開かれた意志は，それまでのアイデンティティや意図を手放し，出現している未来の可能性の領域に調和していく能力である。

しかし変革には，それを妨げる変革への三つの敵（抵抗）がある（Scharmer, 2009, pp.245-246, 邦訳, 313-314ページ）。開かれた思考に対しては，①評価・判断の声（Voice of Judgment）で，それは古くて限界づけられている判断・思考のパターンである。開かれた心に対しては，②皮肉・諦めの声（Voice of Cynicism）で，それは変革を阻む，皮肉，傲慢さ，冷淡さといった断絶的な感情である。開かれた意志に対しては，③恐れの声（Voice of Fear）で，なじみのある自己や世界を手放すことへの恐れ，前に進むことへの恐れ，無の世界に身を委ねることへの恐れである。

シャーマーによると，このような壁を取り除いて変革するためには，ダイアログが有効である。そのダイアログを含めて，コミュニケーションの次元には四つある（Scharmer, 2009, pp.271-299, 邦訳, 342-379ページ）。①ダウンローディングは，当たり障りのない発言，礼儀正しい決まり文句，意味のない言葉

等の会話である。②討論（debate）は参加者が自分の考えを述べ，意見を主張
することである。③ダイアログ（dialogue）は自分を全体の一部とみなすとこ
ろから話したり，自分の内側から聴くようにしたり（共感的な聴き方），自己
防御から他人の意見を探求するような会話である。④プレゼンシングは未来の
可能性とのダイアログ，出現する未来から聴くことである。シャーマーは，組
織変革のために組織成員が③のダイアログや④のプレゼンシングを行う必要が
あるとしている。

　このようにシャーマーは，変革には四つのレベルがあるとし，そのレベルに
伴う変化への抵抗を克服して変革する仕組みを明らかにしている。特に，根本
的な変革を行うには，本当の自分，正真正銘の自己である真正の自己へと入っ
ていくプレゼンシングが必要であるとして，そこに至る過程を示していること
は，変革理論の発展に多大な貢献を行っているといえる。またこれは後述する
インテグラル・アプローチの観点からしても四象限のすべての領域を分析して
いる点で変革の全領域を解明している。しかし，外部の変化に対して組織ない
しリーダーがどのように対処し，変革するかという問題については十分に分析
していない。さらに，変革に必要な意識のフレームがどのように変革の阻害に
なるかという問題についても，十分に分析していないのである。

4　キーガンとレイヒーの免疫マップ・モデル

　R. キーガン（Kegan）とL. L. レイヒー（Lahey）は，組織変革を阻害する
免疫マップ法を示しているので（Kegan and Lahey, 2009），これについて検
討し，変革することが困難な問題をどのように変革するかを明らかにしよう。
キーガンとレイヒーによると，不安定さ，複雑さ，曖昧さが強まる現代の世界
では，技術的な課題だけではなく，適応を要する課題に直面する。技術的な課
題は，マインドセットと組織デザインを改良することで対処できる（Kegan
and Lahey, 2016, 邦訳, 22ページ）。これに対して，適応を要する課題には，
個人や組織がそれまでの自己を超越しなければ対処できない。そして，適応を
要する課題に対処するには，第一に，適応型アプローチで問題を明確に定義し，
第二に，適応的アプローチで問題の解決策を見出すことである。第一点は，今
直面している問題を解決する上で，自分の現段階の知性がどのような点で不十

分なのかを正しく把握することを意味している。そして，第二点は，必要に応じて自分を変えることを意味している（Kegan and Lahey, 2009, 邦訳, 48ページ）。

　適応型アプローチによって課題を解決するために，彼らは変革を阻む免疫機能について明らかにしている。彼らによると，人には変革を阻む免疫機能がある。これは自分の核となる部分を守ろうとする結果，自分自身が望んでいる目標の達成を妨げてしまうメカニズムのことである。この変革を阻む免疫機能は，ある人がどのような行動をとっているせいで本人が望んでいる目標を達成できないかを描き出すものである。

　変革の方法（免疫マップ法）には次の四つの枠組みがある（Kegan and Lahey, 2009, 邦訳, 118-161ページ）。①改善目標，②阻害行動，③裏の目標，④強力な固定観念がそれである。①の改善目標は，自分が改善したいと心から望んでいる目標である。この改善目標には次の点が重要である。一つはその目標がその人にとって重要なものであること，二つ目は，その目標が周りの誰かにとっても重要なものであること，三つ目は，その目標を達成するために，主として自分自身の努力が必要だと認識できることである。この改善目標を達成するためには，自己防衛機能を担っている裏の目標を変更しなければならない。

　しかし，人は自己の状況を改善し変わろうと思ってもなかなか改善できない。それはその目標を阻害するものがあるからである。これが②の阻害行動である。これは目標を達成する代わりに自分が実行していること，実行していないことで改善目標の達成を阻害するものである。この阻害行動の背後には③裏の目標があり，阻害行動の裏にある不安や恐れ，自我への執着がある。人々は多くの場合，恐れている事態が現実にならないように活発に活動しているが，自分が抱いている裏の目標は明確に認識していない。それをはっきり認識すれば，恐怖という不愉快な思いをするからである。しかし，裏の目標を明確にすれば，第1枠から第3枠の全体像が見えてくる。これによって変革を阻む免疫機能の全容が明らかになる。④強力な固定観念は，その人が固く信じている自己認識と世界認識のことである。それはその人の意識の産物であり，人はそれを確固たる事実や世界の法則と思い込んでいる。それは裏の目標の背後にある考えや思想ということである。

　キーガンとレイヒーによると，変革を阻害する免疫機能がある中で，変わるためには，第一枠の目標を成し遂げたいと心から望まなければならない。多くの人々は改善目標が極めて重要であると思っても，結局はその追求を諦めてしまう。それは，変革に伴う過酷な経験に耐え抜くだけの強い意志がないからである。そのような人々は，改善目標を達成するためには，裏の目標を変更しなければならないと思い，態度を変える。そこで，適応を要する変革を成し遂げるためには，思考と感情の両方に働きかける必要がある。しかし，キーガンとレイヒーは，思考と感情を変えるだけでは免疫機能を克服できないという。それは実際に行動しなければならないからである。

　キーガンとレイヒーは，適応を要する変化に成功している人々に共通する要因として次の点をあげている（Kegan and Lahey, 2009, 邦訳，295-298ページ）。先ず思考様式と行動の両方を変えることに成功していることである。二つ目は，自分の思考と感情を鋭く観察し，観察の結果を情報として活用していることである。三つ目は，思考様式を変えた結果，選択肢が広がったことである。四つ目は，明確な意図を持ってリスクを伴う行動に踏み出し，想像ではなく現実のデータに基づいて新しい基本認識を形づくり，それを軸に新たな評価基準を獲得したことである。五つ目に，積極的な能力向上に取り組むことにより，選択肢が広がり，コントロールできるものごとが増え，以前より高度の自由を得るようになって，自己変革の目標に向けて前進し，あるいは目標を達成したことである。

　以上の変革の方法は個人の場合であるが，キーガンとレイヒーは，組織についても同じ手法で変革することができるとし，その方法を示しているが，この点については紙幅の制約上割愛することにする。キーガンとレイヒーの免疫マップ法は，人々が達成したい改善目標を持っていてもその実現を阻害する免疫機能の仕組みと，それを克服して変革する手法を明らかにしている。すなわち，変革を阻害する行動の背後にある裏の目標，さらにその根底にある固定観念を人々が知ることで，その固定観念を変える仕組みを明らかにしている。これは，後述する人々の思考や行動あるいは価値観を規定する意識のフレームの存在とその仕組みを明らかにして，これを変えることが改善目標を達成し，変革に結びつくことを明らかにしている。しかしこの免疫マップ法は，人々が環

境の変化を認識し，それをどのように変革に結びつけるか，そこにおけるリーダーがどのような役割を果たすことで変革が成功するかについては明らかにしていないのである。

5　ブッシュとマーシャクの対話型組織開発モデル

　以上の理論やモデルが強調していることは，変革には成員間のダイアログ（対話）が重要ということである。そこで，次に，対話によって変化を起こすことを主張しているG. R. ブッシュ（Bushe）とR. J. マーシャク（Marshak）の対話型組織開発について検討しよう。対話，すなわちダイアログとは何かという問題については，第４章で論述したように，それは，集団成員が平等，対等の立場でそれぞれの思考や考え方，価値観や世界観などを表明し，各成員は感情移入してそれらを受け入れながら，さらなるアイデアの探求を通じて集団として新たな意味を創造するコミュニケーション過程である。それでは対話に基づく組織開発（Organization Development = OD）とは何であろうか。

　前述したように組織変革の問題は，レヴィンとその同僚たちの研究から起こっているが，彼らによると，変化は計画された解凍と変化と再凍結のプロセスによって起こる。そこで，望ましい状態を目指して解凍と変化を引き起こすためには，まず現状を維持している要素，要因，力を診断することである。ブッシュとマーシャクは，それを診断型組織開発と称している。この手法では，チーム，組織，あるいはコミュニティの現状は，健全な組織の理想型を用いて診断され，変革に必要な側面と，あらかじめ設定された成果を達成するための最良の方法が明らかにされる（Bushe and Marshak, 2015, 邦訳, 48ページ）。

　ところが，過去30年間，ポストモダンや，社会科学における言語論的転向，それに自然科学における非線形や複雑系の発見は，変化や変換の実践方法についての考え方を変えてきた（Bushe and Marshak, 2014, 邦訳, 185ページ）。これらは，それ以前の診断型ODが近代実証主義を基盤としていたのに対して，それとは異なるパラダイムが元にある。これは，組織を対話型システム（dialogic system）として見るものであり，個人やグループ，組織の活動は，社会的に構築された現実の結果として生じると考えるものである。社会的に構築された現実とは，ナラティブ（narratives）やストーリー，また会話によって創

り出され，維持されている自己組織的な現実であり，人々はそうした現実を通じて，自身の経験に意味を見出している（Bushe and Marshak, 2014, 邦訳, 185ページ）。そこで，この観点からは，変化は会話を変えること（changing conversation）から生じるということになる。

このような考え方に基づいて対話型ODは現れてきた。これは，変化は組織内で日々かわされている会話を，絶え間なく創造し，また再創造していく過程を通じて行われ，また理解の枠組みや行動を通じて行われていくものと考えている。そこで対話型システムの観点では，どのように新しい考え方を誘発していけるかが大きな課題となる。

対話型ODのマインドセットの主要な前提は次のようなものである（Bushe and Marshak, 2015, 邦訳, 56-59ページ）。①現実と関係性は社会的に構成される。②組織は意味を形成するシステムである。③広い意味における言葉が重要である。④変革を起こすには会話を変えなければならない。⑤統一性を求める前に，違いを明らかにするための参加型の探究と積極的な関与の仕組みを構築する。⑥グループと組織は絶え間なく自己組織化する。⑦転換的な変革は，計画的というよりも，より創発的である。⑧コンサルタントはプロセスの一部となる。プロセスから離れてはならない。

対話型ODでは，変革は次の三つのプロセスで行われる（Bushe and Marshak, 2015, 邦訳, 61-69ページ）。第一の変革プロセスは，現在における現実の社会的構成に創造的破壊が生じ，より複雑な再組織化が行われることである。転換的な変革には，現在進行中の自己組織化のパターンを破壊させることが必須である。対話型ODのマインドセットとは，創造的破壊と創発の自然のプロセスに対処していくことである。

第二の変革プロセスは，一つまたは複数の核となるナラティブに変化が生じることである。対話型ODのマインドセットでは，言葉は単に情報を伝える以上の働きをすると考える。対話型ODは，組織において「現実」あるいは「真実」であるものは，社会的に構成された現実であると考える。そこで，対話型ODのマインドセットは，人々に合意された新たなナラティブが出現しないことには，転換的な変革は実現不可能と考える。ナラティブは，現状を支える支配的あるいは意図的な理論的根拠を形成し，同時に新しい潜在的可能性への道

筋を示すのである。

　第三の変革プロセスは，生成的イメージが導入されるか，または自然に現れ，思考と行動のための新しい説得力のある代替策を提供することである。生成的とは，生み出す力，生産する力，創造する力を意味する形容詞である。対話型ODは，転換的な変革には新しいアイデア，新しい会話，新しいものの見方が必要だと考え，それらを生み出す能力やプロセスに注目する。生成的イメージは，社会と組織の現実に関して，新しい考え方を提供する言葉，絵，あるいは，その他の表象的なアイデアの組み合わせである。人は生成的なイメージによって，それが現れる以前には思いつかなかったような決定や行動を想像できるようになる。

　このように対話型ODのマインドセットが前提とするのは，組織開発は，集団や組織は説話や物語，イメージ，そして会話などを通して絶え間なく変化する社会的に構築された自己組織的な過程である，という考えである。このように対話型ODは，創造的破壊や新たなナラティブの出現，生成的イメージによって組織開発や変革が行われるとし，そのプロセスを示している。しかし，それは，組織成員が新たなナラティブやイメージをどのように認知し，変革を引き起こすかという変革過程について解明していない。またこの理論は後述する四象限の左下象限の領域を中心に分析しているという問題があるのである。

Ⅲ　インテグラル・アプローチと変革理論

1　インテグラル・アプローチ

　以上，組織変革の代表的な理論と対話型組織開発論の特徴について検討してきたが，それらの理論は組織変革の領域を全体的に捉えていないという問題がある。組織変革のためには組織成員の個々人の変化と，集団ないしチーム全体あるいは組織全体の変化の問題がある。組織変革の問題を全体的視点で捉えるためには，ウィルバーのインテグラル・アプローチが参考になる。ウィルバーは，従来の学問分野の問題を検討し，様々な学問領域を統合的に捉える方法を示しているからである。

　ウィルバーによると，インテグラル（integral）とは，総合的，調和的，包括的を意味する。すなわち，インテグラル・アプローチは，われわれを取り巻く世界を，より包括的に，より効果的に見ていくものである（Wilber, 2006, p.2, 邦訳, 5ページ）。彼によると，人がインテグラルに考え，感じ，行動するとき，そこには全体性，あるいは完全性の感覚が伴う。どんな事象も内側から見ることも，外側から見ることもできる。外側からの見方は，それがどのように見えるか，ということであり，第三人称的・第三者的見方である。内側からの見方は，どう感じるか，ということであり，第一人称的な見方である（Wilber, 2006, pp.18-22, 邦訳, 30-35ページ）。前者が客観的アプローチで，後者が主観的アプローチである。

　ウィルバーは，この二つのアプローチに加えて，さらに二つの領域，個人と集団（集合）に分類する。彼は，いかなる現象も内面的（主観的）な方法と外面的（客観的）な方法と，同時に，個人としてか，または集団としてか，というアプローチに分けられる，としている（Wilber, 1997, 邦訳, 15-19ページ）。すなわち，個人の内面と外面，集団の内面と外面の四つの象限に分類できるのである。インテグラル・アプローチは，その四つを包括するものである。

　このように考えて，ウィルバーは世界を包括的に捉えるためにAQAL（アークル）モデルを提唱する。AQALは，全象限・全レベル・全ライン・全状態・全タイプ（all quadrants, all levels, all lines, all states, all types）の略である。AQALとは，統合的認識を実現するための効果的な道具であり，多様な視点を認識，分類するための少数の簡単なカテゴリーを明確にするものである（Wilber, et al., 2008, p.69, 邦訳, 91ページ）。

⑴象限（quadrants）。これは，われわれ人間が世界をどのように見るかという視点を示す。それは内面と外面，個人と集団の二つのカテゴリーを組み合わせて，**図6－1**のように四象限で表される。

　左上象限は，個人の内面で，「私（I）」空間で，感情，思考，意図，瞑想状態などを示す。左下象限は，集団の内面，「私たち（We)」空間で，共有された意味や価値，文化，人々の関係，相互理解などを表す。この空間は，共通認識，意思疎通，共通理解が達成されるときに常に存在している。右上象限は，

個人の外面，「それ（It）」空間で，歩行や挨拶などの行動，身体・エネルギーなどを表す。この空間は，表面，表層を眺める視点である。物や人を対象化して，その行動を感覚的に捉える。右下象限は，集団の外面，「それら（Its）」空間で，環境，テクノロジー，社会の制度や仕組みなどを表す。

　ウィルバーによると，この象限により科学の見方や視点の違いを統合的に捉えることが可能になる。外面の右象限の客観的アプローチ，内面の左象限の主観的アプローチ，さらにそれらを個人と集団に分けて四象限にすることで，従来，学問的に論争のあった行動主義（右上象限），システム論（右下象限），現

図6－1　ウィルバーの四象限モデル

内面	外面
個人的 意識，思考，内省 現象学 **個人** 構造主義 **"I" 空間（主観的）** I	行動的 歩行，挨拶 オートポイエーシス （認知科学など）**個人** 経験論 （神経生理学など） **"It" 空間（客観的）** It
We **"We" 空間（間‐主観的）** 解釈学 **集団** エスノメソドロジー 共有された意味，人間関係 文化的 **内面**	Its **"Its" 空間（間‐客観的）** 社会的オートポイエーシス **集団** システム理論 法律，テクノロジー 社会的 **外面**

出所）Wilber, K.（2006）*Integral Spirituality: A Startling New Role for Religion in the Modern and Postmodern World*, Integral Books, p.37，（松永太郎訳『インテグラル・スピリチュアリティ』春秋社，2008年，59ページ）を参考に筆者作成。

象学（左上象限），解釈学（左下象限）を統合的に捉えることができる（Wilber, 1997, 邦訳, 9-44ページ）。

(2)レベル（levels）。これは，意識の高さを反映し，成長や発達の段階を表す。意識の発達のレベルないし段階はそのレベルで固定するのではなく，そのレベルを中心に上下運動をしている。あるときは高いレベルの視点で，あるときは低いレベルの視点に基づいて思考する。そのため意識が高度に発達したと思われる人が，時に幼児的に行動することもある。

(3)ライン（lines）。これは，成長と発達が発生することになる具体的な領域のことである（Wilber, et al. 2008, p.70, 邦訳, 93ページ）。このラインには，例えば，認知，人間関係，倫理，感情などがあるが，それぞれは他とは相対的に独立した発達ラインである。そして，このラインには，それぞれ発達レベルがある。そこで，ある人は知的レベルでは非常に高いが，感情や倫理のレベルでは低いということもある。

(4)状態（states）。意識の状態には，例えば，覚醒状態，夢見状態，熟睡状態，観想状態，非二元状態がある（Wilber, 2006, p.74, 邦訳, 112ページ）。覚醒状態は人が起きて意識している状態であり，夢見状態は眠りに入って夢を見ている状態であり，熟睡状態は夢を見ない深い眠りの状態である。観想状態は，他のすべての状態を目撃する能力で，例えば覚醒状態であっても，明晰夢の状態であっても，目撃者はそれを目撃する。非二元状態は，他のすべての状態に対して常に現前する基底であり，そしてそのようなものとして経験される。

(5)タイプ（types）。これは，あらゆる発達段階に存在する水平的な差異のことであり（Wilber, et al. 2008, p.70, 邦訳, 93ページ），例えば，男性性，女性性，文化的差異などである。

このAQALモデルで，特に重要なことは，われわれは事象をそれぞれの発達レベルないし段階でしか捉えられないということである。われわれは，世界に

138

対しては，表象的な（対象を表象する）方法によって捉えるだけである。したがって，誰も完全な真実というものを持っていない。特定の指示対象（実物）は，特定の発達論的に秩序づけられた世界空間の中にしか存在しない（見ることができない）し，事象は特定の発達レベルにしか存在しないのである（Wilber, 2006, pp.248-251, 邦訳, 361-364ページ）。

このようにAQALモデルは，事象を四象限で捉えるだけではなく，その事象はその人の発達レベルによってしか見られず，理解できないことを示している。したがって，経営者がどのような組織のタイプあるいはリーダーシップを採るかは，組織成員の発達レベルに対応して決めなければならず，より高いレベルの経営スタイルを実行するためには成員の発達レベルを高めなければならないのである。

2　四象限モデルにおける変革理論の位置づけ

それでは前述の組織変革理論やモデルは四象限にどのように位置づけられるのであろうか。シャインは，個々人が変わるために，解凍，変化，再凍結の過程でモチベーションを高める方法を分析している。それは個人の内面の変化であり，その意味で左上象限の領域の問題を分析している。モチベーションが高くなった結果，変化への新たな行動がとられるとき，それは右上象限に入る。本章では分析しなかったが，彼は組織文化の問題も論議しているので，左下象限も考慮しているといえる。

ワイクは，組織化過程を進化論の観点から議論しており，組織自体の変革の問題を議論している。それらは組織を構成するメンバーの連結行動（コミュニケーション）や組立規則である。それらが四象限のどの領域にはいるかについては，連結行動は左下象限に，組立規則は右下象限に入る。しかし，変化が起こっているかどうかを認識する組織成員，特に，リーダーによる生態的変化への気づきは左上象限に入り，イナクトメントは右上象限に入る。

シャーマーは，組織の根本的な変化の過程を分析しており，変化をダウンローディングから始まり，最終的には実践へと到るU字の過程として捉えており，特にプレゼンシングが変化を引き起こす方法を示している。それは変革の問題を個人と組織の視点から議論しており，包括的に変革の問題を明らかにし

ている。四象限については，開かれた思考，心，意志，および評価・判断の声，皮肉・諦めの声，恐れの声は，個人の内面に関わるので，左上象限に含まれる。ダウンローディング，観る，感じ取る，プレゼンシング，結晶化，プロトタイプ，実践は，個人の外面に関わるので，右上象限に入る。会話におけるダイアログ，プレゼンシングは集団ないし組織に関わり，そして内面の問題であるので，左下象限に入る。新しいやり方・仕組み・実体化は組織の外面に関わるので右下象限に入る。このようにシャーマーは全象限の領域の問題を分析している。

　キーガンとレイヒーは，現代の複雑な社会環境の中では技術的アプローチではなく，適応型アプローチによって課題を解決する必要があり，そのためには変革を阻む免疫を克服する必要があるとしている。変革の方法として改善目標，阻害行動，裏の目標，強力な固定観念を示している。これらが四象限のどの領域に入るかといえば，改善目標，阻害行動は個人の外面で右上象限であり，裏の目標，強力な固定観念は個人の内面で左上象限に入る。そして組織変革では，組織の改善目標，組織の阻害行動は右下象限で，組織の裏の目標，組織の強力な固定観念は左下象限に入る。

　ブッシュとマーシャクの対話型組織開発は，変革を起こすには，ナラティブや物語，イメージ，そして会話などが必要であるとしており，変革における組織成員の対話の重要性を示している。対話すなわちコミュニケーションが現実に行われるのは，組織の外面であり，それは右下象限に含まれる。そして対話によって共有されるナラティブあるいはシンボルの意味や価値は左下象限に含まれる。

　以上，前述の変革理論が四象限のどの領域の問題を検討しているかを示してきた。しかしそれらの理論は変革が起こる過程や人々の内面や外面，さらに組織の内面や外面の問題を中心に分析しており，環境の変化について組織のリーダーがどのように認知し，それを変革に結びつけて，新たな組織にするかは分析していない。この問題を考えるのに狩俣の変革的リーダーシップ・モデルが参考になる。このモデルは，組織で変革がどのように行われるかを示しているからである。図6−2は，環境の変化や揺らぎに対応して新たな組織コンテクストを創造する変革過程を示しているが，このモデルについては，すでに論述

したので，要約して示そう（狩俣, 1996, 134-145ページ）。

　組織変革のためには，第一に，環境の変化が大きく，組織が現状のままでは危機的状況に陥ると知覚される必要がある。そこで，組織のリーダーは環境の変化や揺らぎを発見し，それに対応した組織コンテクストを変革しなければならない。しかし，揺らぎや変動が新たなコンテクストの創造を引き起こすきっかけになるとしても，それが現在の組織のコンテクストの変革とリンクされなければ，それらの揺らぎは組織の波乱要因であり，組織の存続を脅かす要因でしかない。組織は現状維持志向であり，慣性的性向を有しているからである。そのため，第二は，揺らぎが現在の組織コンテクストと結合し，現在のコンテクストを超えるような新たな組織機構を形成するようにしなければならない。第三は，変革しようとするリーダーの意志の力で，それはリーダーのビジョンや理想水準の高さにある。そこで組織を変革するためには，将来の理想を示す組織のビジョンを提示し，それを達成しようとする強い意志が必要である。第四は，組織変革に対する組織成員の抵抗を解消することである。人間は安定志向や現状維持志向を持っているので変化に抵抗する。そこで，リーダーは成員とのコミュニケーションによって変革の必要性を説明して理解させ，組織的抵抗を解消しなければならない。第五は，変革によって得られる利益を成員に保証することである。組織成員が変革を受け入れるかどうかは，その変革が成員に利益をもたらすかどうかに依存するので，リーダーは，組織変革が成員にも利益があることを示す必要がある。

　以上のことは組織成員に対する変革への働きかけであるが，さらにリーダーは組織成員だけではなく，組織要因ないし集団要因に働きかけることも必要である。図6-2の組織要因は，組織構造，規則体系，業績評価体系，報酬体系，組織文化である。集団要因は，役割，集団規範，集団凝集性，集団風土である。これらは第1章で述べたように，組織コンテクストとしての役割を果たし，組織成員の行動を規定し，組織を秩序正しく維持するものである。それは組織成員の行動の拠り所であり，成員の行動や業績評価の基準になる。

　リーダーは，以上のような組織要因や集団要因を変えて組織コンテクストを変革することができる。しかし，組織コンテクストが変化するためには，組織成員と組織自体で変わらなければならない。個人変容は知識，態度，行動の段

図 6 - 2　組織コンテクスト変革のリーダーシップ

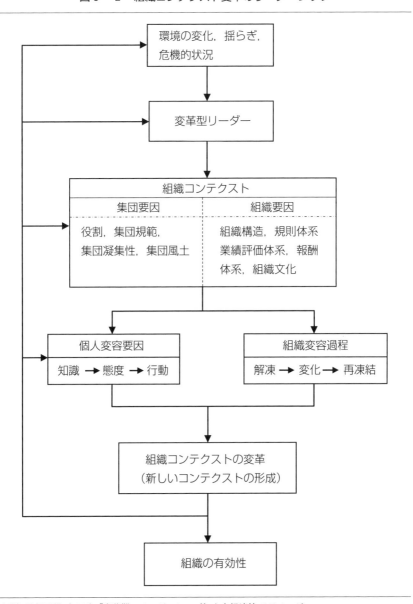

出所）狩俣正雄（1996）『変革期のリーダーシップ』中央経済社, 142 ページ。

階を経て起こる。この個人の変容については前述の組織変革理論で示したので説明の必要はないであろう。組織変容過程には前述したように解凍，変化，再凍結の段階がある。個人と組織の変容はパラレルに進行する。これらが行われるためには，変化に対する組織成員の抵抗を克服し，変化によって得られる利益を保証して，成員の知識，態度，行動を変えなければならない。このような変容過程を経て，新しい組織コンテクストが形成される。そして，それが環境に適合すれば組織は有効になる。このモデルは，リーダーシップが環境の変化に対応して組織それ自体を変革し創造する過程であり，リーダーが有効なリーダーシップを発揮することで，組織は変革し自己組織的に発展することを示している。

　以上，四象限と変革理論の関係を検討してきたが，以上の関係を図示したものが図 6 − 3 である。それではチームの変革はどのように行われるのであろうか。次にこの点について検討しよう。

Ⅳ　チーム変革

　集団をいかにしてまとまりのあるチームに変えるか，あるいはいかにしてチームスピリットを高め，チームとして有効に機能させるか，ということがチームの変革にとっては重要である。チームの有効性を高めるためには，集団における役割，規範，凝集性，風土を集団目的の達成に役立つように形成することである。

　集団が規範や凝集性や風土の特徴を持っていると，それらが集団目的の達成に貢献しているか，あるいは逆に阻害しているか，ということがチーム変革にとっては問題となる。もし阻害要因になっているならば，それらを集団目的達成に貢献するように改善ないし改革することが変革の課題である。そのような場合，集団のリーダーの役割は，成員の役割葛藤をなくし，規範，凝集性，風土を集団目的に貢献するように変革することである。そして有効なチーム作りのためには，前述の変革理論で議論されているように，ダイアログが有効であるので，リーダーは，先ず集団内で積極的なダイアログの場を形成することである。またリーダーは，成員がチーム・コミットメントを高めてチームにエネ

図 6 - 3　四象限モデルと変革理論

個人の内面	個人の外面
Schein（変化へのモチベーション）， Weick（生態学的変化への気づき）， Scharmer（開かれた思考，心，意志，および評価・判断の声，皮肉・諦めの声，恐れの声）， KeganとLahey（裏の目標，強力な固定観念） BusheとMarshak（新しいアイデア，新しいものの見方） 狩俣（リーダーの環境変化や揺らぎ，危機的状況への気づき，変革への意志，成員の知識や態度，知覚，知覚された役割）	Schein（変化への新たな行動）， Weick（イナクトメント）， Scharmer（ダウンローディング，観る，感じ取る，プレゼンシング，結晶化，プロトタイプ，実践）， KeganとLahey（改善目標，阻害行動）， BusheとMarshak（新たなナラティブ，物語，新しい会話，個人のコミュニケーション行動） 狩俣（リーダーによる揺らぎと変革とのリンク，ビジョンの提示，変革への成員の抵抗の解消，変革から得られる利益の保証，演じられた役割）
Schein（組織文化） Weick（連結行動）， Scharmer（ダイアログ，プレゼンシング）， KeganとLahey（組織の裏の目標，強力な組織の固定観念） BusheとMarshak（対話による共有された意味や価値） 狩俣（集団規範，凝集性，集団風土，組織文化） **組織の内面**	Weick（組立規則）， Shammer（実践＝新しいやり方・仕組み・実体化） KeganとLahey（組織の改善目標，阻害行動） BusheとMarshak（組織成員間の対話やコミュニケーション） 狩俣（成員の役割，組織構造，規則体系，業績評価体系，報酬体系） **組織の外面**

出所）Wilberの四象限モデルに基づいて筆者作成。

ルギーを全力で投入するように動機づけ，彼らや彼女らの相互作用によって相乗効果的な成果を創出することである。さらにリーダーは，チームが新しい情報，知識，技能，技術などを習得し，蓄積するようにし，チームの問題を発見し解決し，チームの目標を達成する能力やスキルを獲得するようにチームで学習の仕組みを構築することである。

　それではどのようにすれば有効なチームを構築する変革ができるのであろうか。チームを変革するためのリーダーの役割は何であろうか。先述の組織変革理論の知見に基づいて検討しよう。チームをインテグラル・アプローチの観点から捉えると，組織はチームにとって上位システムであり，チームを包括する環境要因となり，組織要因はチームに影響を与えることになる。チームのメンバーは，チームの一員であっても個人として存在するので，彼らや彼女らの意識や知覚あるいは思考は，組織構造や組織文化等の組織要因やチームの役割や規範，凝集性，風土等によって影響される。すなわち，集団が組織の一部署ないし下位システムであるならば，組織要因は集団成員に影響を与えることになる。しかし，ここでは集団要因に限定して論述することにする。

　変化は，人の現在の状態と理想（要求）水準との間にギャップ（不満）が生じ，現状を変えて望ましい状態に変わるときに起こる。現在の状態あるいは変化に伴う状況や事態に対して要求や期待がなければ問題は生じない。変化は基本的に変化を望む主体が現在の問題を認識し，望ましい状態を実現しようとする意志がなければ起こらない。それでは，変化を引き起こす要因は何であろうか。変革するためには①現状の把握（認識力），②目標，③変化への意志，④メンタル・モデルないし意識のフレーム，⑤実行，⑥支援が必要である（狩俣，2017，103-106ページ）。

　①の現状は人が置かれている状態のことであり，人が抱えている課題や悩み，苦悩，不満などである。現状の問題点を認識し，望ましい状態の実現の必要性を認識することが，人が変化するためには必要である。しかし，現状を認識するだけでは人は変化することはない。それは現状（問題）の原因が何かを正確に捉え，それを除去しなければその問題の根本的解決はできないからである。②の目標は，変化する主体が達成しようとする望ましい状態のことである。現状に満足せず，現状を超えて自己の新しい人生や意味を実現しようとする目標

や欲求がなければ変化の問題は生じない。③は，変化しようとする人の意志である。変化は望ましい状態へ変わろうとする強い意欲がなければ起こらない。現状を変えて新しい目標を実現するためには，その目標を達成しようとする意欲がなければならない。④のメンタル・モデルないし意識のフレームは，人の思考や行動あるいは価値観ないし人生観などを規定するものである。これは人の意識や思想，あるいは選好や嗜好などを規定する意味世界のことであり，その人が生まれ育ってきた社会の中で経験し学習をすることで形成された意味システムである。人間が実質的に変わるということは，この意識のフレームを変えることであり，人は自己のフレームに気づき，それを変えない限り真の変化は起こらない。⑤実行は，変化を起こすために実際に行動することである。目標を達成しようと行動しなければ変化は起こらない。実行するかどうかは，最終的には変化して得られる報酬に依存する。⑥の支援は，変化を起こすのに必要な様々な資源を提供し，その人の目標達成（変化）を促進することである。変化にはそれを起こす様々な阻害要因がある。そのためにそれらの要因を除去し変容を促進する支援が求められる。

　以上の①から⑤は前述の組織変革論で議論されている問題である。⑥の支援は人々が変化するためにどのようにそれを助け支え促進するかということであり，これは，先述の変革的リーダーシップ・モデルで論じたように，一般には組織のリーダーの役割である。このモデルの考え方に基づき四象限モデルとの関わりでチームを変革するためのリーダーの役割がどのようなものか以下で検討しよう。集団要因および有効なチーム形成要因と四象限の関係は**図6−4**で示される。

　左上象限は集団ないしチーム成員の内面の領域で，そこには成員の意識のフレーム，チームが置かれている現状に対する成員の認識，成員が知覚した役割，変化への意志がある。この中で，成員の意識のフレームや変化への意志をどのように変えるかがチーム変革にとっては基本的に重要である。これらが変化しなければ変革は起こらないからである。先述の組織変革理論はこの問題を分析している。U理論や免疫マップ法は意識のフレームをどのように変えるかを議論しており，裏の目標や強力な固定観念の考え方で変革の仕方を明らかにしている。また変革への意志はシャインのモデルが変化へのモチベーションで明ら

かにしている。そのモチベーションを高めるためには，チームの現在の問題点
や課題が何かを伝え，そして，何よりも変革的リーダーシップで示されるよう
に，変革から得られる利益を成員に保証することである。知覚された役割につ
いては，成員に求められている役割が何か，遂行すべき職務が何かを明確に理
解させることがリーダーの役割となる。また現状の認識については，リーダー
は個々の成員とコミュニケーションを行って，現在のチームの置かれている状
況や課題について情報交換し，変革の必要性を理解させることである。

　左下象限は集団の内面で，これには集団規範，集団凝集性，信頼関係，支援
関係，集団風土，チーム学習がある。これらをチーム目的を積極的に達成する
ように変革するためには，U理論や対話型ODが明らかにしているように対話

図6-4　四象限モデルと集団（チーム）要因

個人の内面	個人の外面
意識のフレーム 現状の認識 **個人** 　知覚された役割 変化への意志	職務遂行行動 演じられた役割 **個人** コミュニケーション行動 コミットメント 目標達成の実行
集団規範 集団凝集性 信頼関係 **チーム**　支援関係 集団風土 チーム学習 **チームの内面**	期待された役割 チーム・コミットメント 規則体系 　　　　**チーム** 相乗効果的な協働 報酬体系 **チームの外面**

出所）Wilberの四象限モデルに基づいて筆者作成。

が有効である。特にU理論は，ダイアログ，さらには未来の可能性とのダイア
ログで出現する未来から聞くようなプレゼンシングのコミュニケーションが変
革には必要であることを明らかにしている。そのようなダイアログを行うため
には，リーダーは成員との間に信頼関係を築くことである。人々は信頼関係が
なければ，真の対話を行わず，彼らの変革に対する信念や思いあるいはビジョ
ンを知ることはできず，変革に対する理念や意味を共有できないからである。

　右下象限はチームの外面で，期待された役割，チーム・コミットメント，相
乗効果的な協働が含まれる。期待された役割というのは，その役割を担う人に
求められる職務であり，その職務遂行能力を有している人が行うべき仕事であ
る。もしこの役割ないし職務がチームの目的達成にとって有効でなければ，そ
の役割を変える必要がある。職務ないし役割は，チームの目的達成に合致する
ように編成されなければならないからである。職務とそれを遂行する人との適
合性，すなわちその人の適性がチーム活動の能率や業績を規定する。そこで
リーダーは，役割（職務）を担う人の適性や技能，興味や関心などを考慮して
選抜し配置することが必要になる。チーム・コミットメントは，成員が自己の
仕事やチームにエネルギーを集中し，積極的にチームの目的達成に貢献するこ
とである。成員は，チームとの一体感，自己の目的とチームの目的との一体化
が生じることで，チームへコミットするようになる。そこで，リーダーの役割
は，成員の個人的目的とチームの目的が合致するように調整して，成員がチー
ム目的達成に積極的に努力するようにさせることである。成員が相乗効果を発
揮して協働するかどうかが，最終的には有効なチームになるかどうかを規定す
る。相乗効果を発揮させるためのリーダーの役割は，職務に関連する知識や技
能などを持った多様な成員を調整して，目的達成に向けて協働するように仕向
けることである。またリーダーには，成員が相互に助け支え合うような支援関
係を構築することも求められる。

　右上象限は個人の外面を表し，そこには，職務遂行行動，演じられた役割，
コミュニケーション行動，個人のコミットメント，個人の目標達成の遂行（実
行）が含まれる。これらはチーム成員がチームのためにする具体的行為であり，
最終的には，これがチームの成果ないし業績につながる。チームを変革するか
どうかは，成員のこれらの行動のあり方によって規定される。それはチームの

目標と実績の間にギャップがあり，チームの業績が目標値を超えていないときに変革の必要性が生まれるからである。そこで，リーダーの役割は，成員の具体的な行動がどのようなものかを判断し，問題があればその原因を特定し，改善することである。

　組織ないしチーム成員の個々の行動は右上象限に現れるが，それらは他の象限との相互作用の結果として現れるものであり，成員の行動は他の象限の影響を受けて現れるものである。そのためチームを変革するためには，成員の意識のフレームを含めて，左下象限の集団規範や風土あるいは組織文化，さらに右下象限の規則体系や報酬体系等の全象限の要因を考慮しなければならないのである。

V　結び

　以上，組織変革とチーム変革についてインテグラル・アプローチの観点から検討してきた。オープン・システムとしての組織が存続発展するためには，環境の変化に対応して絶えず変革する必要がある。そのため，組織変革に関する研究が多く行われており，それが多くの組織変革理論ないしモデルとして表されている。そこで，本章ではインテグラル・アプローチとの関連でシャインの変革モデル，ワイクの進化モデル，シャーマーのU理論，キーガンとレイヒーの免疫マップ・モデル，ブッシュとマーシャクの対話型組織開発モデルの特徴について検討し，それらがウィルバーの四象限モデルにどのように位置づけられるかを示してきた。しかし，それらの理論やモデルは，変革の手法を示し，四象限との関係では変革が起こる過程や人々の内面や外面，さらに組織の内面や外面の問題を分析していても，環境の変化について組織のリーダーがどのように認知し，それを変革に結びつけて，新たな組織を形成するかは明らかにしていないのである。

　そこで，本章は，変革的リーダーシップ・モデルに基づいて，リーダーが環境の変化や揺らぎに対応して，新たな組織コンテクストを創造していく変革過程を明らかにした。そして従来の組織変革理論と変革的リーダーシップ・モデルの知見を基にチーム変革過程を分析した。

　チームを変革するためには，基本的にチーム成員のメンタル・モデルを変え
なければならない。変革は，人の現在の状態と理想（要求）水準との間に不満
が生じ，現状を変えて望ましい状態に変わるときに起こる。変革は基本的に変
化を望む人が現在の問題を認識し，望ましい状態を実現しようとする意志がな
い限り起こらない。そして変革するためには，現状を把握する認識力，実現し
ようとする将来の望ましい目標，変革への強い意志，意識のフレームの変化，
目標達成の実行，リーダーの支援が必要である。本章は，変革に必要な要因を
インテグラル・アプローチとの関係で分析し，有効なチームの構築に向けて
チームを変革するリーダーの役割を明らかにしたのである。

第7章

経営者の意識の発達と
最高の組織作り

I 序

　近年，働きがいのある最高の職場や組織に関する研究，あるいは仕事のあり方や働き方改革に関する研究が多面的に行われている。それらは，例えば，働く人々にとって最高の職場（Burchell, M. and J. Robin, 2011），充実した組織（Ulrich, D. and W. Ulrich, 2010），意識の高い会社（Mackey, J. and R. Sisodia, 2014）などである。これらの研究は，従来の超優良企業の特徴を表したT.J. ピーターズ（Peters）とR.H. ウォーターマン（Waterman）の『エクセレント・カンパニー』（Peters and Waterman, 1982）や真に卓越した企業を表したJ. C. コリンズ（Collins）とJ. I. ポラス（Porras）の『ビジョナリー・カンパニー』（Collins and Porras, 1994）とは異なっている。後者の研究が高業績を上げて成功している企業の特徴を示しているのに対して，前者は，働くことの意味や生きる意味に関わり，職場のストレスや鬱などの心理的，精神的問題を解決するような働きやすい職場や理想的な組織作りに関係している。

　しかし，これらの研究は働きがいのある最高の職場や充実した組織の特徴を明らかにしても，経営者やリーダーがどのような意識の発達段階にあれば，そのような職場や組織が形成されるかについては十分に明らかにしていない。ところが，経営者やリーダーの意識の発達と組織の運営方法や組織の形態は密接に関係している。それは，世界で起こる事象はその人の発達レベルに基づいてしか捉えられないし，理解できないからである。人は自己の発達レベルでしか事象の意味を把握できず，発達レベル以上にはその意味を解釈できないのである。このことは，経営者の意識の発達レベル以上に，組織は発展しないことを

意味している。

　このようなことから意識の発達段階と組織発展のタイプとの関係，あるいは理想的な組織作りや組織変革の問題についての研究が行われてきている。例えば，F. ラルー（Lalouz, 2014）は，人間の意識の発達段階と組織発展のモデルの関係を検討して，現代社会や組織が抱える様々な問題を解決するティール（teal）組織，すなわち進化型モデルを提示している。しかし，彼は，高度に発達したティール組織の基本的特徴とそのような組織の具体的事例を示しているが，経営者がどのように働きかけることによって，ティール組織が形成されるかについては十分に分析していない。

　そこで，本章は，経営者の意識の発達にどのような段階があり，その意識の発達段階によって経営者はどのような組織形態を採るかを検討し，働きがいのある最高の組織作りの条件を明らかにする。

II　経営者の意識の発達段階

　人間の意識とは何か，それがどのように発達するか，あるいはその発達段階にどのようなものがあるかについては多面的に論議されている。K. ウィルバー（Wilber）によると，発達というのは自己中心性の減少であり，意識の増加もしくはより深く広い展望を考慮に入れる能力の増加である（Wilber, 2000, 邦訳，48ページ）。意識は発達するにつれて，低次の視野は放棄され，自己を世界の中心に位置づける傾向は否定されようになる。すなわち，意識の発達というのは，自己中心的な思考方法やパターンから，より広い包括的な思考方法やパターンへと視点あるいは世界観や価値観が拡大していくことである。

　この意識がどのように発達し，その段階ないしレベルにどのようなものがあるかについては，人間の成長発達との関係で数多く議論されている。例えば，J. ピアジェ（Piaget, 1964, 1970）は，子どもの発達を①乳児期の感覚運動的段階，②幼児期の前操作的思考の段階，③児童期の具体的操作期の段階，④青年期の形式操作期の段階，の四段階に分類している。E. H. エリクソン（Erikson, 1963, 1982）は，人の発達段階を①乳児期，②幼児期初期，③遊戯期，④学童期，⑤青年期，⑥前成人期，⑦成人期，⑧老年期に分類している。ウィル

バーは，これまでの発達理論やモデルを包括的に分析，整理して統合的な発達
モデルを示している。彼は，意識の段階を色のスペクトルとして表しているが，
それを色で示すのは，その発達段階にラベルや名称をつけることが誤解を生む
と考えているからである。その発達段階は人の独自の世界観を示すもので，次
のような段階から成っている。①インフラレッド（infrared）の原始的世界観，
②マジェンタ（magenta）の呪術的世界観，③レッド（red）の力の世界観，
④アンバー（amber）の神話的世界観，⑤オレンジ（orange）の合理的な世界
観，⑥グリーン（green）の相対主義的世界観，⑦ティール（teal）のインテ
グラル・システム世界観，⑧ターコイズ（turquoise）の統合的・包括的な世
界観，⑨インディゴ（indigo），およびそれ以上の段階（violet, ultraviolet,
clear light）は，超統合的な世界観の段階であり，スピリチュアリティの段階
である（Wilber, 1997, 2006）。このように人間の発達段階については論者に
よっていろいろに表されているが，経営者の意識の段階については，われわれ
は，基本的に 6 段階があると考えている。この点についてはすでに論議したの
で（狩俣，2017, 69-96ページ），要約して述べよう。

　意識の発達が自己中心的な思考や行動からより包括的，普遍的な視点で思考
し行動することであるならば，経営者の意識の発達段階には，①自己中心的，
②自組織中心的，③社会中心的，④世界中心的，⑤地球中心的，⑥宇宙中心的，
段階がある。

　①の自己中心的段階は，何よりも自己の利益を最大化することを目的に行動
することである。自己利益追求こそがすべての行動の基本であり，仕事や仕事
以外でもすべては自己の欲求充足を満たすために行い，そのためならば自己の
持っている能力や資源あるいはあらゆる手段を使って自己利益を追求する。

　この段階では人は自らの欲求や欲望を満たすことを求める。この段階の経営
者は，組織で働く従業員を私的利潤追求の道具と捉え，また組織も自己の利益
や欲望を満たす手段であり，すべての組織行動は自己中心的視点で行われる。

　②の自組織中心的段階は，自組織の利益やその発展を中心に行動する段階で
ある。この段階では，経営者は自己の利益よりも組織の成長発展を中心に行動
する。これは，経営者が組織と一体化し，さらに組織のトップとして経営者の
地位と一体化することで，自己利益が組織の利益と一体化するからである。こ

の段階では経営者は自組織の利益になるかどうかを判断基準にする。

　③の社会中心的段階では，経営者は自己や所属する組織は社会を構成する一部であると考え，組織を超えて，社会全体の利益や繁栄を求めて行動する。自組織は社会の下位組織であり，自己や組織は社会の規則や規範に従い，それに違反しない限りで自組織の利益を追求する。この段階の経営者は，自組織を超えて業界団体や国家レベルでの役割の地位に就き，自組織よりも業界全体あるいは社会全体の利益を考慮する立場にある。

　④の世界中心的段階は，自分のいる社会を超えて，世界全体の視点から自己の存在を捉え，世界そのものの繁栄と平和を求め，すべての人々の福利を中心に考え行動する段階である。この段階は相対主義と平等主義の考え方に立ち，多様な視点を平等に尊重しようとする。したがって，この段階ではすべての人々の人権に配慮し，世界の繁栄を求めて思考し行動する。

　⑤の地球中心的段階は，人類全体の持続的発展，地球環境の保全を考慮し，地球を大切にして行動する段階である。この段階では，経営者は前述のすべての段階を共感的に理解することができ，それぞれの段階の相対的真実を認識することができる。この段階は，自己における心と身体を統合する意識であり，個を超える意識が始まり，スピリットを意識し始める段階である。

　⑥の宇宙中心的段階は，超時空間的段階あるいは非二元の段階であり，スピリチュアリティの段階である。スピリチュアリティは，自己と自己を超越した外部の崇高なものなどとの一体化や融合化，あるいは自己利益と他者利益の統合化であり，自己（利益）に執着せず，自己と他者の区別がなくなり，自己即他者あるいは個即全体の意識の状態である（狩俣，2009，175ページ）。それは自己超越性の状態として現れる。したがって，スピリチュアル段階の人は，自己と周りのもの（他者あるいは組織や社会）との一体化・融合化を求め，自己利益よりも自己超越的利益ないし他者や地球全体の利益を求め，さらに他者，社会，地球への貢献を志向するようになる。

　以上，経営者の意識の発達段階を示してきたが，人は成長するにつれて自己中心的な思考や行動から，他者，社会，世界，宇宙へと視点を拡大し，より広い，より高い，あるいは深い視点で思考し行動するようになる。そして，その思考や行動の基礎になる価値観，あるいは世界を認識する上での重要な枠組み

を与える世界観が，私的，個別的，地域限定的な考え方から普遍的，統合的な価値観や世界観へと深化拡大していくようになる。人は最終的には自己の意識が個への執着をなくし自己超越して，周りのものと一体化，融合化し，真の自己を見出す状態を達成し，究極的な発達段階，すなわちスピリチュアリティの段階に向って発達するのである。

　それでは，経営者の意識がこのように発達すると，その意識の発達段階に応じて組織はどのように発展するのであろうか，あるいはどのような形態を採るのであろうか。

Ⅲ　組織の発展段階

　R. キーガン（Kegan）とL. L. レイヒー（Lahey）は，成人の知性の発達段階を三つに分けている（Kegan and Lahey, 2016, 邦訳, 91-125ページ）。①環境順応型，②自己主導型，③自己変容型，の知性である。①の知性のレベルの人は，周囲からどのように見られ，どのような役割を期待されるかによって，自己が形成される。帰属意識をいだく対象に従い，その対象に忠実に行動することを通じて，一つの自我を形成する。自己意識は，主としてほかの人間，もしくは考え方や価値観の流派あるいはその両方との関係という形で表現される。

　②の知性のレベルの人は，周囲の環境を客観的に見ることにより，内的な判断基準（自分自身の評価基準）を確立し，それに基づいて，まわりの期待について判断し，選択を行える。自分自身の価値観やイデオロギー，行動規範に従い，それに基づいて自律的に行動し，自分の立場を鮮明にし，自分に何ができるかを決め，自我の境界を設定・管理する。こうしたことを通じて一つの自我を形成する。

　③のレベルの人は，自らのイデオロギーと価値基準を客観的に見て，その限界を検討できる。どのようなシステムや自然発生的秩序も何らかの形で断片的，ないし不完全なものだと理解している。これら以前の知的発達段階の人よりも，矛盾や対立を受け入れることができ，一つのシステムをすべての場面に適用せず，複数のシステムを保持しようとする。自分の中で整合性がとれていても，その状態が自分のすべて，あるいは人間として完成している，ということとは

違うと認識し，一つの自我を形成する。

　キーガンとレイヒーは，人の知性は大人になっても成長するものであり，人の成長を促して高業績を上げる組織を発達指向型組織（Deliberately Developmental Organization＝DDO）と呼び，そのような組織の特徴を示している。DDOは，人の発達を後押しするコミュニティであるホーム，発達を実現するための慣行であるグルーヴ（groove），発達への強い欲求であるエッジ，の三つの軸の相互作用から成っている（Kegan and Lahey, 2016, 邦訳, 126-175ページ）。この三つの軸は，次のような12の考え方を前提としている。エッジは，①大人も成長できる，②弱さは財産になりうるし，失敗はチャンスである，③発達指向の原則に従う，④目標はすべてが一体化，ということである。グルーヴ（車の轍，あるいは定番のやり方の意味）は，例えば，会議の運営方法，社員の成果の評価方法，仕事との課題に関する社員同士の会話の仕方などの慣行のことである。それは，⑤安定を崩すことが建設的な結果につながる場合がある，⑥ギャップに注意を払う，⑦計画の達成ではなく，成長を意識した時間の尺度をもつ，⑧人の内面もマネジメントできる，ということである。ホームは，個人の発達に重要な役割を果たす。人が成長するためには，職場のコミュニティで一人ひとりが人間として尊重され，自らの行動に責任を負い，うわべだけではない対話を続ける必要がある。そこで，エッジは，⑨地位には基本的に特権が伴わない，⑩皆が人材育成に携わる，⑪皆が「僚友（クルー）」を必要とする，⑫皆が文化を築く，ことである。

　キーガンとレイヒーによると，これら12の革新的な特徴が根づく環境を作るためには，一般的な組織とは異なる文化を育もうとする強い意志がなくてはならない。求められるのは，個人の成長を手段ではなく目的と位置づけ，失敗と不出来を弱点克服のチャンスとみなし，職場の強力なコミュニティを，個人と組織の可能性を開花させるために必要な混乱を経験できる場と考えるような文化である，としている（Kegan and Lahey, 2016, 邦訳, 172ページ）。このようにキーガンとレイヒーは，人間の発達段階を示し，その成長発達を促進する組織の特徴を明らかにしている。しかし，彼らは人々が発達することでどのような組織のタイプを採るかは明らかにしていないのである。

　ラルー（Lalouz）は，人間の意識の発達と組織発展のモデルとの関係を検討

して，現代社会や組織が抱える様々な問題を解決する考え方として，進化型モデルを提示している。彼によると，現代社会を支配している組織のモデルは，合理的な考え方に基づく達成型モデルである。しかし，それは，組織がエゴを追い求める場になっており，組織の人々は心の奥底に抱いている情熱を十分に発揮できていない。また，現代の組織は，とてつもない勢いで天然資源を枯渇させ，エコシステムを破壊し，気候を変え，地球環境を破壊し，この地球を傷つけてきている。そこで，彼は，これらの問題を解決し，人類自身が生き残るためには，私たちが自分自身の意識を高められるかどうか，そしてこの世界との間に新しい関係を築き，この世界に与えてきた損害を癒せるかどうかにかかっている，としている（Lalouz, 2014, pp.4-5, 邦訳，14-16ページ）。

　ラルーによると，私たちが今日知っている組織は，私たちの現在の世界観，あるいは今の発達段階を表現したものにすぎない（Lalouz, 2014, p.15, 邦訳，27ページ）。また，組織の発達段階を決める要因は，リーダーがどの段階のパラダイムを通して世界を見ているかである。すなわち，どんな組織もリーダーの発達段階を超えて進化することはできないのである（Lalouz, 2014, p.41, 邦訳，70-71ページ）。

　それでは，人類の意識の発達はどのようなものであろうか。あるいはその意識の発達段階によって組織はどのような形態を採ってきたのであろうか。彼は，人類の意識の発達の代表的な段階とそれに対応する組織モデルとして，①神秘的パラダイム，②衝動型パラダイム，③順応型パラダイム，④達成型パラダイム，⑤多元型パラダイム，⑥進化型パラダイムを挙げている（Lalouz, 2014, pp. 13-35, 邦訳，21-63ページ）。

　①神秘的パラダイム。この段階の意識は，肉体面でも感情面でも，自己と他者を概ね区別して認識しているが，それでもまだ自分自身が世界の中心にいると見る段階である。因果関係に対する理解は不十分で，世界全体が様々な神秘に満ちていると見る段階である。この段階では，まだ組織は存在しない。

　②衝動型パラダイム。この段階では，自我は完全に目覚めており，人々は他者からも世界からも異なった存在として自己を認識している。世界は危険で，力強さとたくましさがなければ自らの欲求を満たせない場所に見え，力こそすべてと認識している。この段階では，他者と自己を区別できるので，役割の分

化，分業も可能となる。組織には一人の長と多くの歩兵が存在する。この組織の長がその地位にとどまるためには，圧倒的な力を誇示し，他の構成員を無理やり従わせなければならない。衝動型組織は，戦闘地域，内乱，治安の悪いスラム街といった敵対的な環境に非常に適している。

　③順応型パラダイム。この段階では，他者の感情や物の見方をより理解できるようになり，自らを律し，自己抑制を働かせられるようになる。そして因果関係という概念は理解され，人々は線形的な時間の流れを把握し，将来に向けた計画を立てることができる。そこで，順応型組織は中長期で計画を立てられるようになり，規模を拡大できる安定した組織構造を作れるようになる。ラルーは，順応型組織によって灌漑システム，ピラミッド，万里の長城は作り出されたとし，現代では，この組織は大半の政府機関，公立学校，宗教団体，軍隊などである，としている。

　④達成型パラダイム。この段階での世界観は物質的で，複雑なゼンマイ仕掛けのように捉えられる。そして人生の目標は，前に進むこと，社会に受け入れられる方法で成功することである。そしてその分野で最も優れた者がトップまで上ることができる。ラルーによると，達成型組織を具現したのが現代のグローバル企業で，その特徴は，イノベーション，説明責任，実力主義である。

　⑤多元型パラダイム。この段階では，あらゆる考え方は等しく尊重されるべきであり，公平，平等，調和，コミュニティ，協力，コンセンサスを求めることになる。そして仕事の成果よりも人間関係の方に高い価値を置く。多元型組織は様々な対立する見解をなるべく多く集めて，最終的にはメンバーの総意に基づく決断を目指すことになる。多元型組織の社員たちは，経営陣の承認を得ることなく重要な意思決定ができる。またこの組織は活動の核心部分に人々の心を揺るがすような目的を設定する。多元型組織のリーダーの役割は，相反する様々な条件を調整してすべてのステークホルダーを幸福にすることである。リーダーは自分が率いる人たちのために奉仕するサーバント・リーダーとなる。

　⑥進化型パラダイム。人生の究極の目的は，成功したり愛されたりすることではなく，自分自身の本当の姿を表現し，本当に自分らしい自分になるまで生き，生まれながら持っている才能や使命感を尊重し，人類やこの世界の役に立つことである。進化型の段階になると，全体性を心の底から渇望するようにな

る。この段階への移行は，しばしば超越的な精神領域への解放と，私たちが大きな一つの完全体の中でつながり，その一部であるという深い感覚とともに起こる。

　進化型組織，すなわちティール組織は自主経営，全体性，存在目的という三つの特徴を持っている（Lalouz, 2014, pp.56-57, 邦訳, 92-93ページ）。一つは，自主経営（self management）で，進化型組織は大組織にあっても階層やコンセンサスに頼ることなく，仲間との関係性で動くシステムである。二つ目は全体性で，進化型組織は，私たちの精神的な全体性があらためて呼び起こされ，自分をさらけ出して職場に来ようという気にさせてくれるような，一貫した慣行を実践している。三つ目は存在目的で，進化型組織はそれ自身の生命と方向感を持っていると見られている。組織成員は，組織が将来どうなりたいのか，どのような目的を達成したいのかに耳を傾け，理解する場に招かれる。

　ラルーは，進化型組織が成果を上げるのはこれら三つの要因にあるとしている。そして，彼は，このような三つの要因に基づいて組織を運営している数多くの事例を示している。それでは進化型組織にはどのようなものがあるのであろうか。以下では，ラルーが進化型組織の事例として示している三つの組織（ビュートゾルフ，ホラクラシー，モーニング・スター）と理想的な組織とされる二つの組織の特徴を示し，働く人々にとって理想的な組織がどのような特徴を持っているか検討しよう。

Ⅳ　働きがいのある最高の組織

1　ビュートゾルフ

　ラルーは，オランダで地域に密着した在宅ケアサービスを提供しているビュートゾルフ（Buurtzorg）が，進化型組織の最も優れたケースであるとしている。そこで，この組織がどのようなものか，その特徴について眺めて見よう。

　ビュートゾルフは，看護師のヨス・デ・ブロック（Jose de Blok）が2006年に設立した非営利の在宅ケア組織で[1]，看護師主導のホリスティクケアモデ

ルによって，オランダにコミュニティケアの革命を起こしているといわれる。創立者のヨス・デ・ブロックによると，1990年代，オランダではケア事業者が大規模化し，専門職への管理強化と分業化が進み，その結果，看護師は自律性とやりがいを奪われ，多くの看護師が現場を去っていた。そこで，彼は，看護師が本来の専門性を発揮することができれば，もっと良いケアを持続可能な形で提供できるのではないかと考え，よい看護師が働きたいと思う職場を作ることを考えてビュートゾルフを設立した。

　ビュートゾルフの活動の根底には，自分の人生で起こることについて，自分で判断して決定すれば，自分の人生に自ら影響を与えられるし，より幸せな人生を送ることができるという考え方がある。看護師なら誰でも質の高い看護を提供したいと思い，そのため常に自分のスキルを高めていきたいと思っている。そこで，彼は，ビュートゾルフの様々なシステムはそれを実現するためにあり，人はそうした職場ではやりがいを持って働くことができ，もっと勉強しようと学習し続ける雰囲気も生まれ，より高いものを目指す職場環境ができる，としている（Jose de Blok，他，2014，427-434ページ）。

　ビュートゾルフは，1チーム10人から最大12人の看護師を中心とする自主管理チームであり，チームには管理者はおらず，メンバー間に上下関係もなく，階層構造になっていない。チーム全員でケアとチーム運営に関わるあらゆる業務を行い，皆が必要と思う支援を，最善の方法で提供する仕組みになっている。そしてチームは週1回程度ミーティングを開き，利用者が直面している問題を話し合い，ケアの振り返り，役割や責任の確認を行い，互いに学び合う場が設けられている。またチームは，利用者のケアサービスの質の向上，教育，地域活動等についての年間計画を立てて取り組み，相互評価も行っている。各チームは，利用者，看護師の採用・教育，財務，イノベーション等すべてに裁量と責任を持っており，独立チームは人口約1万5000人エリアで約40−60人の利用者を支援する仕組みになっている，という（堀田，2014，441-444ページ）。

　ヨス・デ・ブロックによると，ビュートゾルフを支えているのはチームスピ

（1）ビュートゾルフについては，Buurtzorg，https://www.buurtzorg.com/，Buurtzorg Services Japan株式会社，http://buurtzorg-services-japan.com/，Jose de Blok，他（2014），堀田（2012，2014）を参照。

リットである。同じ考えを持って，お互いに信頼し合える人と一緒に仕事をしているということこそ，何よりも大切なポイントである，としている。ビュートゾルフのミッションは，①利用者と地域看護師の人間的な関係を基盤に，②自立支援とQOL（生活の質）向上につながる最良の解決策を見出すために，利用者と利用者の持つネットワークと協働，③専門性の高いケアを責任を持ってチームで提供する，④専門職としての職業倫理と基準に則り，必要以上のケアは提供しない，ということである。そして利用者については，①できるだけ自分自身の生活についてコントロールしたい，②自分自身の生活の質を維持し改善しようと努力する，③社会的関係を求めている，④人々との暖かい関係を求めている，と考えている（堀田, 2014, 443ページ）。

　このような自律的チームを支えるのが，バックオフィスとコーチである。バックオフィスというのは，報酬の請求，看護師の労働契約，給与支払い，財務諸表の作成といった在宅ケア組織にとって避けがたい事務を担うものである。これによって看護師は事務の仕事から解放されることになる。それはまた，新規チームの立ち上げ支援，イノベーション，品質管理，組織戦略立案等も行っている（堀田, 2014, 447ページ）。

　コーチは，チームからの要請を受け，担当チームを訪ねて，チーム自らが解決に至るように支援する。一人のコーチは，40－45チームを支援する。その役割は次のようなものである。①問題が起きた時それを解決すること，あるいは問題を解決してチームがどのように成長したかの振り返りを支援すること。②希望に応じて，ほかのチームの例等を共有することもある。ただしコーチ自身が良いと信じる解決策があるとしても，各チームが自ら選択することを促す。③チームに質問を投げかけ，チームがミッションに照らして物事を考える枠組みを手助けする（堀田, 2014, 447ページ）。

　このような取り組みによって，利用者の満足度は，在宅ケア組織の中でも最も高く，スタッフのコミットメントと満足感も高い，利用者一人当たりの提供時間は少ない，ケア提供時間も短い，労働生産性は高い，欠勤率・離職率も低い，という結果になっているとのことである。

　以上のようにビュートゾルフは，看護師を中心とする自主管理チームであり，チームには管理者はおらず，メンバー間に上下関係もなく，対等で平等な関係

の組織を形成し，チーム全員で利用者中心のケアを行い，利用者の満足やチームメンバーの満足，およびチームの生産性を高めているのである。

2　ホラクラシー

　ホラクラシーは，B. J.ロバートソン（Robertson, 2015）が提唱している組織である。ロバートソンによると，Holacracyとは，ホラーキー（hola-）の構造を持つ組織によるガバナンス（-cracy）という意味である（Robertson, 2015, 邦訳，67-68ページ）。ホラクラシーは組織を管理運営するための新しいソーシャル・テクノロジーであり，従来型の組織のルールとは違う一連の中核的なルールに則っている。ロバートソンによると，ホラクラシーは，組織が目的を実現できるよう，クリエイティブな能力を解き放とうという目標の下に，施行錯誤を繰り返して様々な実験などを行った実践から生まれた，という。

　ホラクラシーは，上司と部下の関係がない，組織の階層性を表す肩書がないなどの自主管理チームの組織である。チームはサークルと呼ばれ，それは完全に自律し，チーム内でどのような役割を割り当てるか，チームメンバーはお互いにどのようなコミットメントをするのか，といった問題を自分達で話し合い，決める。そのホラクラシーには次のような要素がある（Robertson, 2015, 邦訳，28-29ページ）。①「ゲームのルール」を明示し，権限を再配分する憲法，②組織を構築し，人々の役割と権限の及ぶ範囲を規定する新しい方法，③それらの役割と権限をアップデートするためのユニークな意思決定プロセス，④チームを常に最新の情報に同期化し，一緒に仕事をやり遂げるためのミーティング・プロセス，である。

　ホラクラシーの目的は，仕事を体系化することであり，人を組織することではない。それは，組織を構成するものは人ではなく，役割と機能であると考えているからである。そのため，ホラクラシーでは，人とその人が担う役割とを明確に区別する。ホラクラシーの第一の特徴は，役割が決められていくプロセスにある。例えば，ある人が自分が担当している現在の役割に疑問を感じたとすると，その人は，自分のチーム内のガバナンス（統治）・ミーティングに提案する。ミーティングでは，①提案が発表される，②問題点の明確化，③反応ラウンド（提案に対して反対意見を述べる），④修正と明確化，⑤異議申し立

てラウンド，⑥統合ラウンド，のプロセスに従って採決される（Robertson, 2015，邦訳，110-129ページ）。どのチームもこのプロセスを通じて，毎月複数の役割を適応させ，明確化し，新たにつくり，あるいは廃止したりしている。

　組織のオペレーションは，すべてガバナンスが構築したものの上に行われる。ガバナンスは，組織の権力のあり方であり，すべての権限や期待はガバナンス・プロセスから流れる。ガバナンスは，一人のリーダーを仲裁者として頼るのではなく，皆から情報収集して検討する「統合的」プロセスを用いて，組織の大元にある事柄に対処する。ホラクラシーでは，ガバナンスの枠外で発生するすべてのことがオペレーションの領分である。オペレーションとは，与えられた役割を担い仕事をこなすためにガバナンスで規定された構造を使うこと，またガバナンスが描いた役割同士の関係に基づき，他のチームメンバーと仕事を効果的に協調させることである。ホラクラシーでは，ガバナンスを通じて生み出された基礎的構造に，さらにオペレーション上の区別や，ルールや，軽めのプロセスが内包されており，チームが協同で仕事を遂行し，役割を実現することを支えている（Robertson, 2015，邦訳，138-141ページ）。

　このようにホラクラシーは，個々人が抱える問題や課題をチームとして解決することで個々人の仕事を有効に遂行する。それは，チームメンバーが対等に対話することで，彼らや彼女らの仕事を全うするための方法を発見できるようチームを支援し，チーム全体が発展する組織である。

3　モーニング・スター

　モーニング・スター（Morning Star）は，トラックのオーナー経営者であったクリス・ルーファー（Chris Rufer）が1970年に設立したトマト専門の生産・運送業者で[(2)]，今日，アメリカ合衆国におけるトマトの加工および運送分野で圧倒的なシェアを確保しているといわれる。最初のトマト工場を建設したとき，クリス・ルーファーと最初の従業員は，どうやって一緒に働きたいかを話し合い，次の二つの原則に従って，モーニング・スターのあらゆる経営慣行を

（2）モーニング・スター（Morning Star）については，The Morning Star Company, http://www.morningstarco.com/, Hamel（2011）を参照。

進めようと決めた。①個人は決してほかの人を強制してはいけない，②それぞれの約束を守ること，である。モーニング・スターはこの基本原則に忠実に従って運営されることになった。

　会社のミッションは，安価で環境にやさしい方法で顧客の期待に応える品質とサービスを絶えず達成するようにトマトの製造とサービスを提供することである。そして，組織のビジョンとして，トマト製造業界でオリンピックの金メダル受賞者になること，明らかに素晴らしい生産性と個人の幸福を達成するために，個々人の才能と努力を組織する卓越したシステムを開発し実施すること，従業員自身とサービスを提供している人々に対して幸せをもたらしてより調和のとれた裕福な生活の機会を提供すること，である。

　モーニング・スターは，自主管理という基本的な哲学に基づいて構築されている。この会社は，他者からの指示を受けず同僚，顧客，供給業者，同業者と活動を調整し，コミュニケーションを行う自主管理専門家の組織である。同僚（従業員）はそれぞれ独自の才能を使って喜びや感動を見つけ，同僚の活動を補完し強化する活動にそれぞれの才能を使うこと，またミッションを達成することに個人的責任を引き受けることである。同僚の原則としては，①ミッション，②個人の目標とチームワーク，③個人の責任とイニシャチブ，④忍耐，⑤直接のコミュニケーションと合意形成，⑥配慮と共有，⑦正しいことを実行すること，である。モーニング・スターの同僚になると，同僚は個人的なミッション・ステートメントを書き，自分が約束した役割をすべて「仲間達への覚書」に書き出す。

　モーニング・スターを調査したG. ハメル（Hamel）によると，モーニング・スターは次のような10の特徴を持っている（Hamel, 2011）。①使命（ミッション）を上司の代わりにする，②社員同士で合意を形成させる，③全員に本当の意味での権限を与える，④社員を枠にはめない，⑤昇進するためではなく，影響を及ぼすための競争を奨励する，⑥明確な目標とガラス張りのデータ，⑦計算と協議，⑧対立の解消と適正手続き，⑨同僚による評価と異議の申し立て，⑩互選制の報酬委員会，である。ハメルは，このような自主管理は，従業員の主体性が強まり，専門性が深まり，融通が利く，協調性が高まり，よりよい判断ができる，忠誠心が厚くなる，としている。

　以上はラルーが進化型組織の事例として示している組織であるが，これら三つの組織に共通する特徴はチームのメンバーは上司と部下の関係がなく，対等平等の関係で，個々のメンバーが抱える問題は，対話型のコミュニケーションを行って解決し，自らの役割の知識や技能を向上させるために相互学習を行い，チーム全体のスキルアップを行い，働きがいのある職場を形成して，高業績を上げていることである。次に，これらの組織の他に，働きがいのある理想的な組織の特徴とは何かについて眺めて見よう。

4　夢の組織

　R.ゴーフィー（Goffee）とG.ジョーンズ（Jones）は，世界で一番働きたいと思ってもらえる組織を作る必要があるとして，DREAMS（夢の組織）を提唱している（Goffee and Jones, 2013, 2015）。彼らによると，人々が理想的な組織を求めているのは，世界が次のように変化しているからである。第一は，資本主義のあり方が変わりつつあることである。それは，人々が暮らしを立てるという基本的要求を超えて，説明責任，自己表現と能力開発の機会，透明性，即応性をさらに求めている。第二は，組織は今や複雑性と多様性から成る世界に直面しており，経済大国のあり方が世界的に変化している。第三は，技術と科学の変化のスピードが歴史上かつてないほど速くなっており，私たちを取り巻く状況を変えてしまったことである。第四は，多くの成熟した国々は，人口構造上の時限爆弾を抱えていることである（Goffee and Jones, 2015, 邦訳, 13-18ページ）。

　ゴーフィーとジョーンズによると，今日の組織は，社会構造や労働市場の条件によって職業が決まってしまう強制的分業と経済制度が倫理的規制を欠いているアノミー的分業が混ざっている世界である。そこで，彼らは，理想の組織とはどんなものかを問い続け，その回答が六つの原則に従って作られた組織であり，それが以下の頭文字のDREAMSで表わされる組織であるとしている（Goffee and Jones, 2015, 邦訳, 22-33ページ）。

　Dの（Difference）は，ありのままでいられる場所，他者とは違う自分のあり方や物の見方を表現できるところで働きたいことである。Rの徹底的に正直であること（Radical honesty）は，今，実際に起こっていることを知りたい

　ことである。Ｅの特別な価値（Extra value）は，自己の強みを大きく伸ばしてくれて，自己の成長に特別な価値を負荷してくれる組織で働きたいことである。Ａの本物であること（Authenticity）は，誇りに思える組織，良いと思えることを本当に支持しているような組織で働きたいことである。組織が本物であれば，そこで働く人が，仕事を通じて最高の自分になり，最高の力を発揮できる。Ｍの意義（Meaning）は，毎日の仕事を意義あるものにしたいことである。Ｓのシンプルなルール（Simple rule）は，バカげたルールや一部の人だけに適用されて他の人には当てはまらないようなルールに邪魔されたくないことである。理想の組織とは，社員が納得して従えるような明確なルールがあり，その明確さとシンプルさを維持することに決して注意を怠らない組織ということである。

　ゴーフィーとジョーンズによると，このような夢の組織作りに成功するためには，二つの要因がある（Goffee and Jones, 2015, 邦訳, 298-300ページ）。重要な成功要因の一つ目は，トップ経営者の弾力的な支援である。経営者が，すぐれた組織を作ることのメリットを納得し，そのような組織を開発することに気持ちの面で肩入れすることである。もう一つの要因は，成果に直結するように実行することである。それは，もし，今，ゴシップや噂話等の否定的な話題が目立つカルチャーが生まれているなら，Ｒの徹底的に正直であることを追求することである。また最も優秀な人材に働き続けてもらうことが難しくなっているなら，Ｅの特別な価値に取り組むことである。組織が何を良いものとして支持しているのかあいまいになっていたら，Ａの本物であることに着手することである。社員の貢献意欲が低いなら，Ｍの意義について取り掛かることである。最後に，組織が複雑になっているならＳのシンプルなルールを作ることである（Goffee and Jones, 2015, 邦訳, 278-313ページ）。

　このようにゴーフィーとジョーンズは，世界で一番働きたい組織としてDREAMS（夢の組織）の作り方を示している。その夢の組織あるいは本物の組織で働く人々は，自分の仕事に誇りを持ち，自分の仕事に固有の意義を見出すことができ，それによって組織は高業績を達成できるということである。

5　グレートカンパニー

　R．カールガード（Karlgaard）は，永続的に成功する企業の条件として，①戦略，②ハードエッジ（スピード，コスト，資本効率などの企業の実行力），③ソフトエッジが卓越していることであるが，これまでは①や②が重視されてきたが，しかし，今後，企業の持続的優位性を支えるのはソフトエッジであるとして，その条件を明らかにしている（Karlgaard, 2014, 邦訳, 1-24ページ）。

　ソフトエッジは次の五つの要素から成っている（Karlgaard, 2014, 邦訳, 12-18頁）。①信頼，②知性（経験から学び取る力），③チーム（効果的なチームワーク），④テイスト（心の最も深いところに響く，万人の感性に訴えるもの，感情をゆさぶるもの），⑤こころに残るストーリー，である。

　彼によると，①の信頼はソフトエッジの土台であり，最も働きがいのある会社を作る本当の土台である。組織にとって信頼には二つの側面がある。一つは，顧客との間に築く「対外的な」信頼である。他の側面は，「対内的な」信頼であり，従業員とマネジャーと経営幹部の間に築かれる。報酬でも特権でもなく，信頼こそが「最も働きがいのある会社」のリストに名を連ねるのに必要なものであり，信頼関係が築かれることが素晴らしい職場の際立った特徴である。それは，高潔さや尊敬や誇り，そして，それらの感情によって生まれる信頼感が現実に利益を生み，生産性を飛躍的に向上させるからである（Karlgaard, 2014, 邦訳, 47-86ページ）。

　カールガードによると，チームは柔軟でスピードのある小さな組織で，グローバル経済ではコラボレーションとイノベーションが不可欠であり，そのためには効果的なチームワークが極めて重要になる。チームの規模として，10人前後が適切で，それは，他のメンバーを気遣いやすく，情報もはるかに共有しやすく，互いに助け合うことも多くなるからである。また個別に仕事をするより，チームとして取り組むほうが，ストレスにうまく対処したり，柔軟に行動したり，よい決定をしたり，生産性を上げることができるからである。共有することこそ優れたチームワークの真髄である。チームとして成功するためには，知識と意見と気づきを共有するプロセスを必ず踏むことである。またチームが競争相手よりよい仕事をして高い業績をあげるためには，異なる意見や違った

観点を持つ人々を大切なグループメンバーと考える必要がある。多様性は，価値を生み出し，チームの業績を向上させる。また多様性には，様々な情報や経験を持つメンバーがつながっていたりするので，多様性のあるチームは創造的に問題解決する力を高め，知識とスキルの幅を広げ，より質の高い解決策を編み出し，それを素早く実行することにもなる（Karlgaard, 2014, 邦訳, 131-178ページ）。

　カールガードは，このようなことから，チームは10人前後の場合に最高の業績をあげる傾向がある，少人数のチームのほうが素早く行動できる，チームが全力を尽くすのは認知的多様性が促進されているときである，過去の困難を乗り越えた経験を持っている人をメンバーにすると，最高にしっかりしたチームをつくることができる，チームリーダーは大きな期待というプレゼントをどんどん与えるべきである，としている（Karlgaard, 2014, 邦訳, 178ページ）。

　人は誰でも，尊敬され，意欲を高め，成長を続けるチャンスを欲しいと思っているので，このようなチームを形成することが，ソフトエッジにおける真の強みであり，グレートカンパニーを構築することが重要ということである。

　以上，働きがいのある最高の組織の特徴について述べてきたが，それらは次のような共通の特徴を持っているといえる。第一に，小集団ないしチームの形態になっていることである。第二に，組織成員ないしチームメンバー間に信頼関係があり，それぞれ助け支え合う関係があることである。第三は，チームメンバーのそれぞれの仕事に対して大幅な権限が与えられていることである。そのため，第四は，組織はリーダーと部下の上下関係にある階層構造ではなく，フラットな組織形態になっていることである。第五は，個々人が問題を抱えたとき，チーム全体で対話して解決する仕組みになっていることである。第六は，それぞれの業績評価については，一人の管理者ないしリーダーが評価するのではなく，チーム全体で対話して評価することである。第七は，絶えず相互学習し，チーム全体で学習して，仕事の遂行に必要な知識や技能を高めていることである。第八に，経営者（リーダー）を含めて，メンバー全体が働きやすい職場環境を形成するために努力していることである。

　このような特徴は，第2章で述べた①成員間の信頼関係，②支援関係，③コミュニケーション，④コミットメント，⑤成員間のシナジー，⑥相互学習，と

一致している。成員間に信頼関係と支援関係があり，成員間にオープンで自由なコミュニケーションが行われ，成員が高いコミットメントを有し，多様なスキルを持った成員が相乗効果的に協働し，成員が相互に学習し合うことができるチームが理想的な組織ということである。

V　最高の組織作りの条件

1　意識の発達段階と組織発展の類型

　以上の働きがいのある最高の組織の特徴は，組織運営の仕組みやシステムを中心的に示している。しかし，それらは意識の発達段階とどのような関係にあるのか，あるいは意識の発達段階が組織成員間に共有される価値観や組織文化とどのような関係にあるかについては明らかにしていない。それらは個々人の意識や行動，あるいは組織の平均的文化レベルとどのような関係にあるかまでは明らかにしていない。すなわち，組織成員の意識や行動，成員に共有される価値観を含む組織の全体的特徴までは明らかではないのである。

　それでは意識の発達段階と組織発展の類型の関係はどのように捉えられるのであろうか。ラルーは進化レベルまでしか分析していないが，われわれは前述のように経営者の意識の発達段階がスピリチュアルレベルまであることを示している。ラルーは人間の意識の発達の最高段階までは明らかにしていないのである。

　図7－1は，第6章で述べた四象限モデルと経営者の意識の発達レベルと組織の発展段階（類型）を示している。経営者の意識の発達段階には自己中心レベルもあるが，この段階の人が経営者として組織を運営することは困難であるので，自組織中心レベル以上を示してある。それでは経営者の意識の発達段階に応じて組織はどのように発展するのであろうか。それらは，①利益極大化志向型組織，②法令遵守型組織，③多文化共生型組織，④地球市民型組織，⑤スピリチュアル組織である。①から④まではラルーの組織のタイプにほぼ相当するので，概略的に説明し，ここではスピリチュアル組織について説明しよう。

　①利益極大化志向型組織は，今日の市場経済中心の社会では一般的な企業形

図7−1　意識の発達段階と組織発展の類型

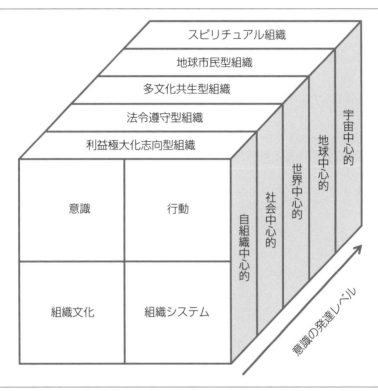

スピリチュアル組織

地球市民型組織

多文化共生型組織

法令遵守型組織

利益極大化志向型組織

意識　　　行動

組織文化　　組織システム

自組織中心的　社会中心的　世界中心的　地球中心的　宇宙中心的

意識の発達レベル

出所）狩俣正雄（2017）『スピリチュアル経営のリーダーシップ』中央経済社，237ページを一部修正。

　態である。このレベルの組織は，組織成員を利益追求の手段と捉え，何よりも利益の追求（極大化）こそ重要であると考えて，経済利益中心主義に行動する。そこでは，組織成員に対する人権への配慮や人間の尊厳の尊重の考え方はなく，社会問題や環境問題も企業の利益に役立たない限り考慮することはない。この段階の組織（企業）では，結果として長時間労働，過労死，過度のストレス，鬱などの問題が生じ，働く人々の労働意欲の低下，組織への忠誠心やコミットメントの低下，離職者の増大等の問題を起こすことになる。

　②法令遵守型組織は，意識の発達段階としては社会中心的レベルで，自組織を超えて，社会の法律や制度的な市場経済法則に従って行動する。これは，自

組織の利益を超えて業界全体あるいは社会全体の利益を考慮する立場である。この段階の経営者は合理的世界観を持ち，ギブアンドテイク（give and take）の取引型のリーダーシップを行う。

　③多文化共生型組織は，意識の発達段階としては世界中心的レベルで，社会を超えて，世界全体の視点から自己の存在を捉え，世界そのものの繁栄と平和を求め，すべての人々の福利を中心に考えて行動する。この段階の組織は，組織成員の仕事の意味や生きる意味に関わるロゴスを喚起し，相互支援の組織文化や信頼関係を形成して地域社会や世界の人々に貢献する組織活動を展開する。

　④地球市民型組織は，発達段階としては地球中心的レベルで，人類全体の持続的発展，地球環境の保全を考慮し，地球を大切にして行動する。この段階の組織は，それぞれの段階の相対的真実を認識し，超国家的な組織の実現，本来的意味での地球市民の実現を求めて行動する。

　⑤スピリチュアル組織は，宇宙中心的レベルの発達段階の組織である。この組織は，人類全体の持続的発展，地球環境の保全を考慮し，地球や宇宙を大切にして行動する。この段階は，自己における心と身体を統合する意識であり，個を超える意識が始まり，スピリットを意識し始める段階である。したがって，四象限モデルの左上象限は意識の最高段階であるスピリチュアルレベルとなる。そこで，このレベルの組織成員は自己超越的に行動し，利他主義的愛に基づき，経済的利益よりも他者や社会全体の利益を求めて行動するようになる。この組織は，働きがいのある最高の組織ないしはチームということになる。

　このレベルでの左下象限は，利他主義的組織文化，高い価値規範，高い経営倫理を有し，良好な人間関係，高い信頼関係，相互支援関係を示す。そこでは自己超越的なコミュニケーションを行う関係が形成される。リーダーと従業員が自己超越的に接し，他者を尊重し，他者の真の声を聴き，他者の問題と一体化することで自己超越的なコミュニケーションは可能となる。

　右下象限は，快適な物的作業環境や仕事に見合う十分な報酬体系，規則体系，逆ピラミッド型の組織構造などを示す。また仕事に見合った生活をする上で十分な報酬や，従業員が天職感を得られるような仕事がある。これによって，従業員は働きがいや生きがいを見つけ，充実感を得られるようになる。

　右上象限は，自己超越的行為，憐情的行為，利他的行為を示す。自己超越性

は，自己利益を越えて他者や社会あるいは地球全体の利益を考慮することである。自己超越性は，利他的愛に基づき他者や社会の利益を求めることである。そして，憐情的行動は利他的愛の行為として現れるものであり，スピリチュアル行為である。

図7－2は，以上の各象限の特徴を示している。このレベルは，働く人々が意味実現し，働きがいが得られる組織であり，スピリチュアル経営として表される。スピリチュアル経営は，リーダーが職場におけるスピリチュアルな欲求や価値の重要性を認識し，人々（従業員）を単に物質的，肉体的，心理的存在としてのみ捉えるのではなく，スピリチュアルな存在として捉え，組織の使命やそのスピリチュアルな価値を成員と共有し，彼らや彼女らの意味実現を支援

図7－2　働きがいのある最高の組織（チーム）の特徴

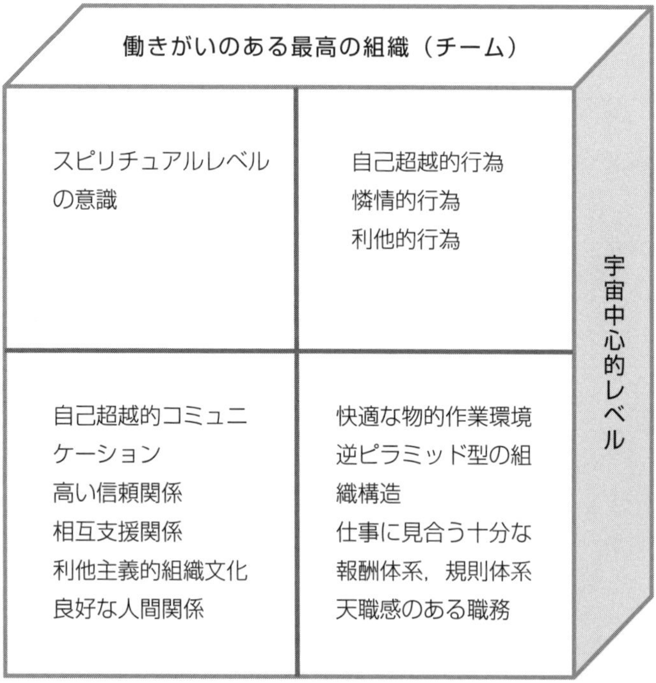

出所）狩俣正雄（2017）『スピリチュアル経営のリーダーシップ』中央経済社，241ページを一部修正。

し，自己超越的に行動するように運営する。この意味で，組織成員の意識をいかに高めるかが，ここでの経営者の課題である。それではどうすれば意識の高い組織は形成できるのであろうか。そのための条件は何であろうか。次に，この点について検討しよう。

2　最高の組織作りの条件

　職場における働きがいや意味充実を図る組織を構築するためには，何よりも組織成員，なかんずく経営者の意識が高くなければできない。働きがいのある最高の組織を構築するためには，経営者はスピリチュアリティに基づいて経営する必要がある。しかしながら，多くの人々がウィルバーの意識の発達段階での神話（自組織中心）レベルであり，せいぜい合理的（社会中心）レベルにあるならば，相対的（世界中心）レベル以上の組織を構築することは困難である。しかし，困難であるとしても働く人々にとって最高の職場，多くの利害関係者にとって良い組織が持続可能な組織であるならば，組織が長期的に存続発展するためには，そのような組織を構築する必要がある。

　働きがいのある最高の組織を構築するためには次の点が求められる。第一は，経営者が高いレベルへ成長発達することである。そして，そのために自ら高い発達段階を求めて研鑽し，成長を続ける努力をすることである。少なくとも，世界中心レベルから，地球中心，宇宙中心レベルへ，すなわちスピリチュアリティを求めて努力研鑽することである。しかし，いくら経営者が高いレベルにあっても，組織としての意識の発達レベルは組織成員全体の平均レベルを表すので，意識レベルを高めるためには組織全体として意識を高める教育研修をすることである。

　そのためには経営者は次の役割を果たすことが重要である。一つ目の役割は，経営者が自己や役員の発達レベルがどの段階にあるかを把握することである。これは意識，思考，道徳，世界観や人生観などの左上象限でのレベルを把握することである。二つ目は，自組織の発達レベルがどの段階にあるかを診断し，把握することである。これは組織全体の平均レベルの倫理観，世界観，価値観，あるいは組織文化や倫理風土などの左下象限に関わっている。三つ目は，倫理規範，組織構造，報酬体系，罰則規定などの企業の外的システム，すなわち右

下象限がどのようなものかを把握することである。四つ目は，組織成員の職務行動や倫理的行動などがどのようなものか把握することである。組織活動は，最終的には個々の成員の行動であり，組織目的達成行動をするか，倫理的行為をするか，あるいは法令に反する不祥事を起こすかで現れる。これらの役割は，四象限モデルに基づいてそれぞれの象限の現在の状態，レベル，ライン，タイプを把握することを意味している。

そこで，意識の高い組織づくりの第二の条件としては，組織の現状やタイプなどを把握した後で，その望ましい状態やレベル，すなわち目標を設定することである。そして，四象限モデルに沿ってそれぞれの象限での目標達成に必要な施策を実施することである。目標達成のための発達レベル（左上象限），目標とする組織文化の構築（左下象限），目標とする組織のシステム，すなわち組織構造，倫理規範，罰則規定，報酬規程などの制定（右下象限），理想とする成員の職務活動ないし模範的行動（右上象限）を奨励するのである。

第三は，経営者の意識の発達が高いレベルにない場合の課題である。これは，経営者の発達がたとえスピリチュアリティの段階でなくても，少なくともラインとしてのスピリチュアリティの存在を認めることである。人間には多様なラインがあるが，近年，マネジメントでもSQ（スピリチュアル知能）の存在が認められ，SQの重要性が認識されてきている（Zohar and Marshall, 2000）。

C. ヴィグラスヴォース（Wigglesworth）は，人の知能を身体，知的，感情，スピリチュアルな知能の四つに分類している（Wigglesworth, 2012, pp.15-31）。PQ（Physical Intelligence Quotient）は，身体的知能で，ライフサイクルの最初に現れ，乳幼児期で，その能力の習得に時間が充てられる。人生の後半では栄養，運動，睡眠などから病気の予防までの肉体の適切なケアを行うことで意識される。IQ（Intelligence Quotient）は，知能指数ないし認知的知能で，論理的な問題や戦略的な問題を解決するときに役立つもので，言語能力，数学的能力などである。EQ（Emotional Intelligence Quotient）は，感情的知能で，こころの知能（感情）指数と呼ばれる。これは，自分の感情を認識したり，制御したり，共感したりする能力であり，人間関係処理能力である。

SQ（Spiritual Intelligence Quotient）は，スピリチュアル知能である。SQとは，どのような状況でも，内的および外的な平穏を保ちながら，知恵と憐情

を持って行動する能力である。SQが高いことは，精神的なものを使って視野を広げることができ，より豊かで意義深い人生を送ることに意味を見出し，人としての完全さ，人生の目的や方向性などを感じることができる（Wiggles-worth, 2012, p.8）。

このようなSQが阻害されると，人々は職場で働くことの意味を失い，組織目的を達成しようとするモチベーションを低下させることになる。これは，今日のマネジメントでは，知性，感情，身体，スピリットが重要であり，特に，スピリットは人間の身体に宿っている生命力であり，エネルギーの源であり，知性，感情，身体の三つの基礎にあるからである。このことは発達の最高レベルのスピリチュアリティではなくとも，ラインとしてのスピリチュアリティが組織にとっては重要な要因であることを意味している。

組織成員が働く意味や働きがいを求め，精神的な充足を求めているならば，スピリチュアリティはマネジメントでも重要な問題である。もし経営者が組織成員をスピリチュアルな存在として捉え，スピリチュアリティの欲求を満たすように仕事を工夫するならば，組織成員の態度は変化し，結果として生産性や業績も向上する。J. B. キウーラ（Ciulla, 2000, p.227, 邦訳，400ページ）がいうように，人間は敬意を持って扱われ，意味のある仕事を通じてまっとうな暮らしができれば満足するからである。経営者は，少なくとも組織成員をスピリチュアルな存在として捉え，尊敬と敬意を持って扱うことが必要なのである。

第四の条件は，利害関係者から信頼される組織を構築することである。どのような組織であれ，その存続発展の最低限の条件は組織に関わる人々から信頼されることである。組織ないし企業がどのように崇高な理念を掲げ，高い理想を掲げても，日々の活動で人々の期待を裏切り，信頼されなければ，最高の組織は実現できない。経営者と組織成員との間に，あるいは成員間に絶対的信頼がなければ働きがいのある最高の組織はできないのである。

VI　結び

以上，経営者の意識の発達段階とそれに対応した組織の発展タイプを示してきた。人間の意識が発達し成長するということは，自己中心的な思考や行動か

ら，他者，社会，世界，宇宙へと視点を拡大し，より広い，より高い，あるいは深い視点で思考し行動することである。経営者の意識の発達段階には，自己中心，自組織中心，社会中心，世界中心，地球中心，宇宙中心レベルがある。その中で自己中心レベルの人が経営者として組織を運営することは困難であるので，本章では自組織中心レベル以上に対応した組織の発展タイプを示してきた。それらは利益極大化志向型，法令遵守型，多文化共生型，地球市民型，そしてスピリチュアル組織である。スピリチュアル組織はラルーの進化型組織よりも一段高いレベルの組織である。この段階の組織は現代社会では極めてまれであるが，しかし，人々がスピリチュアルな価値を求め，また人々の意識の発達の最高の段階がスピリチュアルレベルを求めるならば，スピリチュアル組織の特徴を明らかにすることは重要である。それは，人々は意識が発達するにつれて，働きがいのある最高の組織，理想的な組織を求め，その実現のために努力するからである。

　そこで，現実には理想的組織の実現が困難であるとしても，本章はそのような組織作りの条件を明らかにしてきた。その第一の条件は，経営者自身が高いレベルへ成長することである。そして，そのために自ら高い発達段階を求めて研鑽し，成長を続ける努力をすることである。第二の条件は，組織の現状やレベルなどを把握し，組織の望ましい状態やレベル（目標）を設定し，その達成のために努力することである。第三の条件は，経営者が少なくともラインとしてのスピリチュアリティの存在を認め，組織成員をスピリチュアルな存在として扱うことである。第四は，利害関係者から信頼される組織を構築することである。スピリチュアル組織に限らず，どのような組織でも，その存続発展の最低限の条件は組織に関わる人々から信頼されることにあるからである。このような条件が整うことで，意識の高いスピリチュアリティに基づく最高の職場や充実したチームは形成できるのである。

第8章

チームにおけるリーダーシップ

Ⅰ　序

　一般に，集団や組織のリーダーがどのようなリーダーシップをとるかということがその集団や組織の成否を規定すると考えられている。もちろん組織の成否は，組織に直面する諸問題をその成員がどのように解決するかということに依存している。しかし，これは，最終的には個々の成員を結集してそれらの問題を解決するリーダーシップに依存する。すなわち，組織の存続発展は有効なリーダーシップに依存するのである。そのため，すぐれたリーダーシップに対する要求はほとんどの集団や組織にあり，有効なリーダーシップが求められている。

　このようなことから組織においては有効なリーダーシップとは何か，あるいは有効なリーダーシップの規定要因は何かなどリーダーシップに関して多くの研究が行われ，様々な理論やモデルが表されている。

　本章では，先ず，これまでの代表的なリーダーシップ理論やモデルを検討する。そしてリーダーシップとは何か，その定義を示し，チームにおけるリーダーの役割について明らかにする。

Ⅱ　リーダーシップ理論の展開

　リーダーシップの研究は，社会科学の多くの分野で数多く行われ，多種多様な理論やモデルが表されている。以下では，従来の代表的な理論と，最近の理論について紹介する。

1 特性理論

　リーダーシップ研究における最初の理論は，特性理論（traits theory）と言われるものである。この理論は，リーダーのパーソナリティないし特性がリーダーシップの有効性を規定するという考え方で，リーダーのいかなる特性が有効かを分析し，成功したリーダーに共通する特性を発見しようとする。

　それではパーソナリティとは何であろうか。パーソナリティ（personality）に関しては心理学で幅広く研究が行われているが，代表的なものとして，5因子モデルがある。これについては第3章でも若干述べたが，特性理論とも関係するので，D. ネトル（Nettile, 2007）の5因子について述べよう。ネトルは，パーソナリティ特性を特定のタイプの状況に反応すべくデザインされた心のメカニズムの，反応性における安定した個体差であると定義し（Nettile, 2007, 邦訳, 51ページ），パーソナリティのビッグ・ファイブである外向性，神経質傾向，誠実性，調和性，解放性について次のように説明している。

　外向性（Extraversion）とは，ポジティブな情動の反応に見られる個人差である。外向性のスコアが高い人は，反応性が高く，仲間，興奮，達成，賛美，ロマンスなどの快感を手に入れるために必死になる。外向性がポジティブな情動に関わるのに対して，神経質傾向（Neuroticism）は，ネガティブな情動に関わっている。ネガティブな情動は私たちの体と心を保護するシステムである。神経質傾向の高い人々は，物事の現状が正しくないと感じ，それを変えたいと思っている。この意味で彼らは革新者となる。また失敗を恐れるため，それが動機となって必死に努力する。誠実性（Conscientiousness）は，人が内に持っている基準やプランに固執することである。誠実性のスコアの高い人は，まじめできちんとしており，自己をコントロールできる。他方，誠実性の低い人は，衝動的で，気の向くままに行動し，意志が弱い。誠実性のスコアの高い人は，多くの目標を設定して，それをこつこつ実行していくが，低い人は少ない目標しか設定せず，その目標に固執することもあまりない。そこで，職業上の成功を予測するうえで最も信頼できる要因は誠実性で，誠実性のスコアが高ければ高いほど，成功の可能性も大きくなる。

　調和性（Agreeableness）は，本質的に人がどれほど他者に配慮しているか

を示す。調和性の高い人は，協力的で信頼でき，共感性があり，他者を助け，調和的な対人関係をもち，良好な社会的サポートを持つ。また，人と争ったり，侮辱することもめったにしない。何があってもすぐに許し，実際に相手が悪くても怒ることはない。これに対して，低い人は，冷淡で，敵意があり，不服従である。また他の人を信頼したり助けたりせず，冷淡だったり敵対的になる傾向が強く，人間関係は調和を欠く。開放性（Openness）は，想像力と芸術性を追求する才能とその創作に関連している。開放性のスコアの高い人は，芸術や研究に関係する仕事に強く惹かれ，それらを追求するために，しばしば伝統的で画一的な組織ややり方を避ける。開放性の高い人の典型は，詩人や芸術家である。

　以上，五つのパーソナリティ特性を示してきたが，リーダーシップの特性理論は，リーダーがどのようなパーソナリティを持っているかが部下の行動や組織業績に大きく影響を与えると考えている。この理論の基本には，有効なリーダーは一般の人々や部下とは異なる優れた資質，あるいは独自の特徴を持っている，という考え方がある。そこで，この理論は成功したリーダーに共通する特徴を明らかにすることを目的とし，英雄や偉人と言われる人々の特性の研究に焦点をあてる。そして，そのような人々の特性と非リーダーの特性を明らかにすることで，リーダーの選抜に役立てようとする。すなわち，成功したリーダーに共通する特性を持っている人をリーダーに選抜することによって，効果的なリーダーシップが発揮され，その結果，そのリーダーのいる組織は成功すると考えるのである。

　R. M. ストグディル（Stogdill）は，多数のリーダーシップ研究の文献を検討して，それを次のように要約している（Stogdill, 1948, p.63）。

　(1)15以上の研究で，集団の平均の人より一般に優れた特性として挙げられるものは，①知能，②学力，③責任遂行の信頼性，④活動と社会参加，⑤社会経済的地位である。

　(2)10以上の研究で，平均の人より優れている特性は，①社交性，②創造性，③持続性，④知見，⑤自信，⑥事態についての洞察，⑦協調性，⑧人気，⑨適応性，⑩言語能力である。

　(3)少年の仲間では，運動能力や体力がリーダーの特徴として見られ，大人で

は，不屈の精神や誠実が見られた。

(4)リーダーシップと高い相関関係にある特性は，①創造力，②人気，③社交性，④判断力，⑤積極性，⑥優越欲，⑦ユーモア，⑧協調性，⑨活発性，⑩運動能力であった。

(5)年齢，身長，体重，体格，エネルギー，容姿，優越，気分の統制のような変数とリーダーシップとの間には，低い相関関係が見られた。

R. D. マン（Mann）は，従来の研究を検討して，パーソナリティの側面とリーダーシップとの間の関係を分析し，そのパーソナリティとして，①知能，②適応性，③外向性，④優越性，⑤男性性，⑥保守性，⑦感受性を挙げている（Mann, 1959, pp.241-270）。

このように特性理論は，リーダーとしての資質や能力とは何かを明らかにして，誰をリーダーにするかを選抜するのに妥当性を持っていると考えられている。しかし，この理論にはパーソナリティを評価する尺度が十分でないという問題がある。そのため，有効なリーダーと有効でないリーダーとの間を区別する特性が明確に示されていない。また，この理論は，リーダーの特性のみに注目し，成員との関係や状況要因を考慮していないという問題もある。さらに，リーダーが部下の業績に対応して働きかける影響過程も明らかにしていないのである。

2　行動理論

行動理論（behavioral theory）は，リーダーの行動パターンとその有効性を関係づけ，最も効果的な行動パターンを明らかにしている。この理論は，R. ホワイト（White）とR. リピット（Lippitt）達が実施した実験によって起こっている（White and Lippitt, 1968）。この実験は，10歳の子どもたち五人の集団を対象として，趣味的な活動に関して，三つのリーダー行動の型と集団成員の行動との関係を調査した。リーダーの行動の型は，(1)専制型（authoritarian），(2)民主型（democratic），(3)放任型（laissez-faire），の三つである。

この実験結果を要約すると次の通りである。①民主型が仕事への動機づけや創造性の点で優れ，また集団の団結度と友好の雰囲気が生じた。②専制型では，成員の間に敵意と攻撃性が高まり，身代わり犠牲を出すことが多く，しかも潜

図8−1　マネジェリアル・グリッド

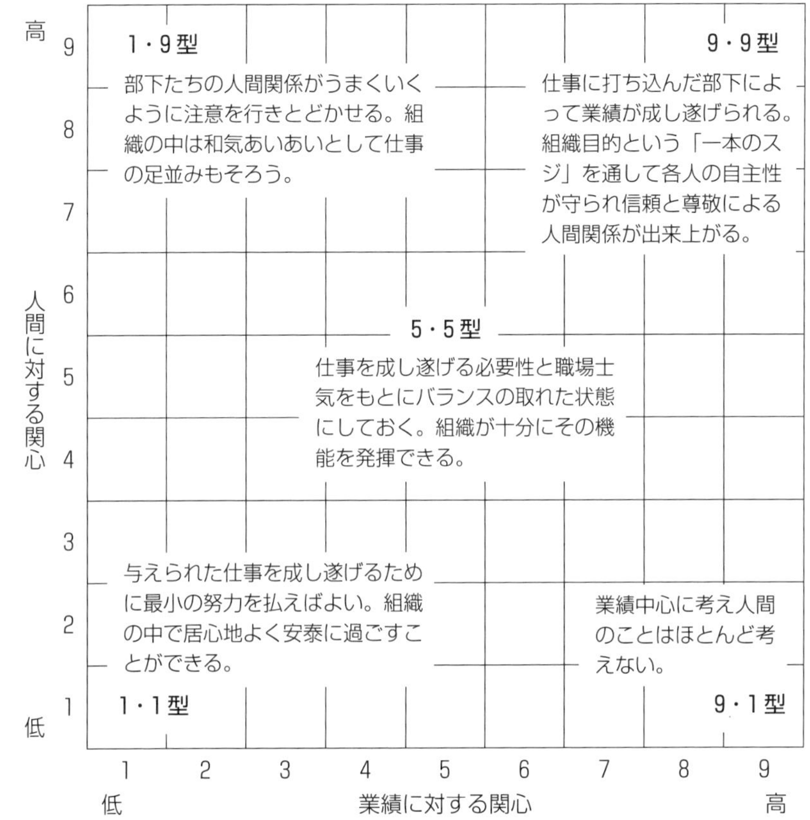

高　9　**1・9型**
部下たちの人間関係がうまくいく
ように注意を行きとどかせる。組
8　織の中は和気あいあいとして仕事
の足並みもそろう。

9・9型
仕事に打ち込んだ部下によ
って業績が成し遂げられる。
組織目的という「一本のス
ジ」を通して各人の自主性
7　が守られ信頼と尊敬による
人間関係が出来上がる。

6
人
間
に　5　**5・5型**
対
す　仕事を成し遂げる必要性と職場士
る　気をもとにバランスの取れた状態
関　4　にしておく。組織が十分にその機
心　能を発揮できる。

3
与えられた仕事を成し遂げるため
に最小の努力を払えばよい。組織
2　の中で居心地よく安泰に過ごすこ
とができる。

業績中心に考え人間
のことはほとんど考
えない。

1　**1・1型**　　　　　　　　　　**9・1型**
低

　　1　　2　　3　　4　　5　　6　　7　　8　　9
　　低　　　　　　　業績に対する関心　　　　　　高

出所）Blake, P. R. and J. S. Mouton（1964）*The Managerial Grid*, Gulf Publishing Company（上野一
　　　郎監訳『期待される管理者像』産業能率短期大学出版部，1965年），14ページ。

在的不満が生じ，リーダーへの依存度が強くなる傾向にあった。③放任型は仕
事の量も質も最も劣っていた。実験の結果，民主的リーダーが有効であった。
　オハイオ州立大学のリーダーシップ研究は，第二次世界大戦後すぐに行われ，
リーダーの行動に(1)配慮と(2)組織づくりがあることを示した（Fleishman,
1973）。(1)の配慮（consideration）は，上司とその集団との間の親交，相互信
頼，尊敬，温かさ，調和した関係を示す行動である。(2)の組織づくり（initiat-

ing structure）は，リーダーが集団における関係を組織し，それを明確にし，明確に限定されたコミュニケーション・パターンやチャンネルと仕事をさせる方法を確立しようとする行動である。

　配慮と組織づくりの次元は，別々の独立した次元である。そこで，リーダーの行動の型には，①高い配慮と高い組織づくり，②高い配慮と低い組織づくり，③低い配慮と高い組織づくり，④低い配慮と低い組織づくり，のタイプがある。実証研究の結果，①の高い配慮と高い組織づくりのリーダーシップ・スタイルが高い業績と満足に結びついていた。

　P. R. ブレークとJ. S. ムートンは，マネジェリアル・グリッド（managerial grid）を表し，リーダーシップの理想型を示している（Blake and Mouton, 1964）。彼らは，リーダーの行動を(1)業績に対する関心，(2)人間に対する関心，の二つの次元に分け，これを横軸と縦軸の座標軸で図8-1のように表している。業績や人間への関心度は最低の1から最高の9までである。こうしてできた座標の中に，典型的な五つのリーダーシップ・スタイルがある。①業績と人間の両方に対する関心が最低のタイプ（1・1型），②業績への関心が最低で人間への関心が最高のタイプ（1・9型），③業績への関心と人間への関心が中程度のタイプ（5・5型），④業績への関心が最高で人間への関心が最低のタイプ（9・1型），⑤業績への関心と人間への関心がともに最高のタイプ（9・9型），の五つである。このうち⑤の9・9型が理想的なリーダーシップである。

　三隅（1966）は，リーダー行動をP（Performance＝目標達成）機能とM（Maintenance＝集団維持）機能の2次元に分け，さらにそれぞれの次元を強弱に分け，図8-2のように四つの型に分類している。そこで，リーダーの行動は，①強いP機能と強いM機能のPM型，②強いP機能と弱いM機能のPm（P）型，③弱いP機能と強いM機能のpM（M）型，④弱いP機能と弱いM機能のpm型に分類される。各リーダー行動の型と生産性についての実証研究の結果，①のPM型が最も生産性は高く，②のP型が第2位で，③のM型が第3位で，④のpm型は最低であった。

　以上のように，行動理論は，リーダーの行動パターンと集団業績や部下の満足のような結果変数を比較し，民主的参加的リーダーが高業績であることを明

図8-2　リーダーシップのPMモデル

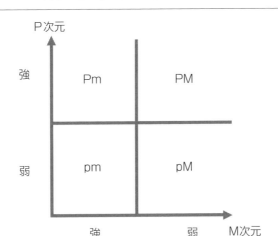

出所）三隅二不二（1966）『新しいリーダーシップ』ダイヤモンド社，128ページ。

らかにして，望ましい理想的なリーダー行動のパターンを示している。すなわ
ち，民主的，参加的リーダーシップが理想的なリーダーシップということであ
る。

　この理論の問題は，リーダーの行動を部下の行動とは分離して分析している
ことである。リーダーシップがリーダーと部下の相互関係であるならば，リー
ダーの行動のみを分析することは問題がある。リーダーの行動は部下の行動
（業績）の結果として，あるいは部下の行動を条件として行為するかもしれな
いからである。さらに行動理論の問題は，リーダーの行動それ自体が集団業績
を規定すると捉えていることである。しかし，組織ないし集団の業績は，リー
ダーの行動スタイルによってのみ規定されるものではなく，組織成員の能力，
組織構造，その他の文化的要因などによっても規定される。したがって，この
理論はリーダー以外の影響要因を明らかにしていないのである。このようなこ
とからリーダーシップの研究では，リーダーを取り巻く状況要因を考慮する状
況理論が現れてきた。

3 状況理論

　状況理論（situational theory）は，リーダーシップの有効性はリーダーを取り巻く状況要因によって規定されるとして，リーダーと状況要因との関係を分析している。この理論は，リーダーは部下を含めて状況要因を正しく判断して，それに適合する行動をとることを仮定している。

　R. タンネンバウム達（Tannenbaum, et al., 1961）は，リーダーシップをある状況の中で行使され，しかもコミュニケーション過程を通して，特定の目的の達成に向けられた対人間の影響である，と定義している。そしてリーダーシップの有効性は，リーダーのパーソナリティ特性，フォロワーのパーソナリティ特性，各個人の場における状況特性のダイナミックな相互関係の関数であるとしている。

　そこで，状況理論は，L＝F（l，f，s）の関係式で表わされる。Lはリーダーシップ，Fは関数（Function），lはリーダー（leader），fは部下（follower），sは状況要因（situation）である（Hersey and Blanchard, 1972, p.79, 邦訳, 126-127ページ）。

　D. カートライト（Cartwright）とA. サンダー（Zander）は，状況要因として，①集団目標の性質，②集団構造，③成員の態度や欲求，④外の環境から集団に寄せられる期待，を挙げている（Cartwright and Zander, 1968b, pp.301-317, 邦訳, 581-608ページ）。C. A. ギブ（Gibb）は，リーダーシップの状況要因として，①集団における対人関係構造，②集団構造，③集団が存在し，集団成員が成長してくる全文化の特徴，④集団が遭遇する物理的条件もしくは課題，を挙げている（Gibb, 1954, 邦訳, 63ページ）。そしてGibbは，リーダーシップをこれらの要素を考慮に入れた相互作用の現象であるとしている。またD. マクレガー（McGregor）は，リーダーシップを構成する要素として，①リーダーの特性，②部下の態度，欲求やその他の個人的特性，③組織の目標，構造，および果たすべき職務の性質などの特性，④社会経済的および政治的環境を挙げている（McGregor, 1960, p.182, 邦訳, 213ページ）。

　この理論は，リーダーシップの有効性は状況要因によって規定されるので，リーダーは，これらの状況を正しく診断して，状況要因に合致するリーダー

シップ・スタイルを選択すべきということになる。例えば，W. J. レディン
（Reddin, 1970）は，理想的なリーダー行動のスタイルはなく，それが状況に
適するときは有効，適さなければ非有効という三次元有効性モデルを示してい
る。レディンは，理想的なリーダーシップ・スタイルは存在しないので，リー
ダーは状況を考慮し，状況の要請に順応するように行動すべきであるとしてい
る。そして，リーダーの基本的なスタイルが状況に適するかどうかが重要であ
るとして，**図8－3**のように示している。

　リーダー行動は，課業志向（Task Orientation = TO）と関係志向（Relation-
ship Orientation = RO）の2次元で表され，それらを組み合わせると，「高い
課業と高い関係性＝統合性」，「高い課業と低い関係性＝献身性」，「低い課業と

図8－3　三次元有効性モデル

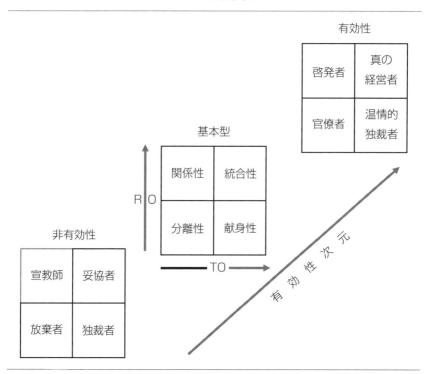

出所）Reddin, W. J.（1970）*Managerial Effectiveness*, McGraw-Hill Book Company, p.41.

高い関係性＝関係性」，「低い課業と低い関係性＝分離性」に分類される。そし
てこのリーダー行動の基本型が状況に適すれば有効，適さなければ非有効とな
るとして有効性（Effectiveness）が加えられる。図8－3において前面は非有
効性の面で，中央は基本型の面で，後方は有効性の面である。

　以上のことから，レディンは，リーダーは状況を的確に診断するために，状
況についての感受性を高めること，自己の行動スタイルを状況に対応させるよ
うにスタイルの柔軟性を広げること，またその柔軟性に限界がある場合は，状
況の要素を変えるような管理技術を習得することの必要性を主張している。

　このように状況理論は，リーダーが状況を正しく診断する訓練ないしリー
ダーシップの感受性訓練を行うことを求めている。しかし，この理論は，リー
ダーは部下に対してどのように影響を及ぼすか，部下はどのようにリーダーに
従うのか，リーダーと部下はどのような相互作用の関係にあるかまでは明らか
にしていない。また，リーダーと状況の適合関係についても明らかにしていな
い。この適合関係を明らかにしたのが，コンティンジェンシー理論である。

4　コンティンジェンシー理論

　状況理論の問題点を克服するものとして，すべての状況に適応できる唯一最
善のリーダーシップ・スタイルは存在しない，という考え方に基づいて，リー
ダーの特性や行動と状況との適合関係を明らかにするコンティンジェンシー理
論（contingency theory）が現れてきた。

　この理論の代表者は，F. E. フィードラー（Fiedler, 1967）である。フィー
ドラーのコンティンジェンシー・モデルは，リーダーシップの有効性は状況の
有利性に依存して決まる，というものである。それは，集団組織の有効性は二
つの相互作用する変数，①リーダーの動機づけシステムと②状況の有利性（状
況そのものがリーダーに権限と影響力を与える度合い）を条件（contingent
upon）とする，ということである。そこで，フィードラーは，どのようなリー
ダーシップ・スタイルがどのような状況の場合に適合するかを明らかにする。

　フィードラーは，リーダーシップ・スタイルを考えるにあたって，ある人に
とって重要なリーダーシップの行動は状況によって異なるが，その行動をとら
せるパーソナリティは変わらないとして，そのパーソナリティをリーダーシッ

プ・スタイルとして捉える。彼によると，リーダーシップ・スタイルは最も好ましくない協働者（Least Preferred Coworker ＝ LPC）尺度によって求められる。LPC得点の高いリーダーは，協働者として最も好ましくないと思う人物を比較的好意的に見る人であり，関係志向的態度および個人的認知と卓越を意味し，関係志向型のリーダーである。LPC得点の低いリーダーは，協働者として最も好ましくないと思う人物をきわめて非好意的に見る人であり，課業志向的態度を意味し，課業志向型のリーダーである。

　フィードラーは，リーダーシップをリーダーが共通の課業を遂行する際に部下を指揮し監督する個人的関係であり，権力と影響を含む関係と捉える。そしてリーダーシップ状況をリーダーがどれほど権力と影響を行使できるかという視点から分類する。このリーダーシップ状況は，(1)リーダーとメンバーの関係，(2)課業構造，(3)リーダーの地位の権限，の三つの次元に分けられる。そして三つの次元をそれぞれ二分して組み合わせると八つの状況に分類される。リーダーとメンバーの関係が大変良好で，課業構造も定型化され，リーダーの権限も強ければ，リーダーにとって仕事がしやすく，状況は大変有利である。逆に，リーダーとメンバーの関係が悪く，構造化の度合いも低く，地位の権限も弱いと，リーダーにとっては最も不利な状況である。

　実証研究の結果，課業志向のリーダーは，有利な状況と不利な状況で有効であった。人間関係志向のリーダーは，状況がやや有利な場合に有効であった。フィードラーは，この結果から，リーダーのパーソナリティは安定的で永続的であるので，リーダーシップの有効性を高めるためには，組織をリーダーのパーソナリティに適合させるように設計すべきであるとしている。

　このモデルについては，多くの支持的な研究結果も表されているが，他方で批判的な研究も行われ，多くの問題点も指摘されている（白樫, 1985, 164-167ページ）。特に，リーダーのパーソナリティとLPC得点の関係についての解釈上の問題である。しかし，それ以上に，このモデルにはリーダーの主体的な影響過程を分析していないという問題がある。それは，環境の変化に対応して，組織自体を変革するリーダーシップの影響過程を分析していないのである。

　V. H. ブルーム（Vroom）とP. W. エットン（Yetton）は，ある状況でリーダーはどのようなリーダーシップ・スタイルを選択すべきかという規範モデル

を提示している（Vroom and Yetton, 1973）。リーダーないし管理者の仕事は，組織の問題を解決することである。その際，リーダーはその問題に合致する意思決定スタイルを選択しなければならない。その意思決定スタイルは，意思決定に部下をどの程度参加させるかによって，専制的（autocratic），協議的（consultative），集団的（group）の型に区別される。どのスタイルを選択するかは状況の性質によって決まる。

　ブルームとエットンは，効果的な意思決定に影響を与える基準として次の三つを挙げている。①意思決定の質ないし合理性，②部下の意思決定の受容とコミットメント（commitment），③意思決定に必要な時間，がそれである。彼らは，この三つの基準に従って状況の性質を考慮しているが，それは**表8－1**のように表される。

　リーダーはどの意思決定スタイルを用いるかを表8－1の問題の性質によって決定する。リーダーは状況の性質をAから順番に質問する形で診断する（例えば，Aは，意思決定の質は重要か，Bは，リーダーは高い質の意思決定を行うのに十分な情報を持っているか，Cは，問題は構造化されているか，など）。そして，リーダーは「はい」，「いいえ」で答えることでGまで進み，問題の性質に適した意思決定スタイルを選択する。もし複数の選択肢がある場合は，意思決定に必要な時間の量（緊急か，長期か）によって選択され，長期の観点で

表8－1　問題の性質

A．意思決定の質の重要性。
B．リーダーが自分自身で高い質の意思決定を行うのに必要な情報及び専門知識を持っている度合い。
C．問題が構造化されている度合い。
D．部下の受容ないしコミットメントが意思決定の効果的な遂行にとって重要である度合い。
E．リーダーの専制的意思決定が部下に受容される事前確率。
F．部下が問題について客観的に明白なステートメントで表されるような組織目標を達成するために動機づけられる度合い。
G．部下が選好された解決案に関して葛藤しているように思われる度合い。

出所）Vroom, V. H. and P. W. Yetton（1973）*Leadership and Decision-Making*, University of Pittsburg Press, pp.20-31.

あれば，集団的意思決定タイプが選択される。

　以上がブルームとエットンの意思決定モデルの概略である。このモデルは，リーダーシップ・スタイルを意思決定スタイルとして捉え，リーダーが具体的な問題に直面したときに，問題の性質に応じた最適な意思決定スタイルを規範的に導きだしている。しかし，このモデルは，リーダーと部下の相互作用の過程を明らかにしていないのである。

　以上，コンティンジェンシー理論の代表的なフィードラーのモデルとブルームとエットンのモデルを示してきたが，これらのモデルはどのような状況（条件）の場合，どのようなリーダーシップ・スタイルが有効であるか，その適合関係を示している。しかし，これらのモデルは，リーダーの主体的な影響過程を明らかにしていない。リーダーシップの有効性を解明するためには，リーダーシップ・スタイルがそれぞれ適合する状況あるいは条件下でも有効な影響過程を明らかにしなければならない。これが解明されたとき，それに作用する状況要因は何か，あるいはリーダーと部下の関係と状況要因との適合関係はどのようなものか，という問題も解明されるのである。

　またリーダーの役割が環境の変化に対応して部下や環境に働きかけて，組織を有効に機能させることであるならば，フィードラーのモデルとブルームとエットンのモデルは，環境の変化に対応して組織自体を変革するリーダーシップの影響過程を分析していないのである。

　以上，リーダーシップ研究における代表的な四つの理論を示してきたが，その他，カリスマ理論，変革理論などがある（狩俣，2017）。しかし，それらの理論については，紙幅の制約上，割愛し，以下では最近の理論やモデルについて紹介する。

5　サーバント・リーダーシップ

　サーバント・リーダーシップは，R. K. グリーンリーフ（Greenleaf, 1977）が提唱したものである。サーバント・リーダーシップは，基本的には，部下に奉仕し，部下のニーズや目標の達成を助け支えることで組織目的を達成する過程である。グリーンリーフによると，リーダーシップは，本来サーバント（servant）であった人に与えられたものである。サーバント・リーダーは第一

に奉仕者である。それは人が最初に奉仕したいという自然な感情から始まる。その後で意識的に選択して導きたい（lead）と熱望するようになる。そして，他者の最も重要度の高い欲求を満たすことに配慮している。

　グリーンリーフは，サーバント・リーダーシップで重要な点として次の点を挙げている。①すべては個人のイニシアティブから始まる，②あなたは何をしようとしているか（目標，大きな夢），③耳を澄まし，理解すること，④言語と想像力，⑤一歩下がる—自分に最適な条件を見つけること，⑥受容と共感，⑦知ることができないものを感じ取り，予見できないものを予見する，⑧気づきと知覚，⑨説得，⑩概念化，⑪ヒーリングと奉仕，がそれである（Greenleaf, 1977, pp. 27-55, 邦訳, 53-88ページ）。

　L.C.スピアーズ（Spears）は，サーバント・リーダーの開発にとって必要な10の特徴を示している。①傾聴（listening），②共感（empathy），③癒し（healing），④気づき（awareness），⑤説得（persuasion），⑥概念化（conceptualization），⑦先見力（foresight），⑧執事役（stewardship），⑨人々の成長へのコミットメント（commitment），⑩コミュニティづくり（building community），がそれである（Spears, 1998, pp.13-16）。

　J. C. ハンター（Hunter, 1998）は，リーダーの役割は奉仕することであるとして，サーバント・リーダーの特徴を示している。彼によると，リーダーの役割は奉仕することで，部下の正当なニーズを見極めてそれに応えることである。奉仕者は部下の欲求ではなく，ニーズに応える人である。ニーズは，人間としてよい状態になるために，心身が正当に求めるものであり，欲求は，心身への影響を考えない願いや希望である。すなわち，リーダーは部下の欲求を満たすことではなく，人間的成長につながるニーズに応える人である。ハンターは，人間としての真の目的は，心理的，スピリチュアルな成熟に向かって成長することであり，愛し，奉仕し，他者のために努力する中で，私たちは，自己中心的な考え方を捨て去ることができる，としている。

　日本サーバント・リーダーシップ協会は，支配型リーダーとサーバント・リーダーに対するメンバーの違いを**表8−2**のように示している。

　以上のように，サーバント・リーダーは，部下に奉仕し，部下が働きやすい職場を作って，彼らや彼女らのニーズや目標達成を助け支える支援者というこ

表8－2　支配型リーダーとサーバント・リーダーに対するメンバーの違い

支配型リーダーに従うメンバー行動	サーバント・リーダーに従うメンバー行動
主に恐れや義務感で行動する	主にやりたい気持ちで行動する
主に言われてから行動する	主に言われる前に行動する
言われたとおりにしようとする	工夫できるところは工夫しようとする
リーダーの機嫌を伺う	やるべきことに集中する
役割や支持内容だけに集中する	リーダーの示すビジョンを意識する
リーダーに従っている感覚を持つ	リーダーと一緒に活動している感覚を持つ
リーダーをあまり信頼しない	リーダーを信頼する
自己中心的な姿勢を身に付けやすい	周囲に役立とうとする姿勢を身に付けやすい

出所）NPO法人日本サーバント・リーダーシップ協会（https://www.servantleader.jp/about）。

とである。

6　意味形成のリーダーシップ

　W. H. ドラス（Drath, 1998）は，将来，リーダーシップの概念は，相互の行動の中に現れるかもしれないとし，リーダーシップを共有された意味形成過程（shared meaning making）として捉えている。これはリーダーシップが個人の特性であるという考え方を超えて，協働する人々の互恵的なむすびつき（reciprocal connection）の中から始まるということを意味している。

　ドラスは，これまでのリーダーシップの概念の変化を**表8－3**のように示している。ドラスによると，古代世界では，リーダーシップの概念は，部下を支配することであった。王が存在し，臣民が存在し，王が率い，臣民はそれに従った。この支配の考え方は何千年にもわたって広く存在してきた。この支配の概念は，現在でも絶対的な権力を保持している経営者（リーダー）と，それに服従する従業員のいる企業では一般に受け入れられている。すなわち，すべての意思決定をリーダーが行い，それを部下は忠実に実行するというリーダーシップの考え方である。カリスマ的リーダーの考え方もある意味でこれに近い

ものである。

　しかし，民主主義の高まりに伴う啓蒙的なアプローチと合致して，社会的影響としてのリーダーシップの概念が現れてきた。影響というのは，状態の変化であり，コミュニケーションの結果として知識，態度，行動の変化が起こることを意味している。そこで，リーダーは，現在の状態から望ましい状態へと影響を及ぼすために，いかに部下を動機づけるかということが重要になった。この概念では，リーダーは部下を尊重し，理解する必要性を認識し，合理的，感情的アピールを通じて彼らを動機づけることになる。

　20世紀になると，人間は外的，社会的な関心だけではなく，内的な心理学的動機を持っているという人間性への理解を反映して，近代的なリーダーシップ概念へと変化した。これは，人々の中に社会的目標への心からの関与を創り出し，一人の人間の個人的関心をより大きな社会的関心へ変換するという考えである。近年，組織を対等な人々による共通目的の点から捉えるのもこの延長線にあるといえる。

　しかし，ドラスによると，人々が共に働くうえで理解しなければならない文化やものの見方が多様化するにつれて，単一の画一的なものの見方から共通の目標を作り出すのは困難になってきている。そこで，ドラスは，将来，リーダーシップの概念は，相互の行動の中に現れるかもしれないとし，リーダー

表 8 - 3　リーダーシップ・モデルの進化

	古代	伝統的	近代的	将来
リーダーシップ概念	支配（統治）	影響	共通の目的	互恵的関係
リーダーシップ行動	フォロワーを指揮する	フォロワーを動機づける	心からの関与を創出する	相互による意味形成
リーダーシップ開発の焦点	リーダーの権力	リーダーの対人関係スキル	リーダーの自己理解	集団の相互作用

出所）Drath, W. H. (1998) "Approaching the Future of Leadership Development" in McCauley, C. D., Moxley, R. S., and E. V. Velsor eds., *The Center for Creative Leadership: Handbook of Leadership Development*, Jossey-Bass Inc. Publishers, p.408（金井壽宏監訳・嶋村伸明／リクルートマネジメントソリューションズ組織行動研究所訳『リーダーシップ開発ハンドブック』白桃書房，2011年），375ページ。

シップは共有された意味形成過程と捉えられるとしている。

　このモデルは，不確実な状況下で多様な人々から成る組織では，経営者（リーダー）自体が組織で進行している事態の意味を明確に把握したり，組織の将来の展望を明確に示すことが困難であり，むしろ組織成員の相互作用の中から現在の進行状態に対する意味を形成したり，ビジョンや戦略について新たな意味を形成することで組織は有効に機能する，と考えている。

　W. H. ドラスとC. J. パラスは，意味形成は，われわれが何が起こってきたか，何が起こっているか，を知ることができるように，また将来，何が起こるかを知ることができるように，われわれの経験についての理解を整える過程であり，それは現実に何が起こっているかを発見する過程である，としている（Drath and Palus, 1994, p.2）。

　この考え方は，リーダーシップがもはやリーダー単独の行動で生起するのではなく，協働する人々の互恵的な結びつき，互恵的相互作用から始まるということを意味している。それは，リーダーシップを，人々の間で進行していることや，共に仕事をするときの相互的な意味形成の中から出てくると考え，共有された意味形成過程として捉えることである。

　それぞれ個人ごとに異なる多様な目標や欲求，思考や感情，意味や価値などを持っている人々がコミュニケーションを行うことによって，彼らや彼女らの間に共通の意味が形成される組織の意味形成過程，すなわち共有された意味形成過程がリーダーシップの本質ということである。このようなリーダーシップの考え方は，チームにおいては重要な視点を与える。チームは成員の多様なアイデアの中から，チームにとって望ましいアイデアを生み出すことで有効に機能するからである。成員間の相互作用の中から共通の意味を生み出すことで，チームは統一的統合的に行動できるのである。

7　スピリチュアル・リーダーシップ

　スピリチュアル・リーダーシップの代表的な研究者は，L. W. フライ（Fry）である。フライによると，従来のリーダーシップ理論は，人間の肉体的，心理的，感情的側面に焦点をあて，スピリチュアルな側面を無視してきた。しかし，従業員はスピリチュアルな欲求を持ち，また内部の声を持っている。この内部

の声に従って生活しスピリチュアルな実践を行う人は，利他的愛，超越的ビジョン，そのビジョンを達成するのに必要な希望と信念をより多く持っている。そこで，フライは，スピリチュアルな欲求を満たすリーダーシップが求められるとしている（Fry, 2003）。

　フライのモデルは，リーダーの価値や態度あるいは行動（希望と信念，ビジョン，利他的愛）が模範となって部下のスピリチュアルな欲求（天職感と成員感）に働きかけ，それが組織業績（コミットメントや生産性）の改善につながることを示している。これは，従来の組織で欠けていた天職感や成員感を利他的愛によって生み出すことがリーダーの重要な役割であることを示している。

　狩俣（2009）もスピリチュアル・リーダーシップ・モデルを示しているので，それを概略的に示そう。狩俣によると，スピリチュアル・リーダーシップとは，リーダーのスピリチュアリティによって組織成員に天職感や使命感を与え，成員の意味実現（福利）を支援して組織の有効性を達成する過程である。それは，職場におけるスピリチュアルな欲求や価値の重要性を認識し，従業員を単に物質的，肉体的，心理的存在としてのみ捉えるのではなく，スピリチュアルな存在として捉え，組織の使命やそのスピリチュアルな価値を成員と共有し，彼らや彼女らの意味発見を支援し，自己超越的に行動するように働きかける過程である。

　スピリチュアル・リーダーは，組織成員をスピリチュアルな存在として捉え，スピリチュアリティに基づいて行動するので，次のような特徴を持っている。①自己超越性，②自己超越的価値の具現性，③意味実現性，④模範性，⑤信頼性，⑥支援性である。スピリチュアル・リーダーは，自己の経済的利益よりも社会全体あるいは地球全体の利益を求めるものであり，スピリチュアリティに基づいて組織の有効性を達成する。リーダーがスピリチュアリティに基づいて組織成員と一緒に仕事をすると，成員は次の特徴を持つようになる。①希望，②信頼感，③安心・安らぎ，④天職感，⑤献身である。

　スピリチュアル・リーダーシップの結果は，第一には，成員の心理的変化ないし福利の状態であり，最終的には組織の有効性を達成することである。スピリチュアル・リーダーシップは，組織参加者の福祉の向上や生活の質の充実を含む組織の有効性を達成することを目的としている。これを実践するために，

図8－4　スピリチュアル・リーダーシップ・モデル

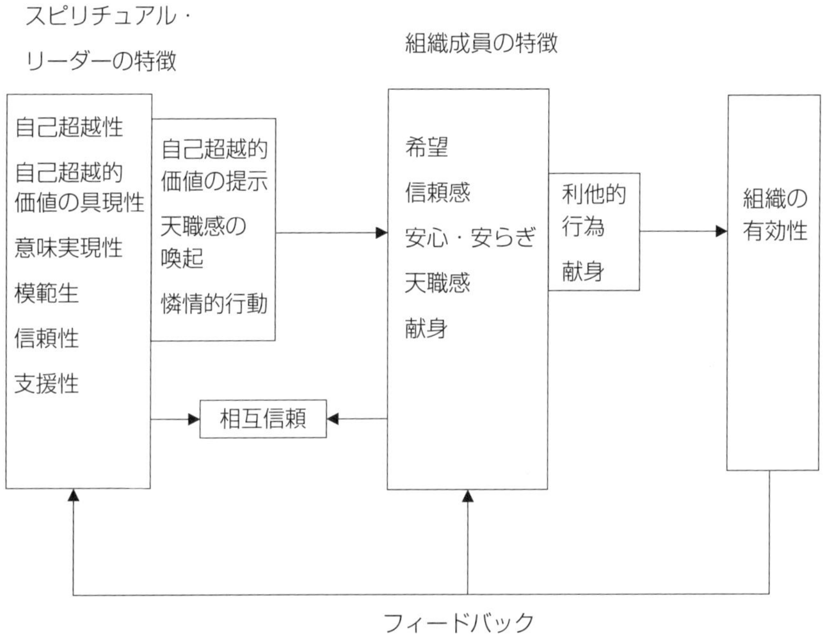

出所）狩俣正雄（2009）『信頼の経営－スピリチュアル経営の構築に向けて―』中央経済社，189ページ。

リーダーは，組織成員にスピリチュアルな価値ないし自己超越的利益を提示し，天職感を与えて動機づける。そして何よりも重要なことは，リーダーが憐情的に行動することである。またリーダーはスピリチュアル文化を形成することである。さらにスピリチュアリティに基づく意味や価値を創造することである。そこで，スピリチュアル・リーダーシップは，スピリチュアリティに基づいて組織成員に自己超越的価値を示して天職感や使命感を与え，成員の意味実現を支援して，組織の有効性を達成する過程と捉えられる。これをモデルとして示したのが図8－4である。

　スピリチュアル・リーダー行動の次元は，①スピリチュアルな価値や使命の提示，②天職感の喚起，③憐情的行動である。①は，組織が追求する理想や価値あるいは使命で，自己利益を越えた他者利益や社会全体の利益を求めるもの

である。②は組織成員の仕事に意味や価値があることを示し，仕事に働きがいや生きがいを与えることである。③は利他的愛の行為あるいは自己超越行為として発現するものであり，スピリチュアリティの基本的行為である。

　組織成員の行動は，特に，④自己超越的行為ないし利他的行為と⑤献身である。④は天職意識に基づいて利他的に行動することである。⑤は他者や組織に自己を捧げることである。組織のスピリチュアリティに惹き付けられ，自己の仕事を天職と考える人は，組織へ忠誠心を持ち，組織に一身を捧げる。

　このようなスピリチュアリティに基づくリーダーと部下の関係は⑥相互信頼である。信頼はすべての組織活動や社会活動の前提であり，スピリチュアル・リーダーシップの必要不可欠の条件である。

　以上がスピリチュアル・リーダーシップの特徴である。スピリチュアル・リーダーシップ・モデルは，従来の研究で欠落していたスピリチュアリティの重要性を認識し，それをリーダーシップに取り入れている。それは，自己超越的利益ないし社会や地球の利益，将来の世代の利益を重視し，さらに組織成員の天職感を喚起し，職場で働くことの意味やスピリチュアリティの次元を重要視している。そのモデルは，部下や他者への奉仕，あるいは他者の利益ないし部下の福利へ貢献することを目的にしている。

　以上，代表的なリーダーシップ理論の特徴を示してきたが，サーバント・リーダーシップ以前の理論は，それ以降の理論とは根本的に異なっている。サーバント・リーダーシップ以前の理論は，リーダーがその特性，能力，地位，権力によって部下を支配したり指揮したりするのがリーダーであると考えている。これに対して，サーバント・リーダーシップ以降のモデルは，リーダーは部下ないし組織成員に奉仕し支え（サーバント理論），その相互作用過程から新しい意味を形成し（意味形成理論），さらには成員の意味充足や意味実現を支援する（スピリチュアル理論）と考えている。そして，それはリーダー中心から，リーダーと組織成員との関係の対等・平等性，あるいは組織成員中心へと視点が転換されているのである。

Ⅲ　リーダーシップの定義

　これまでリーダーシップを定義しないまま，代表的なリーダーシップ理論を紹介してきたが，それではリーダーシップとは何であろうか。英語のリーダー（leader）という言葉は早くも1300年に現れていたが，リーダーシップ（leadership）という言葉は1800年になって現れたと言われる（Stogdill, 1974, p. 7）。このリーダーシップについては，前述したように多様な理論やモデルが表され，またその定義に関しても多くの考え方が表されている。ストッグディルはリーダーシップの定義はそれを定義しようとする人の数ほど存在すると述べている（Stogdill, 1974, p. 7）。例えば，G. ユークル達（Yukl, et al.. 2018）はリーダーシップの定義を**表8－4**のように示している。

　しかし，ユークル達は，ほとんどのリーダーシップの定義は意図的な影響の過程を仮定しているとしている。それは，集団ないし組織における活動や関係を指揮し，組織化し，そして促進するために，他の人々に意図的に影響を行使する過程である。そこで，彼らは，リーダーシップは何かが行われる必要があり，それをどのように行うかについて理解し同意するために他者に影響を与える過程であり，共有された目的を達成するために個人や集団の努力を促進する過程である，と定義している（Yukl, et al., 2018, p.6）。

　このようにリーダーシップの定義について多様な考え方がある。そこで，リーダーシップの概念を明確にするためには，それが組織（チーム）との関係でどのように捉えられるのか，あるいはなぜリーダーシップが求められるか，を分析する必要がある。

　人々は基本的に自己の欲求や動機を満たすために組織に参加する。しかし人々の欲求や目標，思考や感情，意味や価値などはそれぞれ異なり多様である。このような人々が個々別々に個人的行動をする限り，組織の目的達成活動は遂行されない。そこで，第１章で述べたように，組織は，人々の統一的統合的活動，すなわち目的達成活動を確保するために，個々人が組織目的を達成するような機構を形成し，これによって彼らや彼女らの意思決定あるいは態度や行動に影響を及ぼしている。

198

表8－4　リーダーシップの定義

- リーダーシップは「共有された目標に向けた集団の活動を指揮する・・・・一人の個人の行動である。」(Hemphill & Coons, 1957, p.7)
- リーダーシップは，「組織のルーチンな指揮について無意識に服従する以上の影響力の増大である。」(Katz & Kahn, 1978, p. 528)
- リーダーシップは「目標達成に向けて組織化された集団の活動に影響を及ぼす過程である。」(Rauch & Behling, 1984. p. 46)
- 「リーダーシップはビジョンを形成し，価値を具現化し，そして物事が達成できる環境を創造することである。」(Richards & Engle, 1986, p. 206)
- 「リーダーシップは集団的な努力に目標（意味のある方向）を与える過程であり，目標達成へ進んで努力を費やすようにさせる過程である。」(Jacobs & Jaques, 1990, p. 281)
- リーダーシップは「より適応的である進化的変化の過程に取り組み始める・・・・文化の外に踏み出す能力である。」(Schein, 1992, p.2)
- 「リーダーシップは，人々が理解し，コミットされるように人々が一緒に行っていることの意味を形成する過程である。」(Drath & Palus, 1994, p. 4)
- リーダーシップは，「組織の有効性や成功に向けて人々に影響を及ぼし，動機づけ，貢献させることができる一人の個人の能力である。」(House et al., 1999, p. 184)
- リーダーシップは，「リーダーと一人の部下，集団，部下たち，組織との間で起こる公式ないし非公式に文脈に根差した目標に影響を与えている過程である。」(Antonakis & Day, 2018, p. 5.)

出所）Yukl, G., Gardner, W. L., and N. Uppal（2018）*Leadership in Organizations*, 9th Edition, Pearson Education, Inc., p. 3.

　組織活動は，このような欲求や目標，思考や価値観などの異なる人々と，組織の影響機構（客体的影響要因）の複合的結合の結果として現れる。その組織の影響機構はそれ自体で単独に存在するのではなく，組織成員の相互作用によって形成される。そして，それは人々のコミュニケーションの結果として，それらがどのように解釈され意味づけられるかということによって意味を持ち，人々がその機構の意味を理解することによって機能する。人々がコミュニケーションを行うことによって，共通の意味が形成され，解釈の多義性が除去されることで，組織は秩序正しい活動をできるようになる。
　ところが，環境は絶えず変化している。環境の変化は，それまで組織成員間

に共有されていた意味や価値あるいは共通の解釈を破壊するきっかけを生み出す。そして意味や価値あるいは解釈の相違は成員間の対立葛藤を生み出す原因となる。意味や価値あるいは解釈の対立は，一般に組織そのものを不安定化させ無秩序化させ，組織の存続を困難にする。

　組織が存続発展するためには，組織成員の意味や価値あるいは解釈の対立を調整し，統合し，組織の共通の意味を形成し，新たな意味（新たな解釈）を形成するように主体的な力が働かなければならない。ここにリーダーシップが必要になる。すなわち，組織活動に関わる意味や価値を形成し，それを組織成員に共有させ，組織としての秩序を維持する力が必要になる。そのためにはリーダーは，組織成員とのコミュニケーションによって意味や価値あるいは解釈の不一致を取り除いて，共通性を生み出すか，あるいは新たな意味や価値を形成したり，あるいは新たな解釈を行わなければならない。リーダーは，組織における多様な意味を成員間に共有される共通の意味，あるいは本来個人的主観的意味の中から成員間に共有される客観的意味を形成する役割を担うのである。

　リーダーシップは，組織内外の諸困難に対応して組織成員を目的達成の方向に統一的統合的に協働させる主体的な影響過程である。それは，また組織が環境の変化に対応して組織自体を絶えず変革したり，創造して新たな秩序を形成していく主体的な影響過程である（狩俣，1989，70ページ）。

　それでは影響とは何であろうか。影響（influence）とは何か，ということは社会科学のほとんどの分野で論じられており，その概念も多様である。例えば，カートライトとサンダーは，影響を及ぼす人が（O）が影響を受ける人（P）の特定の状態の変化を起こすような行為をするならば，Oはその状態に関してPに影響を及ぼしたことになる，としている（Cartwright and Zander, 1968a, p. 216）。N. リン（Lin）は，影響とは，①ある人が自発的であれ非自発的であれ，コミュニケーションの出会いや交換に参加する前に，ある対象ないし状況について持つ態度ないし行動パターンと，②そのような出会いや交換の後で持つ態度ないし行動パターンとの間の差として定義されると述べている（Lin, 1977, p. 86）。これらの考え方に基づくと，影響とは，一般に状態の変化が起こることであり，コミュニケーションの結果として知識，態度，行動の変化が起こることを意味している。

　この影響の概念に密接に関連する概念としてパワー（power）がある。パワーは，一般に人の行動に影響を与える能力ないし潜在性を意味している。J. R. P. フレンチ（French）とB. レヴィン（Raven）はパワーと影響の関係を次のように述べている。「影響とは運動状態にあるパワー（kinetic power）であり，パワーとは潜在的状態にある影響（potential influence）である」（French and Raven, 1968, p. 261, 邦訳, 730ページ）。彼らは，パワーを次のように分類している（French and Raven, 1968, pp. 262-268, 邦訳, 734-745ページ）。①報酬，②強制，③正当，④準拠，⑤専門，のパワーがそれである。①報酬（reward）パワーは，影響を及ぼす人（O）は報酬を与える能力を持っていると影響を受ける人（P）が認知することに基づいている。②強制（coercive）パワーは，Oが罰を与える能力を持っているというPの認知に基づいている。③正当（legitimate）パワーは，Pの行動を規制する正当な権利をOが持っているというPの認知に基づいている。④準拠（referent）パワーは，Oに対するPの一体化に基づいている。⑤専門（expert）パワーは，Oは専門家であるというPの認知に基づいている。

　C. C. マンツ（Manz）とD. A. ジョイア（Gioia）はこれらのタイプに情報（information）パワーを追加している（Manz and Gioia, 1983）。これはOが特定の知識，不確実性処理能力，問題解決能力等に関する情報を持っているというPの認知に基づいている。

　この影響が起こるためには，Oの持つパワーについてのPの知覚だけではなく，そのパワーを受容しようとするPの欲求と，影響を行使しようとするOの動機がなければならない（Cartwright and Zander, 1968a, p. 217）。すなわち，Pの欲求とOの動機が相互作用して影響は起こるということである。

　以上の六つのパワーのタイプとそれに関連する動機との関係は**図8-5**のように表される。これは，OのPに対する働きかけによって知識，態度，行動の変化を起こす影響過程を示している。この図は，行動を変えるためには，リーダーはこれらの要因の一つないし二つ，あるいはすべてを変える必要があることを示している。

　しかし，リーダーの影響の問題は，リーダーと組織成員ないし部下との関係以上に，その動態性が考慮されなければならない。影響過程の動態性とは，時

図8－5　影響過程のメカニズム

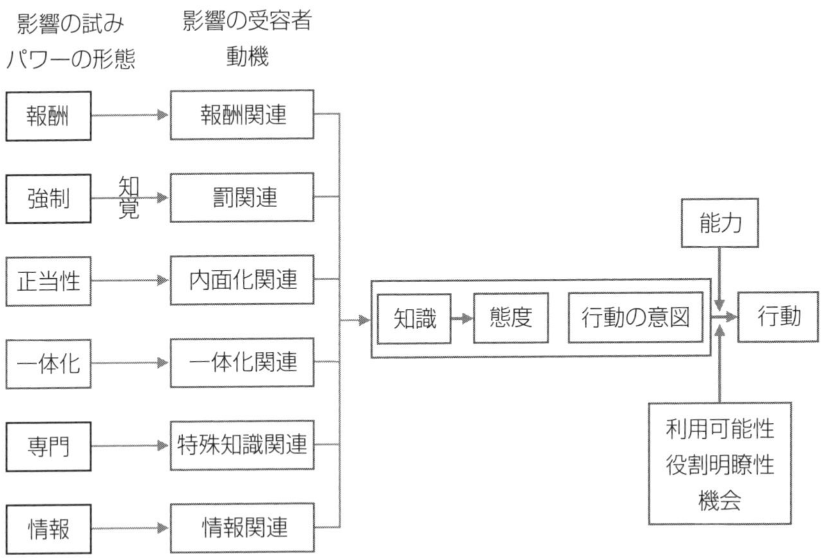

出所）狩俣正雄（1989）『組織のリーダーシップ』中央経済社，112ページ。

間的環境的な諸条件の変化とともにパワーが変化していく過程のことである。前述したようにフレンチとレウィンの影響の概念は運動状態のパワーである。そこではリーダーから成員への影響力の移動があり，リーダーから成員へのエネルギーの移転がある。しかし，影響過程は多面的複合的動態的なものである。組織ないしチームにおける影響の問題は，単にリーダーと成員との間の二者関係だけの問題ではない。影響は組織ないしチームの地位の役割，風土，凝集性，規範等の相互作用によって生み出されるからである。

　それではリーダーはどのようにして部下に影響を与えるのであろうか。以下でこの点について検討しよう。

Ⅳ　チームにおけるリーダーの役割

　チームにおけるリーダーの役割を明らかにするためには，リーダーはどのよ

うな影響を及ぼすかを分析する必要がある。前述のようにリーダーシップが主体的な影響過程であるとすると，リーダーシップは，少なくとも次の三つの影響過程として現れる（狩俣，1989，70-73ページ）。

(1)　リーダーと部下の対人的影響過程，

(2)　組織要因ないし集団要因の形成に及ぼす影響過程，

(3)　価値創造や意味創造への影響過程，

がそれである。

(1)は，リーダーと部下の対面的状況下における部下に対するリーダーの直接的な働きかけである。それは，①目標の提示，②その目標達成のための技術的指導，③動機づけ，の役割である。(2)の役割は，組織目標の達成を促進する集団要因や組織要因を形成することである。組織は，その成員の態度や行動，あるいは意思決定に影響を及ぼす機構を有している。これらは，集団要因としては，集団構造，規範，凝集性，集団風土であり，組織要因としては組織構造，規則体系，報酬体系，組織文化などである。これらは組織成員の態度や行動に影響を及ぼすものであり，リーダーによる直接的な影響とは異なり，間接的な影響過程である。(3)の役割は，環境の変化に対応して組織の価値変革や価値創造あるいは意味創造を行うことである。組織は環境と相互作用するオープン・システムとして環境の中で活動している。組織が存続発展するためには，環境の変化とともに変化する組織関係者の欲求や選好を満足させるように新たな活動領域を創造しなければならない。

これらの影響過程の中で，(2)の集団要因と組織要因については第1章で述べ，(3)は組織のトップの役割であるので，ここでは(1)について述べる。

①の目標の提示は，リーダーは先ず目標を設定し，部下の仕事が何かを明確にすることである。チーム目標はチームが実現しようとしている将来の状態を明らかにすることで，その活動の方向を示す。部下は目標が何かを知ることで，彼らや彼女らのエネルギーをその目標達成に集中できる。ここで目標はチーム全体の目標と，その目標を細分化してチーム成員が果たす職務（各成員の役割）ないし課業（細分化された目標）に分けられる。リーダーは個々の成員が担当する職務ないし課業を明確にする役割がある。そして成員は自己の職務を遂行するのに必要な専門的知識や技術，すなわち職務遂行能力を持たなければ

ならない。

　②の技術的指導は，部下が目標を効率的に達成し，高い業績を上げるために必要である。それは，部下がその目標を理解しても，それを達成する技術的能力やスキルがなければ，その目標は達成できないからである。そこでリーダーは部下が目標を達成できるように指導し，部下の熟練度を高めるようにしなければならない。ここにリーダーは，②として，部下が目標を容易に達成できるように指導し訓練する必要がある。リーダーが良いコーチのように部下を技術的にうまく指導できるならば，部下の知識や熟練水準は高められる。目的達成（仕事）に必要な知識やスキルが高まることで，部下は業績を高めることができる。この技術的指導は，リーダーがコーチングの手法を修得することで高められるので，コーチングの役割として後述する。

　しかし，部下が目標を正確に理解し，その目標達成の技術的能力を持っているとしても，部下は目標を積極的に達成するとは限らない。目標を達成するかどうかは，最終的には部下の意欲に依存するからである。そこで，リーダーは，③の役割として，部下が目標を積極的に達成するように動機づけることになる。リーダーが部下のモチベーションを高めることで業績は高くなるのである。

　動機づけ（motivation）に関しては多くの理論が表されている（Latham, 2007）が，ここでは，チームの成員がどうすれば積極的に働くかという観点から検討する。

　J. C. ウォフォード（Wofford）とT. N. スリニバサン（Sirinivasan）は，リーダーが部下の業績を高めるリーダーシップ・モデルを示している（Wofford and Srinivasan, 1983）。これは動機づけの過程を理解する上で参考になるので，彼らの考え方を検討しよう。ウォフォードとスリニバサンによると，部下の業績は次の式で表せる。

$$業績＝動機づけ×能力×役割知覚×環境の制約$$

　部下の業績が以上のような要因で規定されるならば，部下の業績を高めるためには右辺の要因を改善することである。そこで，リーダーの役割は，①部下の能力，動機づけ，役割知覚，環境の要求について部下の業績変数の中の問題

204

点を分析し，②部下の業績の有効性を妨げている問題点を改善するように行動する，ということになる（Wofford and Srinivasan, 1983, p.36）。すなわち，リーダーが部下の業績を高めるためには，部下自身が能力開発を行い，自己の役割を明確に認識し，高い意欲を持って積極的に職務を遂行するようにさせることである。そして職場の環境を改善し，従業員を動機づける効果的な仕事の仕組みを作ることである。

　動機づけは，仕事への意欲ないし仕事を遂行しようとする意志の強さ，あるいは意志の力である。この動機づけの力は，仕事をするために費やされる努力の量である。この力の大きさは，課業目標の水準，その明細性，その目標へのコミットメント（commitment），潜在的エネルギー，知覚された努力の要請によって決まる。リーダーはこれらに働きかけることで部下の業績を高めることができる。動機づけは，仕事（職務）の遂行では重要である。どのように能力の高い人であっても，仕事への意欲が低ければ，仕事の業績は高くならない。たとえ能力がそれほど高くなくても，仕事への意欲が高く，やる気があれば，最終的には業績は高くなる。そして仕事を積極的に行うかどうかは，この意志の強さに依存する。

　この動機づけでは，人々が仕事をどのように捉えているかを分析することが重要になる。生活の手段として仕事をするのか，自己実現のために仕事をするのか，あるいは社会貢献や意味実現のために仕事をするのか，によって動機づけの力は異なるからである。これらは仕事の次元の問題である。仕事の次元としては手段性，社会性，評価性，精神性がある（狩俣，2009, 158-164ページ）。手段性は，仕事は人の欲求充足の手段であり，最終的には自己実現する手段である。社会性は，人は仕事を通じて他者や組織あるいは社会と結びつき，社会貢献するということである。評価性は，仕事はその価値を組織や社会によって評価されることである。精神性の次元は，大義や自己超越的目的を達成するような仕事を通じて自己と他者や組織と融合化する生命（魂）を営むような仕事のことである。

　動機づけは，これらの次元の相互作用の結果として現れる。そして人がどれを重視するかによって，動機づけの仕方は異なる。もし人が生活の手段として働いているならば，金銭的刺激が動機づけには有効になる。また仕事を通じた

社会参加に大きな価値を見出しているならば，働く仲間や集団成員との人間的な繋がりが動機づけには重要であり，社会的役割を果すような仕事の編成が動機を高める。また人が精神の次元を重視しているならば，精神の欲求を満たすような仕事を与えることで働く意欲は高くなる。

R. メイ（May）とA. エイカーソン（Akerson）によると，リーダーは従業員に仕事本来の喜びを見出せるように仕向けるという課題がある。それは組織にとっての意味形成者（meaning-maker）としての役割である。職場はほとんどの人々にとって人生の大部分を過ごす重要なコミュニティであり，人々は周囲から尊敬の念を抱かれるような職場での地位にあこがれており，意義のある仕事や目的のある仕事をしたいと思っており，仕事の中で自身の貢献に満足したいと思っている（May and Akerson, 2003, pp.33-36, 邦訳, 25-28ページ）。チームのリーダーの役割は，仕事の意味を見つけられるように部下を動機づけるということである。

以上，対人的状況下におけるリーダーの役割，すなわち目標の提示，技術的指導，動機づけを示してきたが，このような三つの働きかけは，部下に対するリーダーの直接的な影響過程である。次に，これらの三つの役割の中の技術的指導に関わるコーチングについて検討しよう。

V　コーチングとしての役割

リーダーの役割として技術的指導があるが，このスキルを高めるためには，リーダーはコーチングの技術を習得することである。それではコーチング（coaching）とは何であろうか。R. ディルツ（Dilts）は，コーチングとは，人やチームが最大の能力を発揮できるように支援するプロセスである，と定義している（Dilts, 2003, p.18）。それは，コーチングを受ける人（以下，クライアントと称する）の潜在的な能力を最大限に発揮させる，あるいはクライアントの目標や欲求の実現を支援する過程であり，コーチングは，基本的にはクライアントの自己実現を支援する過程ということである。

このコーチングに関しては，様々な考え方やモデルが表され，それにはGROWモデル（Whitmore, 2002），コーアクティブ・モデル（Whitworth, et al., 2007), NLP (Neuro-Linguistic Programming＝神経言語プログラミング)モデル (Bandler, 1985; Dilts, 2003)，メタ・コーチング・モデル (Hall and Duval, 2004)，統合モデル（O'Connor and Lages, 2007）等がある。コーチング・モデルが多様であるのは，コーチングにおける独自の視点があり，クライアントの個性，あるいは心理的，感情的，精神的状態によってその手法が異なり，またコーチングの求める効果も異なるからである。しかし，コーチングは少なくとも次のような共通の特徴を持っている。①コミュニケーション，②信頼，③クライアントの目標，④クライアントの変化，⑤支援，である（狩俣，2017, 138-144ページ）。

①は，コーチングはコミュニケーション（communication）技法ということである。コーチングで重要なことは，クライアントと良好なコミュニケーションを図り，その課題や潜在能力が何かを明らかにし，クライアントの目標達成を支え，能力を最大限に発揮できるように支援することである。そのためには傾聴してダイアログを行うことが求められる。コーチとクライアントの間でダイアログ・コミュニケーションを行って，クライアントを支援することがコーチングにとっては重要である。

②の信頼は，コミュニケーションが成立するための基本的な前提である。信頼がコミュニケーション活動の前提であり，コーチとクライアントがダイアログを行うためには，彼らの間で信頼関係がなければならない。信頼関係がなければ，どのようなメッセージも人々の間で受け容れられないからである。

③目標は，クライアントが達成しようとしている望ましい状態，あるいは望ましい欲求水準である。コーチングの基本的な点は，クライアントの目標を明確にすることである。クライアントは，現状と自己の理想との間にギャップを認識しており，そのギャップを埋めたいという欲求を持っている。クライアントの目標はコーチングの重要な要素であり，目標を明確にすることがコーチの役割である。

④の変化は，クライアントの意識の変化，あるいは行動の変化であり，最終的には目標達成の結果として起こる変化である。変化は基本的に変化を望む主体が現在の問題を認識し，望ましい状態を実現しようとする意志がない限り起こらない。

　この変化にはクライアントの意識の変化と，実際の行動内容の変化がある。意識を変えるためには，人のメンタル・モデルを変える必要がある。これは人々の無意識の中にある暗黙の仮説であり，自分自身ではなかなか気づかないものである。人が変化するということは，基本的にはこのメンタル・モデルを変えることを意味している。

　⑤のコーチングにおける支援は，意識や行動変化を起こすのに必要な様々な資源を提供し，目標達成を促進することである。変化を起こすには様々な阻害要因がある。そのためそれらの要因を除去し，変容を促進する支援が求められる。そこで，必要な支援は，第一に，現状の把握，その原因の特定，問題の解決（目標到達）のためのプログラムの策定，その実現方法に対する支援である。人が望ましい状態（目標）へ変容するためには，強い意志がなければならない。またスムーズに変容を達成するためには，それを実現するための知識や技術などが必要である。そこで，変化への制約を克服し変化を促す支援が求められる。支援があることでクライアントは，変わることが困難であっても，目標達成のために行動する。

　以上の特徴からすると，リーダーがコーチングを行うためには，傾聴とダイアログのコミュニケーション，クライアントの目標実現，クライアントの変化，が必要ということになる。コーチングは，コーチとクライアントの間で信頼のコミュニケーションを行ってクライアントの潜在能力を最大限に開発し，彼らや彼女らの目標達成を支援し，彼らや彼女らの意識や行動の変化を支援する過程である。コーチングとしてのリーダーの役割は，人（チーム成員）の潜在能力を最大限に開発し，彼らや彼女らの自己実現ないし成長を支援することである。

Ⅵ　働きがいのある最高のチーム作りにおける
　　リーダーの役割

　集団ないしチームが単独の組織体として活動せず，組織を構成する下位システムであるならば，チームの有効性は，組織構造，組織の規則体系，報酬体系，組織文化などのあり方によっても影響される。そして第7章で述べたように，

組織が働きがいのある最高の組織であるならば，その組織はチームの有効性に
も影響を及ぼすことになる。それはチームのコンテクストとなるからである。

　このようにチームを組織の下位システムとして位置づけると，有効なチーム
を形成するためには集団の要因を有効に機能させることである。すなわち，役
割，規範，凝集性，風土を働きがいのある最高の組織作りとの関係で有効に機
能させることである。その働きがいのある最高の組織は，前述したように①快
適な物的作業環境，②良好な人間関係，③信頼関係，④）支援関係，⑤仕事に
見合う十分な報酬，⑥天職，⑦自己超越的コミュニケーションを有している。
また，有効なチームは，チームがその目的を達成し，その成員が充実感を持っ
て仕事をしていることであり，それは基本的に成員が意味実現している状態で
ある。すなわち，働く人々が意味実現しているチームが有効なチームである。
そして，第2章で述べたように，有効なチームを形成するためには，①成員間
に信頼関係と②支援関係があり，③成員間にオープンで自由なコミュニケー
ションが行われ，④成員が高いコミットメントを有し，⑤多様なスキルを持っ
た成員が相乗効果的に協働し，⑥成員が相互の学習し合うことである。

　それでは，有効なチーム作りにおいてリーダーはどのような役割を果たすの
であろうか。S. J. ザッカロ達（Zaccaro, et al.）は，真に有効なチームはチー
ムや環境状況が決定的に不利となるときさえ，高いレベルの集団業績を維持す
るチームであるとし，チームの有効性は認知的過程，動機づけ過程，愛情的過
程，調整過程の四つの基本的過程によって決定され，それらはまたリーダー
シップによって影響されるとしている（Zaccaro, et al., 2001）。L. メアリア
（Mealiea）とR. バルタザール（Baltazar）は，経営者が有効なチームを構築
するための指針を示し，有効なチームビルディングは次の七段階から成るとし
ている（Mealiea and Baltazar, 2005）。段階1は，チームの成功を予測すると
考えられるチームの特徴を確認することである。段階2は，チームの輪郭を生
み出すために現在のチームの風土を測定する。段階3は，チームの特徴の欠点
を確認する。段階4は，問題のある風土の特徴を変える適切な介入の順番を選
択するために，先に確立された意思決定基準を使う。段階5は，チームの特徴
の中の欠点を克服できるチームビルディング戦略を確認する。段階6は，不十
分なチームの特徴を改善する適切な介入戦略の選択のために，前もって確立さ

れた意思決定基準を使う。段階 7 は，改善の実施と評価を行う，ことである。

　このように有効なチームを構築するためには，現在のチームの問題点を確認し，それを改善する手法ないし戦略を実施することであり，それが経営者ないしリーダーの役割ということである。第 1 章で述べたように集団要因は，①役割，②規範，③凝集性，④風土である。これらの要因は，その内容によっては必ずしも集団ないしチームを有効に機能させるとは限らない。そこで，チームが有効に機能するためには，チームのリーダーは集団要因について次のように働きかける必要がある。

　①の役割については，各成員がどれだけ自己の役割を正確に認識しているかによって仕事の仕方が異なる。役割は，それぞれの位置に対する他者の期待である。しかし，人は必ずしもその期待された行動をするとは限らない。これは成員の知覚上の問題あるいは役割遂行能力の問題などによって異なって行動するからである。そのため成員は期待された行動ができず，役割葛藤が生じたりする。ここにリーダーは，成員の役割を明確にし，役割葛藤を減少させ，役割を一致させることが求められる。リーダーは役割コンフリクトが生じないように成員に求められる役割が何かを明確にし，もし役割を遂行する能力やスキルがなければ，これらを改善するように教育訓練する必要がある。チームを有効に機能させるためには，リーダーは役割を明確にし，役割葛藤を無くし，成員に期待された役割を遂行させることである。

　②の規範は，集団成員の行動を規定する成員間に共有された規準あるいは規則である。この規範は必ずしも集団目的の達成を促進するとは限らず，規範の中身によってはその目的の達成を阻害することもある。そこで，チームを有効にするためには，集団規範が集団目的の達成を促進するように形成される必要がある。リーダーは集団成員が積極的にその目的達成に貢献するよう規準ないし規則を形成しなければならないのである。

　③の凝集性については，成員が集団に対して持つ魅力であるので，リーダーは働きがいのある魅力的なチームないし集団をいかに形成するかということになる。D. レーヴィ（Levi）によると，チームのリーダーは，チームの成員間により多くの相互作用を促進し，地位の違いを少なくし，成員の誰でもお互いの貢献を気づくようにさせ，誇りあるチーム風土を生み出すことによって凝集

性を高めることができる（Levi, 2011, p.64）。また意味実現できるチーム作りの点からは，成員間の人間関係，リーダーと成員の間の人間関係が良好であるかどうか，さらに彼らの間で支援関係や信頼関係があるかどうかということが重要になる。

④の集団風土が集団の特徴に対して持つ成員の知覚であるならば，凝集性を高めることと同じように，良好な人間関係，支援関係，信頼関係があると成員が知覚することが重要になる。また物的作業環境や職場環境をどのように知覚するか，自己の仕事を天職と思うかどうか，さらには自己超越的コミュニケーションが行われているかどうかを成員が共通に知覚するかどうかが風土の形成では重要になる。そして，リーダーのスタイルや職場環境に対して働きかける行為は，成員の風土形成で重要であり，働きがいのある最高のチームであると知覚させるかどうかを規定する。

以上のような集団要因に関わるリーダーの役割の他に，チームが単独で活動するのではなく，組織の下位システムとして活動しているならば，チームのリーダーは，他の部署や集団ないしチームと連携したり，他のチームとの調整を行う必要がある。すなわち，チームリーダーの役割は，⑤として外部集団（チーム）との連結，調整をすることである。

組織の下位システムとしてのチームが，組織の全体目的の下位目標を達成するために活動しているならば，各チームの目的はそれぞれ異なるものである。個別のチームの目的が異なれば，チーム間に物的，情報的，人的資源等の獲得や業績評価等でコンフリクトが生じたりする。組織全体の目的を達成するという共通の目的があっても，個々の目的達成に係る資源や情報などが異なれば，各チーム間で競争が起こり，それらの獲得において対立が生じたりする。そこで，チームのリーダーは，他の部署等との連携や調整の役割を果たしてチームを運営する必要がある。

リーダーは，以上のような役割を遂行することでチームを有効に機能させ，活性化することができるのである。

図8-6は，働きがいのある最高の組織と有効なチームとの関係を示している。組織のトップ・リーダーは，組織要因や最高の組織作りに影響を与え，また組織要因は集団要因に影響を与え，それがチームの有効性に影響を与え，最

図8-6　最高の組織と有効なチーム作りの関係

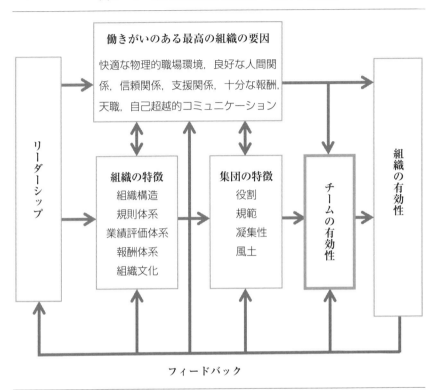

出所）筆者作成。

終的には組織の有効性に影響を与える。組織のリーダーは，どのような組織構造にするか，どのような規則体系や業績評価体系や報酬体系を形成するか，さらにはどのように成員間に共有される価値を注入して組織文化を形成するかにおいて重要な役割を果たす。さらに組織のリーダーは働きがいのある最高の組織の形成にも大きな影響を与える。そして，働きがいのある最高の組織要因は，その他の組織要因や集団要因と相互作用し，それはチームの有効性に影響を与え，最終的には組織の有効性にも影響を与える。

　図ではチームのリーダーは，集団要因や有効なチーム作りでは限定的な役割しか果たさないように見える。しかし，チームのリーダーは前述したように有

効なチーム作りで大きな役割を果たしている。そして，チームが有効に機能しなければ，組織の有効性は達成できない。組織の有効性は，最終的には働く現場の人々が高業績を上げ，意味実現しなければ達成できない。組織の有効性の達成度合いは，フィードバックとして集団要因や組織要因，働きがいのある最高の組織要因，さらにはリーダーシップに影響を与える。これらの要因の相互作用によって，より良いチーム作りや組織作りができるのである。

VII　結び

　以上，伝統的なリーダーシップの理論と最近のリーダーシップ理論，リーダーシップの定義，およびチームにおけるリーダーの役割について述べてきた。サーバント・リーダーシップ以前のリーダーシップ理論は，リーダーがその特性，能力，地位，権力によって部下を支配したり指揮したりするのがリーダーであると考えている。これに対して，サーバント・リーダーシップ以降の理論は，リーダーは部下ないし組織成員に奉仕し支える（サーバント理論），彼らや彼女らの相互作用の過程から新しい意味を形成する（意味形成理論），さらには成員の意味充足や意味実現を支援する（スピリチュアル理論）としてリーダーを捉え，リーダー中心から，リーダーと組織成員との関係の対等・平等性，あるいは組織成員中心へと視点の転換が行われている。特に，スピリチュアル理論は組織成員の自己実現や意味実現，働きがいのある最高の職場作りのためのリーダーの役割を示している。

　リーダーシップは，組織内外の諸困難に対応して組織成員を目的達成の方向に統一的統合的に協働させる主体的な影響過程である。それはまた，組織が環境の変化に対応して組織自体を絶えず変革したり，創造して新たな秩序を形成していく主体的な影響過程である。この影響過程は，リーダーと部下の対人的影響過程，組織要因ないし集団要因の形成に及ぼす影響過程，価値創造や意味創造への影響過程，の三つのレベルで起こる。そこで，本章ではチームのリーダーの役割を明らかにするために，対人的影響過程におけるリーダーの役割として，目標の提示，技術的指導，動機づけ，があることを示した。そして技術的指導のためにコーチングとしての役割を示した。

　さらに働きがいのある最高の組織作りとリーダーシップの関係についても示してきた。働きがいのある最高の組織は，①快適な物的作業環境，②良好な人間関係，③信頼関係，④支援関係，⑤仕事に見合う十分な報酬，⑥天職，⑦自己超越的コミュニケーションを有している。

　集団は，ある共通の目的を達成するためにコミュニケーションを行う二人以上の人々の集まりである。そして，チームは，その成員間の相乗効果的な働きによってその目的を効率的能率的に達成し有効に機能している集団のことである。すなわち，チームは，集団における成員の役割，規範，凝集性，風土が組織目的達成に向けて有効に機能し，個々の成員が相乗効果的に能力を発揮して有効に機能している集団である。

　有効なチームは，成員間に信頼関係と支援関係があり，彼らや彼女らの間にオープンで自由なコミュニケーションが行われ，成員が高いコミットメントを有し，多様なスキルを持った成員が相乗効果的に協働し，成員が相互に学習し合うことで形成される。そのためには，リーダーは成員の役割を明確にし，集団の目的達成を促進するような集団規範，凝集性，集団風土を構築し，さらに外部集団（チーム）と連結，調整をする必要がある。そして働きがいのある最高のチームを作るためには，リーダーは最高の組織の特徴と有効なチーム形成の要因を結びつけてチームの有効性を達成しなければならない。

　リーダーは，以上のような役割を果すことでチームを有効に機能させて，最高のチームを形成できる。そして，組織の個々のチームが有効に機能することで，組織は最終的にその有効性を達成するのである。

《付　記》

本書は以下の論文を加筆修正したものである。

第2章　「働きがいのある最高の組織とチームビルディング」『商経学叢（近畿大学商経学会)』第64巻第2号（2017年12月）

第4章　「チーム作りにおけるダイアログ・コミュニケーションの役割」『商経学叢（近畿大学商経学会)』第65巻第2号（2018年11月）

第5章　「チームにおける信頼構築」『商経学叢（近畿大学商経学会)』第69巻第1号（2022年7月）

第6章　「組織変革とチーム変革」『商経学叢（近畿大学商経学会)』第66巻第1号（2019年7月）

第7章　「経営者の意識の発達と最高の組織作り」『商経学叢（近畿大学商経学会)』第65巻第1号（2018年7月）

［参考文献］

Aldrich, H. E.（1999）*Organizations Evolving*, Sage Publications of London, Thousand Oaks and New Delhi.（若林直樹・高瀬武典・岸田民樹・坂野友昭・稲垣京輔訳『組織進化論―企業のライフサイクルを探る』）東洋経済新報社, 2007年).

Aubé, C. and V. Rousseau（2005）"Team Goal Commitment and Team Effectiveness: The Role of Task Interdependence and Supportive Behaviors," *Group Dynamics: Theory, Research, and Practice*, Vol. 9, No. 3, pp.189-204.

Baird, Jr. J. E.（1977）*The Dynamics of Organizational Communication*, Harper & Row, Publishers.

Bandler, R.（1985）*Using Your Brain For a Change*, Real People Press（酒井一夫訳『神経言語プログラミング ―頭脳を使えば自分も変わる―』東京図書株式会社, 1986年).

Barnard, C. I.（1938）*The Functions of the Executive*, Harvard University Press（山本安次郎・田杉競・飯野春樹訳『新訳 経営者の役割』ダイヤモンド社, 1968年).

Baron, R. A. and J. Greenberg（1986）*Behavior in Organizations: Understanding and Managing the Human Side of Work*, 2nd ed., Allyn and Bacon, Inc.

Bavelas, A.（1950）"Communication Patterns in Task-oriented Groups," *Journal of the Acoustical Society of America*, Vol. 22, pp.725-730.

Belbin, R. M.（2010）*Team Roles at Work: A Strategy for Human Resource Management*, 2nd ed., Routledge.

Bell, S. T.（2007）"Deep-level Composition Variables as Predictors of Team Performance: A Meta-analysis," *Journal of Applied Psychology*, vol.92, No.3, pp.595-615.

Berlo, D. K.（1960）*The Process of Communication: An Introduction to Theory and Practice*, Holt Rinehart and Winston, Inc.（布留武郎・阿久津喜弘訳『コミュニケーション・プロセス ―社会行動の基礎理論―』協同出版, 1972年).

Bertalanffy, L. Von（1969）*General System Theory: Foundations, Development, Applications*, George Braziller（長野敬・太田邦昌訳『一般システム理論―その基礎・発展・応用―』みすず書房, 1973年).

Bishop, J. W., Scott, K. D., and S. M. Burroughs（2000）"Support, Commitment, and Employee Outcomes in a Team Environment," *Journal of Management*, Vol. 26, No. 6, pp. 1113-1132.

Blake, P. R. and J. S. Mouton（1964）*The Managerial Grid*, Gulf Publishing Company（上野一郎監訳『期待される管理者像』産業能率短期大学出版部, 1965年).

Blok, J. de, Kroon, Y., Leferink, A., Sluiter, W., 山本則子「『チームスピリット』が人を、地域を、社会を変える―Buurtzorgに学ぶフラットな組織運営の勘所―」『訪問看護と介護』2014年6月号, 427-434ページ。

Bohm, D.（1996）*On Dialogue*, Taylor & Francis Group（金井真弓訳『ダイアローグ ―対立から共生へ、議論から対話へ―』英治出版, 2007年).

Bok, S. (1978) *Lying: Moral Choice in Public Private Life*, Random House (古田曉訳『嘘の人間学』TBSブリタニカ, 1982年).

Boulding, K. E. (1953) "General Systems Theory: The Skeleton of Science," *Management Science*, Vol.2 No.3, pp.197-208, in Boulding, K. E. (1968) *Beyond Economics: Essays on Society, Religion, and Ethics*, University of Michigan, Press (公文俊平訳『経済学を超えて』学習研究社, 1975年, 134-155ページ).

Brazzel, M. (2014) "Organization Change Theories and Models," in Jones, B. B. and M. Brazzel, ed. *The NTL Handbook of Organization Development and Change : Principles, Practice, and Perspectives*, Second Edition, Pfeiffer, pp.255-282. (柴田郁夫 & 組織キャリア開発フォーラム訳,『NTLハンドブック―組織開発(OD)と変革―』NextPublishing Authors Press, オンデマンド(ペーパーバック)2018年, 233-254ページ).

Buber, M. (1923) *Ich und Du : Zwiesprache*, Insel Verlag, Leipzig (田口義弘訳『我と汝・対話』みすず書房, 1978年).

Burchell, M. and J. Robin (2011) *The Great Workplace: How to Build it, How to Keep it, and Why it Matters*, Jossey-Bass A Wiley Imprint (伊藤健市・斎藤智文・中村艶子訳『最高の職場 ―いかに創り、いかに保つか、そして何が大切か―』ミネルヴァ書房, 2012年).

Bushe, G. R. and G. H. Coetzer (2007) "Group Development and Team Effectiveness: Using Cognitive Representations to Measure Group Development and Predict Task Performance and Group Viability," *The Journal of Applied Behavioral Science*, Vol 43, No.2, pp.184-212.

Bushe, G. R. and R. J. Marshak (2014) "Dialogic Organization Development," in Jones, B. B. and M. Brazzel, ed. *The NTL Handbook of Organization Development and Change : Principles, Practice, and Perspectives*, Second Edition, Pfeiffer, pp.192-212. (柴田郁夫 & 組織キャリア開発フォーラム訳,『NTLハンドブック―組織開発(OD)と変革―』NextPublishing Authors Press, オンデマンド(ペーパーバック)2018年, 185-201ページ).

Bushe, G. R. and R. J. Marshak (2015) *Dialogic Organization Development: The Theory and Practice of Transformational Change*, Berrett-Koehler Publishers (中村和彦訳『対話型組織開発―その理論的系譜と実践―』栄治出版, 2018年).

Butler, J. K. Jr. and R. S. Cantrell (1984) "Behavioral Decision Theory Approach to Modeling Dyadic Trust in Superiors and Subordinates," *Psychological Reports*, Vol.55, pp.19-28.

Buurtzorg, https://www.buurtzorg.com/ (2018年4月26日閲覧)。

Buurtzorg services japan株式会社, http://buurtzorg-services-japan.com/ (2018年4月26日閲覧)。

Cartwright, D. (1968) "The Nature of Group Cohesiveness", in Cartwright, D. and A. Zander eds. (1968) *Group Dynamics: Research and Theory*, 3rd ed. Harper & Row, Publishers (三隅二不二・佐々木薫訳編『グループ・ダイナミックス I、II』誠信書房, 1970).

Cartwright, D. and A. Zander eds.（1968）*Group Dynamics: Research and Theory*, 3rd ed. Harper & Row, Publishers （三隅二不二・佐々木薫訳編『グループ・ダイナミックス Ⅰ、Ⅱ』誠信書房, 1970）.

Cartwright, D. and A. Zander（1968a）"Power and Influence in Groups: Introduction," in Cartwright, D. and A. Zander eds.（1968）*Group Dynamics: Research and Theory*, 3rd ed., Harper and Row, Publishers, pp. 215-235.

Cartwright, D. and A. Zander（1968b）"Leadership and Performance of Group Functions: Introduction," in Cartwright, D. and A. Zander eds.（1968）*Group Dynamics: Research and Theory*, 3rd ed., Harper and Row, Publishers, pp.317,（三隅二不二・佐々木薫訳編『グループ・ダイナミックスⅡ』誠心書房, 1970年, 581-608ページ）.

Charan, R.（2001）"Conquering a Culture of Indecision," *Harvard Business Review*, April.（DIAMONDハーバード・ビジネス・レビュー編集部訳「対話が組織の実行力を高める」DIAMONDハーバード・ビジネス・レビュー編集部編『「説得」の戦略』ダイヤモンド社, 2006年, 121-151ページ）.

Ciulla, J. B.（2000）*The Working Life: The Promise and Betrayal of Modern Work,* Three Rivers Press（中嶋愛訳・金井壽宏監修『仕事の裏切り―なぜ、私たちは働くのか―』翔泳社, 2003年）.

Collins, J. C. and J.I. Porras（1994）*Built to Last: Successful Habits of Visionary*, NY: HarperBusiness.（山岡洋一訳『ビジョナリー・カンパニー―時代を超える生存の原則―』日経BP社出版センター, 1995年）

Covey, S.R.（2004）*The 8th Habit: From Effectiveness to Greatness*, Franklin Covey Co.（フランクリン・コヴィー・ジャパン訳『第8の習慣』キングベアー出版, 2005年）.

Coyle, D.（2018）*The Culture Code, The Secrets of Highly Successful Groups,* Random House Business Books（楠木建監訳・桜田直美訳『最強チームをつくる方法』かんき出版, 2018年）.

Daft, R. L.（2001）*Essentials of Organization Theory and Design*, 2nd ed., South-Western College Publishing（高木晴夫訳『組織の経営学――戦略と意思決定を支える――』ダイヤモンド社, 2002年）.

Dance, F. E. X.（1970）"The 'Concept' of Communication," *Journal of Communication,* Vol. 20, No.2, pp.201-210.

De Dreu, C. K. W. and A. E. M. Van Vianen.（2001）"Managing Relationship Conflict and the Effectiveness of Organizational Teams," *Journal of Organizational Behavior*, vol.22, No.3, pp.309-328.

De Dreu, C. K. W. and L. R. Weingart.（2003）"Task versus Relationship Conflict and Team Member Satisfaction: A Meta-Analysis," *Journal of Applied Psychology*, vol.88, No.4, pp.741-749.

DeSteno, D.（2014）*The Truth About Trust: How Determines Success in Life, Love, Learning, and More,* Hudson Street Press（寺町朋子訳『信頼はなぜ裏切られるのか』白揚社, 2015年）.

Dessler, G.（1976）*Organization and Management: Contingency Approach*, Prentice Hall.

88888888888888888

Deutsch, M.（1973）*The Resolution of Conflict: Constructive and Destructive Processes*, Yale University Press（杉田千鶴子訳『紛争解決の心理学』ミネルヴァ書房, 1995年）.

Dilts, R.（2003）*From Coach to Awakener*, Meta Publications（田近秀敏監修・佐藤志渚訳『ロバート・ディルツ博士のNLPコーチング』株式会社ヴォイス, 2006年）.

Drath, W. H.（1998）"Approaching the Future of Leadership Development" in McCauley, C. D., Moxley, R. S., and E. V. Velsor, eds., *The Center for Creative Leadership: Handbook of Leadership Development*, Jossey-Bass Inc., Publishers, pp.403-432.（金井壽宏監訳・嶋村伸明, リクルートマネジメントソリューションズ組織行動研究所訳『リーダーシップ開発ハンドブック』白桃書房, 2011年, 370-400ページ）.

Drath, W. H. and C. J. Palus（1994）*Making Common Sense: Leadership as Meaning-making in a Community of Practice*, Center for Creative Leadership.

Druskat, V. U. and S. B. Wolff（2001）"Building Emotional Intelligence of Groups," *Harvard Business Review*, in Harvard Business Review Press ed.（2013）*HBR'S 10 Must On Teams*, Harvard Business School Publishing Corporation（スコフィールド素子訳「個の総和を超えた企業力を育むチームEQの強化法」『DIAMOND ハーバード・ビジネス・レビュー』2001年8月号, 94-107ページ）.

Dunbar, R.（1996）*Grooming, Gossip and the Evolution of Language*, Harvard University Press（松浦俊輔・服部清美訳『言葉の起源―猿の毛づくろい、人のゴシップ―』青土社, 1998年）.

Dyer, W. G., Dyer Jr., W. G. and J. H. Dyer（2007）*Team Building*, John Wiley & Sons, Inc.

Edmondson, A. C.（2012）*Teaming: How Organizations Learn, Innovate, and Compete in the Knowledge Economy*, John Wiley & Sons, Inc.（野津智子訳『チームが機能するとはどういうことか―「学習力」と「実行力」を高める実践アプローチ―』英治出版, 2014年）.

Edmondson, A. C.（2019）*The Fearless Organization: Creating Psychological Safety in the Workplace for Learning, Innovation, and Growth*, John Wiley & Sons, Inc.（野津智子訳『恐れのない組織―「心理的安全性」が、学習・イノベーション・成長をもたらす―』英治出版, 2021年）.

Erikson, E. H.（1963）*Childhood and Society, 2nd ed.*, W. W. Norton & Company, Inc.（仁科弥生訳『幼児期と社会 I』みすず書房, 1977年）.

Erikson, E. H.（1982）*The Life Cycle Completed: A Review*, W.W. Norton & Company, N.Y.（村瀬孝雄・近藤邦夫訳『ライフサイクル、その完結』みすず書房, 1989年）.

Fapohunda, T. M.（2013）"Towards Effective Team Building in the Workplace." *International Journal of Education and Research*, Vol. 1, No. 4, pp1-12.

Feldman, D. C.（1984）"The Development and Enforcement of Group Norms," *Academy of Management Review*, Vol. 9, No. 1, pp.47-53.

Feldman, D. C. and H. J. Arnold（1983）*Managing Individual and Group Behavior in Organizations*, McGraw-Hill Book Company.

Festinger, L.（1950）"Informal Social Communication," *Psychological Review*, Vol. pp.271-

282.

Fiedler, F. E. (1967) *A Theory of Leadership Effectiveness*, McGraw-Hill Book Company (山田雄一監訳『新しい管理者像の探究』産業能率短期大学出版部, 1970年).

Fisher, B. A. (1980) *Small Group Decision Making: Communication and Group Process*, Second Edition, McGraw-Hill Book Company.

Fleishman, E. A. (1973) "Twenty Years of Consideration and Structure," in Fleishman, E. A. and J. G. Hunt eds. (1973) *Current Development in the Study of Leadership*, Southern Illinois University, pp. 1-40.

Foster, R. and S. Kaplan (2001) *Creative Destruction: Why Companies That Are Built to Last Underperform the Market - and How to Successfully Transform Them*, Mckinsey And Company, Inc. United States (柏木亮二訳『創造的破壊―断絶の時代を乗り越える―』翔泳社, 2002年).

Frankl, V. E. (1952) *Aerztliche Seelsorge*, Verlag Franz Deuticke (霜山徳爾訳『死と愛―実存分析入門―』みすず書房, 1957年).

Frankl, V. E. (1962) *Man's Search for Meaning: An Introduction to Logotherapy*, Beacon Press.

Frankl, V. E. (1969) *The Will to Meaning: Foundations and Applications of Logotherapy*, New American Library (大沢博訳『意味への意志―ロゴセラピイの基礎と応用―』ブレーン出版, 1979年).

French, J. R. P. and B. Raven (1968) "The Bases of Social Power, in Cartwright, D. and A. Zander eds. (1968) *Group Dynamics: Research and Theory*, 3rd ed., Harper & Row, Publishers, pp.259-269. (三隅二不二・佐々木薫訳編『グループ・ダイナミックスⅡ』誠心書房, 1970年, 726-748ページ).

Fry, L. W. (2003) "Toward a Theory of Spiritual Leadership," *The Leadership Quarterly*, Vol.14, pp.693-727.

Fukuyama, F. (1995) *Trust*, International Creative Management (加藤寛訳『「信」なくば立たず』三笠書房, 1996年).

Gergen, K. J. and L. Hersted (2013) *Relational Leading: Practices for Dialogically Based Collaboration*, Taos Institute Publications (伊藤守監訳、二宮美樹訳『ダイアローグ・マネジメント―対話が生み出す強い組織―』ディスカヴァー・トゥエンティワン, 2015年).

Gersick, C. J. G. (1988) "Time and Transition in Work Teams: Toward a new Model of Group Development." *Academy of Management Journal*, Vol.31, No.1, pp.9-41.

Gibb, C. A. (1954) "Leaderhip," in G. Lindzey, ed., *Handbook of Social Psychology*, Addison Wesley (大橋幸訳「リーダーシップ」清水・日高・池内・高橋監訳『社会心理学講座〔第5巻〕』みすず書房, 1958年).

Gibb, J. R. (1960) "Defensive Communication," *The Journal of Communication*, Vol.11, pp.141-148.

Gibson, J. W. and R. M. Hodgetts (1986) *Organizational Communication: A Managerial Perspective*, Academic Press College Division.

Giffin, K. and B. R. Patton (1976) *Fundamentals of Interpersonal Communication*, 2nd ed., Harper & Row, Publishers.

Gofee, R. and G. Jones (2013) "Creating the Best Workplace on Earth," *Harvard Business Review*, Vol. 91, No.5, pp.98-106 (スコフィールド素子訳「『夢の職場』をつくる6つの原則」『DIAMONDハーバード・ビジネス・レビュー』2013年12月, 28-43ページ).

Goffee, R. and G. Jones (2015) *Why Should Anyone Work Here? What It Takes to Create an Authentic Organization*, Harvard Business Review Press (森由美子訳『DREAM WORKPLACE (ドリーム・ワークプレイス)—誰もが「最高の自分」になれる組織をつくる—』英治出版, 2016年).

Greenleaf, R. K. (1977) *Servant Leadership: A Journey into the Nature of Legitimate Power & Greatness*, Paulist Press (金井壽宏監訳・金井真弓訳『サーバントリーダーシップ』英治出版, 2008年).

Griffin, R. W. and G. Moorhead (1986) *Organizational Behavior*, Houghton Mifflin Company.

Hackman, J. R. (1987) "The Design of Work Teams," In J. W. Lorsch (Ed.) *Handbook of Organizational Behavior*, Prentice Hall, pp.315-342.

Hackman, J. R. (2002) *Leading Teams*, Harvard Business School Publishing Corporation (田中滋訳『ハーバードで学ぶ「デキるチーム」5つの条件』生産性出版, 2005年).

Hall, L. M. and M. Duval (2004) *Meta-Coaching: Volume I, Coaching Change For Higher Levels of Success and Transformation*, Neuro-Semantics Publications (佐藤志緒訳, 田辺秀敏監修『メタ・コーチング』株式会社ヴォイス, 2010年).

Hamel, G. (2011) "First, Let's Fire All The Managers," *Harvard Business Review*, Vol.89, No.12, pp.48-60. (有賀裕子訳「自主管理を徹底する世界最大のトマト加工業者 マネジャーを作らない会社」『DIAMOND ハーバードビジネスレビュー 絆の経営—現場を結束させる力—』2012年4月, 30-47ページ).

Hersey, p. and K. H. Blanchard (1972) *Management of Organizational Behavior*, 2 nd ed., Prentice- Hall, Inc. (松井賚夫監訳『新版 管理者のための行動科学入門』日本生産性本部, 1974年).

Hersted, L. and K. J. Gergen (2013) *Relational Leading: Practices for Dialogically Based Collaboration*, Taos Institute Publications (伊藤守監訳, 二宮美樹訳『ダイアローグ・マネジメント —対話が生み出す強い組織—』ディスカヴァー・トゥエンティ・ワン, 2015年).

Hicks, H. G. (1966) *The Management of Organizations*, McGraw-Hill, Inc. (影山裕子訳『人間行動と組織—行動科学と経営管理論の統合—』産業能率短期大学出版部, 1969年).

Hiriyappa, B. (2016) *Group Dynamics and Team Building: A Handbook*, Createspace Independent Publishing Platform.

Hollander, E. P. (1981) *Principles and Methods of Social Psychology*, 4th ed., Oxford University Press.

Homans, G. C. (1950) *The Human Group*, Harcourt, Brace & Co., Inc. (馬場明男・早川浩一共訳『ヒューマン・グループ』誠信書房, 1959年).

Hosmer, L. T. (1995) "Trust: The Connecting Link Between Organizational Theory and

Philosophical Ethics," *Academy of Management Review*, Vol. 20, No.2, pp.379-403.

Huang, Chiung-Hui (2013) "Shared Leadership and Team Learning: Roles of Knowledge Sharing and Team Characteristics," *The Journal of International Management Studies*, Vol. 8. No.1, pp.124-133.

Hunter, J. G. (1998) *The Servant*, The Crown Publishing Group, a division of Random House, Inc. (高山祥子訳『サーバント・リーダー』海と月社, 2012年).

Isaacs, W. N. (1993) "Taking Flight: Dialogue, Collective Thinking, and Organizational Learning," *Organizational Dynamics*, Vol. 22, No. 2, pp.24-39.

Isaacs, W. N. (1999) *Dialogue and the Art of Thinking Together: A Pioneering Approach to Communicating in Business and in Life*, A Currency Book.

Jackson, J. H. and S. W. Adams (1979) "The Life Cycle of Rules," *Academy of Management Review*, Vol. 4, No. 2, pp.269-273.

Jantsch, E. (1980) *The Self-Organizing Universe: Scientific and Human Implications of Emerging Paradigm of Evolution*, Pergamon Press Ltd. (芹沢高志・内田美恵訳『自己組織化する宇宙―自然・生命・社会の創発的パラダイム―』工作舎, 1986年).

Jehn, K. A. (1997) "A Qualitative Analysis of Conflict Types and Dimensions in Organizational Groups," *Administrative Science Quarterly*, Vol.42, No.3, pp.530-557.

Karlgaard, R. (2014) *The Soft Edge: Where Great Companies Find Lasting Success*, John Wiley and Sons, Inc. (野津智子訳『グレートカンパニー ―優れた経営者が数字よりも大切にしている5つの条件―』ダイヤモンド社, 2015年).

Katz, D. and R. L. Kahn (1978) *The Social Psychology of Organizations*, 2nd ed., John Wiley & Sons.

Katzenbach, J. R. and D. K. Smith (1993) *Wisdom of Teams: Creating the High-Performance Organization*, McGraw-Hill Publishing Company.

Kegan, R. and L. L. Lahey (2009) *Immunity to Change: How to Overcome It and Unlock the Potential in Yourself and Your Organization*, Harvard Business School Publishing Corporation (池村千秋訳『なぜ人と組織は変われないのか―ハーバード流自己変革の理論と実践―』英治出版, 2013年).

Kegan, R. and L. L. Lahey (2016) *An Everyone Culture: Becoming a Deliberately Developmental Organization*, Harvard Business Publishing Corporation (中土井僚監訳 池村千秋訳『なぜ弱さを見せあえる組織がつよいのか―すべての人が自己変革に取り組む「発達指向型組織」をつくる―』英治出版, 2017年).

Kerr, S. and J. W. Sloucum, Jr. (1981) "Controlling the Performances of People in Organizations," in Nystrom. P. C. and W. H. Sturbuck, ed., *Handbook of Organizational Design, Vol. 2: Remodeling Organizations and their Environments*, Oxford University Press.

Kiesler, C. A. and S. B. Kiesler (1969) *Conformity*, Addison-Wesley Publishing Co., Inc. (早川昌範訳『同調行動の心理学（現代社会心理学の動向 第3巻』誠信書房, 1978年).

Kozlowski, S. W. J. and B. S. Bell (2003) "Work Groups and Teams in Organizations," in Borman, W. C., Ilgen, D.R.and R. J. Klimoski, eds. *Handbook of Psychology* (Vol.12):

Industrial and Organizational Psychology, Wiley-Blackwell. pp.333-375.

Lalouz, F. (2014) *Reinventing Organizations: A Guide to Creating Organizations Inspired by Next Stage of Human Consciousness*, Nelson Parker（鈴木立哉訳『ティール組織―マネジメントの常識を覆す次世代型組織の出現―』英治出版, 2018年）.

Lane, C. (2002) "Introduction: Theories and Issues in the Study of Trust," in C. Lane and R. Bachmann, ed., *Trust Within and Between Organizations: Conceptual Issues and Empirical Applications*, Oxford University Press, pp.1-30.

Laszlo, E. (2006) *The Chaos Point: The World at the Crossroads*, Hampton Roads Publishing（吉田三知世訳『カオス・ポイント―持続可能な世界のための選択―』日本教文社, 2006年）.

Latham, G. (2007) *Work Motivation: History, Theory, Research, and Practice*, Sage Publication, Inc.（金井壽宏監訳・依田卓巳訳『ワーク・モチベーション』NTT出版, 2009年）.

Leavitt, H. J. (1951) "Some Effects of Certain Communication Patterns on Group Performance," *Journal of Abnormal and Social Psychology*, No. 46, January, pp.38-50.

Levi, D. (2011) *Group Dynamics for Teams*, SAGE Publication.

Lewin, K. (1951) *Field Theory in Social Science*, Harper & Brothers（猪股佐登留訳『社会科学における場の理論』誠信書房, 1956年）.

Lewis, P. V. (1980) *Organizational Communication: The Essence of Effective Management*, 2nd ed., Grid Publishing, Inc.

Likert, R. (1961) *New Patterns of Management*, the McGraw-Hill Book Co., Inc.（三隅二不二訳『経営の行動科学―新しいマネジメントの探求―』ダイヤモンド社, 1966年）.

Lin, N. (1977) *The Study of Human Communication*, The Bobbs-Merrill Company, Inc.

Litwin, G. H. and R. A. Stringer, Jr. (1968) *Motivation and Organizational Climate*, President and Fellows of Harvard College.

Mackey, J. and R. Sisodia (2014) *Conscious Capitalism: Liberating the Heroic Spirit of Business*, Harvard Business Review Press（鈴木立哉訳『世界でいちばん大切にしたい会社―コンシャス・カンパニー―』翔泳社, 2014年）.

Mann, R. D. (1959) "A Review of the Relationship Between Personality and Performance in Small Group," *Psychological Bulletin*, Vol. 56, pp.241-270.

Manz, C. C. and D. A. Gioia (1983) "The Interrelationship of Power and Control," *Human Relations*, Vol.36, No.5, pp.459-476.

May, R. and A. Akerson (2003) *The Leader as communicator: Strategies and Tactics to Build Loyalty, Focus Effort, and Spark Creativity*, AMACON, American Management Association（徳岡晃一郎訳『リーダーシップ・コミュニケーション―人を引きつけ、組織を成長させるリーダーシップとは何か？―』ダイヤモンド社, 2005年）.

Mayer, R. C., Davis, J. H., and F. D. Schoorman (1995) "An Integrative Model of Organizational Trust," *Academy of Management Review*, Vol.20, No.3, pp.709-734.

McGregor, D. (1960) *The Human Side of Enterprise*, McGraw-Hill Inc.（高橋達男訳『新版　企業の人間的側面』産業能率短期大学出版部, 1970年）.

Mealiea, L. and R. Baltazar (2005) A Strategic Guide for Building Effective Teams," *Public*

Personnel Management, Vol. 34, No. 2, pp.141-160.

Miller, K. I. (2009) *Organizational Communication: Approaches and Processes*, 5th Edition, Wadsworth Cengage Learning.

Miller, K. I. and P. R. Monge (1986) "Participation, Satisfaction, and Productivity : A Meta-Analytic Review," *The Academy of Management Journal,* Vol. 29, No.4, pp.727-753.

Miller, K. I. and P. R. Monge (1988) "Participative Processes in Organizations," in Goldhaber, G.M. and G. A. Barnett ed. *Organizational Communication*, Abelex Publishing Corporation, pp.213-229.

Mischel, W., Shoda, Y., and O. Ayduk (2007) *Introduction to Personality: Toward an Integrative Science of the Person*, 8th ed., John Wiley & Sons, Inc. (黒沢香・原島雅之監訳『パーソナリティ心理学―全体としての人間の理解―』培風館, 2010年).

Nettile D. (2007) *Personality: What Makes You the Way You Are*, Oxford University Press (竹内和世訳『パーソナリティを科学する―特性5因子であなたがわかる―』白揚社, 2009年).

O'Connor, J. and A. Lages (2007) *How Coaching Work: The Essential Guide to the History and Practice of Effective Coaching*, A & C Black Business Information and Development (杉井要一郎訳『コーチングのすべて―その成り立ち・流派・理論から実践の指針まで―』英治出版, 2012年).

Patrick, J. O., Jutta, S-W., Isabell M.W., and O. David (2021) "Beyond the Truce: How Conflict Affects Teams' Decisions Whether to Enact Routines or Creative Projects," *Industrial and Corporate Change*, Vol.30, No.3, pp.799-822.

Pentland, A. S. (2012) "The New Science of Building Great Teams," *Harvard Business Review*, Vol. 90, No. 4, pp.60-69. (有賀裕子訳「コミュニケーション形態を可視化するチームづくりの科学」『DIAMONDハーバード・ビジネス・レビュー　最強チームをつくる』ダイヤモンド社, 2012年9月, 32-47ページ).

Peters, T. J. and R. H. Waterman (1982) *In Search of Excellence*, Harper & Row (大前研一訳『エクセレント・カンパニー―超優良企業の条件―』講談社,1983年)

Piaget, J. (1964) *Six études de psychology*, Gonthier (滝沢武久訳『思考の心理学　―発達心理学の6研究―』みすず書房, 1968年).

Piaget, J. (1970) *L Epistémologie Génétique*, Presses Universitaires de France (滝沢武久訳『発生的認識論』白水社, 1972年).

Potapchuk, M. (2004) "Using Dialogue as a Tool in the Organizational Change Process," *California Tomorrow*, pp.1-16.

Prichard, R. D. and B. W. Karasick (1973) "The Effects of Organizational Climate on managerial job performance and job satisfaction," *Organizational Behavior and Human Performance*, Vol.9, pp.126-146.

Querubin, C. (2011) "Dialogue: Creating Shared Meaning and Other Benefits for Business," *Proceeding of the 55th Annual Meeting of the International Society for the System Science,* pp.1-20.

Reddin, W. J. (1970) *Managerial Effectiveness*, McGraw-Hill Book Company.

Rico, R., Alcover, de la Hera, C. M. and C. Tabemero (2011) "Work Team Effectiveness, A review of research from the last decade (1999-2009)." *Psychology in Spain*, Vol. 15 No. 1, pp.57-79

Robbins, S. P. (1974) *Managing Organizational Conflict: A Nontraditional Approach*, Prentice Hall.

Robbins, S. P. (2005) *Essentials of Organizational Behavior*, 8th ed., Pearson Education (高木晴夫訳『新版　組織行動のマネジメント―入門から実践へ―』ダイヤモンド社,2009年).

Robertson, B. J. (2015) *HOLACRACY: The New Management System for a Rapidly Changing World*, Henry Holt and Company, LLC. (瀧下哉代訳『HOLACRACY ホラクラシー―役職をなくし生産性を上げるまったく新しい組織マネジメント―』株式会社PHP研究所, 2016年).

Roch, M. S. (1992) *The Human Act of Caring*, Canadian Hospital Association Press (鈴木智之・操華子・森岡崇訳『アクト・オブ・ケアリング―ケアする存在としての人間―』ゆみる出版, 1996年).

Ruben, B. D. (1992) *Communication and Human Behavior*, 3rd Edition, Prentice Hall Inc. A Simon & Schuster Company.

Salas, E., Sims, D., and C. S. Burke (2005) "Is There a 'Big Five' in Teamwork?" *Small group Research*, Vol. 36, No. 5, pp.555-599.

Scharmer, C. O. (2009) *Theory U: Leading from the Future as it Emerges*, Berrett-Koehler Publishers, Inc. (中土井僚・由佐美加子訳『U理論　―過去や偏見にとらわれず、本当に必要な「変化」を生み出す技術―』英治出版, 2010年).

Schein, E. H. (1968) *Organizational Psychology*, 3rd ed. (松井賚夫訳『組織心理学―新訂現代心理学入門―』岩波書店, 1981年).

Schein, E. H. (1985) *Organizational Culture and Leadership*, Jossey-Bass, Inc. (清水紀彦・浜田幸雄訳『組織文化とリーダーシップ―リーダーは文化をどう変革するか―』ダイヤモンド社, 1989年).

Schein, E. H. (1993) "On Dialogue, Culture, and Organizational Learning," *Organizational Dynamics*, Vol. 22, pp.27-38.

Schermerhorn, Jr. J. R., Hunt, J. G., and R. N. Osborn (1985) *Managing Organizational Behavior*, 2nd ed., John Wiley & Sons, Inc.

Schneider, R. (1975) "Organizational Climate: An Essay," *Personnel Psychology*, Vol. 28, pp.447-470.

Schneier, B. (2012) *Liars and Outliers: Enabling the Trust that Society Needs to Thrive*, Indianapolis, John Wiley & Sons (山形浩生訳『信頼と裏切りの社会』NTT出版株式会社, 2013年).

Schoderbek, C. G., Schoderbek, P. P., and A. G. Kefalas (1980) *Management Systems: Conceptual Considerations*, Revised Edition, Business Publications, Inc. (鈴木幸毅・西賢祐・山田壹生監訳『マネジメント・システム―概念的考察―』文眞堂, 1983年).

Schramm, W. (1976) "How Communication Works," in DaVito, J. A. ed., *Communication:*

Concepts and Processes, Revised and Enlarged, Englewood Cliffs, New Jersey, Prentice-Hall, Inc., pp.11-19.

Schriesheim, J. F. (1980) "The Social Context of Leader-Subordinate Relations: An Investigation of the Effects of Group Cohesiveness," *Journal of Applied Psychology*, Vol. 66, pp.183-194.

Scott, W. G. and T. R. Michell (1972) *Organization Theory: A Structural and Behavioral Analysis*, Richard D. Irwin, Inc.

Senge, P. M. (2006) *The Fifth Discipline: The Art & Practice of the Learning Organization*, Random House Business Books (枝廣淳子・小田理一郎・中小路佳代子訳『学習する組織―システム思考で未来を創造する―』英治出版, 2011年).

Senge, P. M., Kleiner, A., Roberts, C., Ross, R. B., and B. J. Smith (1994) *The Fifth Discipline Fieldbook: Strategies and Tools for a Learning Organization*, Crown Business (柴田昌治・スコラ・コンサルト監訳・牧野元三訳『フィールドブック 学習する組織「5つの能力」―企業変革をチームで進める最強ツール―』日本経済新聞社, 2003年).

Shaw, M. E. (1976) *Group Dynamics: The Psychology of Small Group Behavior*, McGraw-Hill Book Company (原岡一馬訳『小集団行動の心理』誠信書房, 1981年).

Shaw, R. B. (1997) *Trust in the Balance: Building Successful Organizations on Results, Integrity, and Concern*, Jossey-Bass A Wiley Imprint (上田惇生訳『信頼の経営』ダイヤモンド社, 1998年).

Shimanoff, S. B. (1980) *Communication Rules: Theory and Research*, SAGE Publication, Inc.

Siehl, C. and J. Martin (1984) "The Role of Symbolic Management: How Managers Effectively Transmit Organizational Culture?" in Hunt, J. G., Hosking, Dain-Marie, Schriesheim, C. A. and R. Stewart eds., *Leaders and Managers: International Perspectives on managerial Behavior and Leadership*, Pergamon Press, pp.228-239.

Smircich, L. (1983) "Concepts of Culture and Organizational Analysis," *Administrative Science Quarterly*, Vol. 28, pp.339-358.

Spears, L. C. (1998) "Tracing the Growing Impact of Servant- Leadership," in Spears, L. C. ed. *Insights on Leadership: Service, Stewardship, Spirit, and Servant-Leadership*, John Wiley & Sons, Inc. pp.1-12.

Stogdill, R. M. (1948) "Personal Factor Associated with Leadership: A Survey of the Literature," *The Journal of Psychology*, Vol.25, pp.35-71.

Stogdill, R. M. (1974) *Handbook of Leadership: A Survey of Theory and Research*, The Free Press, A Division of Macmillan Publishing Co., Inc.

Sundstrom, E., Meuse, K. P. and D. Futrell (1990) "Work Teams: Applications and Effectiveness," *American Psychologist*, Vol. 45, No. 2, pp.120-133.

Syed, M. (2019) *Concerning: Rebel Ideas*, Hodder & Stoughton Limited (トランネット訳『多様性の科学―画一的で凋落する組織、複数の視点で問題を解決する組織―』ディスカヴァー・トゥエンティワン, 2021年).

Szilugyi, A. D. Jr. and M. J. Wallace, Jr. (1987) *Organizational Behavior and Performance*,

4th ed., Scott, Foresman and Company.

Tannenbaum, R., Weschler, I. R., and F. Massarik (1961) *Leadership and Organization*, Mc-Graw-Hill Book Company (嘉味田朝功・土屋晃朔・小林幸一郎訳『リーダーシップと組織—行動科学によるアプローチ—』池田書店, 1965年).

The Morning Star Company, http://www.morningstarco.com/ (2018年4月10日閲覧).

Thomas, K. W. (1992) "Conflict and Negotiation Processes in Organizations," in Donnette, M.D. and L.M. Hough(eds.), *Handbook of Industrial organizational Psychology*, 2nd ed., Consulting psychologists Press, Vol.3, pp.651-717.

Tuckman, B. W. (1965) "Developmental Sequence in Small Groups," *Psychological Bulletin*, Vol.63, No.6, pp.384-399.

Tuckman, B. W. and M. N. Jensen (1977) "Stages of Small-Group Development Revisited," *Group & Organization Management*, Vol. 2, No. 4, pp.419-427.

Ulrich, D. and W. Ulrich (2010) *The Why of Work: How Great Leaders Build Abundant Organizations That Win*, McGraw-Hill (梅津祐良・松本利明訳『個人と組織を充実させるリーダーシップ』生産性出版, 2012年).

Von Frange, K. E. (1959) *Professional Creativity*, Prentice-Hall, Inc. (加藤八千代・岡村和子訳『創造性の開発』岩波書店, 1963年).

Vroom, V. H. and P. W. Yetton (1973) *Leadership and Decision-Making*, University of Pittsburg Press.

Watzlawick, P., Bavelas, J. B., and D. D. Jackson, (1967) *Pragmatics of Human Communication: A Study of Interactional Patterns, Pathologies, and Paradoxes*, W. W. Norton & Company, Inc. (山本和郎監訳・尾川丈一訳『人間コミュニケーションの語用論—相互作用パターン、病理とパラドックスの研究—』二瓶社, 1998年).

Weick, K. E. (1969) *The Social Psychology of Organizing*, Addison-Wesley Publishing Co., Inc. (金児暁嗣訳『組織化の心理学』誠信書房, 1980年).

Weick, K. E. (1979) *The Social Psychology of Organizing*, 2nd ed., Random House Inc. (遠田雄志訳『組織化の社会心理学〔第2版〕』文眞堂, 1997年).

Weick, K. E. and K. M. Sutcliffe (2015) *Managing the Unexpected*, John Wiley & Sons, Inc. (中西晶監訳・杉原大輔ほか高信頼性組織研究会訳『想定外のマネジメント—高信頼性組織とは何か—』文眞堂, 2017年).

Weisberg, R. W. (1986) *Creativity: Genius and other myths*. Freeman (大浜幾久子訳『創造性の研究：つくられた天才神話』リクルート出版, 1991年).

Wendt, H., Euwema, M. C., and O. Zhytnyk (2009) "Leadership and Team Cohesiveness Across Cultures," *The Leadership Quarterly*, Vol. 20, pp.358-370.

West, M. A. (2012) *Effective Teamwork: Practical Lessons from Organizational Research*, Third Editions, John Wiley & Sons Limited (下山晴彦監修・高橋美保訳『チームワークの心理学 —エビデンスに基づいた実践へのヒント—』東京大学出版会, 2014年).

Wheelan, S. A. (2005) *Group Processes: A Developmental Perspective*, Second Ed. Pearson Education, Inc.

Wheelan, S. A. (2016) *Creating Effective Teams: A Guide for Members and Leaders*, 5th

Edition, SAGE Publications, Inc.

White, R. and R. Lippitt（1968）"Leader Behavior and Member Reaction in Social Climate," in Cartright D. and A. Zander eds.（1968）*Group Dynamics: Research and Theory*, 3rd ed., Harper & Row, Publishers , pp.318-335.（三隅二不二・佐々木薫訳編『グループ・ダイナミックスⅡ』誠心書房, 1970年, 629-661ページ）.

Whitmore, J.（2002）*Coaching for Performance: Growing People Performance and Purpose*, 3rd Edition, Niecholas Brealey（清川幸美訳『はじめのコーチング　―本物の「やる気」を引き出すコミュニケーションスキル―』ソフトバンクパブリッシング株式会社, 2003年）.

Whitworth, L., Kimsey-House, K.., Kimsey-House, H. and P. Sandahl（2007）*Co-Active Coaching: New Skills Coaching People toward Success in Work and Life*, 2nd Edition, Davvies-Black Publishing, a Division of CPP, Inc.（CITジャパン訳『コーチング・バイブル―人と組織の本領発揮を支援する協働的コミュニケーション―』東洋経済新報社, 2008年）.

Wigglesworth, C.（2012）*SQ 21: The Twenty-one of Spiritual Intelligence*, SelectBooks, Inc.

Wilber, K.（1997）*The Eye of Spirit: An Integral Vision for a World Gone Slightly Mad*, Shambhala Publications, Inc.（松永太郎訳『統合心理学への道　―「知」の眼から「観想」の眼へ―』春秋社, 2004年）.

Wilber, K.（2000）*A Theory of Everything: An Integral Vision for Business, Politics, Science, and Spirituality*, Shambhala Publications, Inc.（岡野守也訳『万物の理論―ビジネス・政治・科学からスピリチュアリティまで―』トランスビュー, 2002年）

Wilber, K.（2006）*Integral Spirituality, A Startling New Role for Religion in the Modern and Postmodern World*, Intergal Books（松永太郎訳『インテグラル・スピリチュアリティ』春秋社, 2008年）.

Wilber, K., Patten, T., Leonard, A., and M. Morelli（2008）*Integral Life Practice*, Shambhala Publications. Inc.（鈴木規夫訳『実践　インテグラル・ライフ　―自己成長の設計図―』春秋社, 2010年）.

Williamson, O. E.（1975）*Markets and Hierarchies*, The Free Press, A Division of Macmillan Publishing Co., Inc.（浅沼萬里・岩崎晃訳『市場と企業組織』日本評論社, 1980年）.

Woerkom, M. van and M. Croon（2009）"The Relationships Between Team Learning Activities and Team Performance," *Personnel Review*, Vol. 38, No. 5, pp.560-577.

Wofford, J. C., Gerloff, E. A., and R. C. Cummins（1977）*Organizational Communication: The Keystone to Managerial Effectiveness*, McGraw-Hill Book Company.

Wofford, J. C. and T. N. Srinivasan,（1983）"Experimental Tests of the Leader-Environment-Follower Interaction Theory of Leadership," *Organizational Behavior and Human Performance*, Vol.32, pp.35-54.

Woodman, R. W. and D. C. King（1978）"Organizational Climate: Science or Folklore?" *Academy of management Review*, Vol. 3, No. 4, pp.816-826.

Yukl, G.（2010）*Leadership in Organizations*, 7th Edition, Pearson Education, Inc.

Yukl, G., Gardner, W. L., and N. Uppal (2018) *Leadership in Organizations*, 9th Edition, Pearson Education, Inc.

Zaccaro, S. J., Rittman, A. L., and M. A. Marks (2001) "Team leadership," *The Leadership Quarterly*, Vol. 12, pp.451-483.

Zak, P. J. (2017) *Trust Factor: The Science of Creating High-Performance Companies*, AMACOM a division of the American management Association（白川部君江訳『トラスト・ファクター ―最強の組織をつくる新しいマネジメント―』キノブックス, 2017年）.

Zammuto, R. F. (1982) *Assessing Organizational Effectiveness*, State University of New York.

Zander, A. (1994) *Making Group Effective*, Jossey-Bass Inc., Publishers（黒川正流・金川智恵・坂田桐子訳『集団を活かす―グループ・ダイナミックスの実践―』北大路書房, 1996年）.

Zohar, D. and I. Marshall (2000) *SQ Spiritual Intelligence: The Ultimate Intelligence*, Bloomabury（古賀弥生訳『SQ ―魂の知能指数―』徳間書店, 2001年）.

稲葉祐之・井上達彦・鈴木竜太・山下勝（2010）『キャリアで語る 経営組織―個人の論理と組織の論理―』有斐閣。

魚谷雅彦（2016）「チームの価値は新しさを生むこと」『DIAMONDハーバード・ビジネス・レビュー』2016年12月号, 32-41ページ。

榎本博明・安藤寿康・堀毛一也（2009）『パーソナリティ心理学―人間科学、自然科学、社会科学のクロスロード―』有斐閣アルマ。

NPO法人日本サーバント・リーダーシップ協会「サーバント・リーダーシップとは」（https://www.servantleader.jp/about, 2022年1月30日閲覧）。

狩俣正雄（1989）『組織のリーダーシップ』中央経済社。

狩俣正雄（1992）『組織のコミュニケーション論』中央経済社。

狩俣正雄（1996）『変革期のリーダーシップ―組織の意味創造―』中央経済社。

狩俣正雄（2000）『共生社会の支援システム―21世紀企業の新しい役割り―』中央経済社。

狩俣正雄（2004）『支援組織のマネジメント』税務経理協会。

狩俣正雄（2009）『信頼の経営―スピリチュアル経営の構築に向けて―』中央経済社。

狩俣正雄（2017）『スピリチュアル経営のリーダーシップ ―働きがいのある最高の組織づくりに向けて―』中央経済社。

佐藤尚志（1985）「グループ間行動とコンフリクトの管理」車戸實編『経営組織論』八千代出版, 244-258ページ。

白樫三四郎（1985）『リーダーシップの心理学』有斐閣。

谷口真美（2005）『ダイバシティ・マネジメント―多様性をいかす組織―』白桃書房。

中原淳・長岡健（2009）『ダイアローグ―対話する組織―』ダイヤモンド社。

堀田聡子（2012）「オランダのコミュニティケアの担い手たち（前篇）在宅ケアのスネサンス―Buurtzorg―」『医学界新聞』第2986号, http://www.igaku-shoin.co.jp/paperDetail.do?id=PA02986_04, 2018年4月25日閲覧。

堀田聡子（2014）「Buurtzorg 解体新書」『訪問看護と介護』2014年6月号, 440-448ページ。

三隅二不二（1966）『新しいリーダーシップ―集団指導の行動科学―』ダイヤモンド社。
山岸俊男（1998）『信頼の構造―こころと社会の進化ゲーム―』東京大学出版会。
吉川眞理編著（2020）『よくわかるパーソナリティ心理学』ミネルヴァ書房。

索　引

〈著者紹介〉

狩俣　正雄（かりまた　まさお）

　1950年　沖縄県宮古島に生まれる
　1994年　博士（経営学）の学位を神戸商科大学（現兵庫県立大学）より授与される
　2016年　大阪市立大学（現大阪公立大学）名誉教授
　現　在　滋慶医療科学大学大学院 客員教授

著　書
　『組織のリーダーシップ』中央経済社，1989年
　『組織のコミュニケーション論』中央経済社，1992年
　『変革期のリーダーシップ』中央経済社，1996年
　『共生社会の支援システム』中央経済社，2000年
　『支援組織のマネジメント』税務経理協会，2004年
　『信頼の経営』中央経済社，2009年
　『障害者雇用と企業経営』明石書店，2012年
　『スピリチュアル経営のリーダーシップ』中央経済社，2017年

李　超（り　ちょう）

　1979年　中国黒竜江省に生まれる
　2011年　博士（経営学）の学位を大阪市立大学（現大阪公立大学）より授与される
　現　在　近畿大学経営学部　准教授

著　書
　『キャリアとコミュニケーション』税務経理協会，2015年
　『利他の構造』（共著）ミネルヴァ書房，2021年

チームビルディング
■働きがいのある最高のチーム作り

2023年4月20日　第1版第1刷発行

著　者　狩　俣　正　雄
　　　　李　　　　　超

発行者　山　本　　　継

発行所　㈱中央経済社

発売元　㈱中央経済グループ
　　　　パ ブ リ ッ シ ン グ

〒101-0051　東京都千代田区神田神保町1-31-2
電話　03 (3293) 3371 (編集代表)
　　　03 (3293) 3381 (営業代表)
https://www.chuokeizai.co.jp
製版／三英グラフィック・アーツ㈱
印刷／三　英　印　刷　㈱
製本／㈲井　上　製　本　所

© 2023
Printed in Japan

ベーシック+プラス
Basic Plus

Let's START!

学びにプラス！
成長にプラス！
ベーシック+で
はじめよう！

いま新しい時代を切り開く基礎力と応用力を兼ね備えた人材
が求められています。

このシリーズは，各学問分野の基本的な知識や標準的な考え
方を学ぶことにプラスして，一人ひとりが主体的に思考し，
行動できるような「学び」をサポートしています。

ベーシック+専用HP

教員向けサポート
も充実！

中央経済社